드라마 쓰기의 비법이나 정답은 없다. 매일 엉덩이 붙이고 앉아서 다 쓸 때까지 쓰고 또 쓰는 것뿐. 하지만 길을 잃었을 때 이 책에서 알려 주는 아주 구체적이고 현실적인 원칙과 방법들을 떠올려 본다면 의외로 쉽게 어디로 가야 하는지 방향을 찾을 수 있을 것이다. 지치지 않는 여정을 위한 꾸러미 속에 이 책도 챙겨 가 보자.

— 박지은(《눈물의 여왕》,《사랑의 불시착》,《별에서 온 그대》 극본)

작가 지망생뿐 아니라 프로 작가, 나아가 드라마와 스토리를 사랑하는 모두가 꼭 읽어야 하는 책이다. 드라마 '쓰기'만이 아니라 드라마의 세계, 스토리의 본질, 작가의 메시지, 그리고 이를 대하는 자세까지 나와 있다.

— 허진호(《인간실격》 연출)

저자는 세상에 자신의 이야기를 전하고 싶어 하는 작가를 위해 썼다지만 드라마 제작자인 내가 바라는 전부도 담겨 있다. 이 책의 독자이자 앞으로 우리가 만날 작가들의 눈부신 시작을 응원한다.

— 정근욱(《킬러들의 쇼핑몰》 제작)

작가 지망생으로 입학해서 '지망생'의 꼬리표를 떼고 졸업해야 하는 모든 제자의 손에 한 권씩 쥐여 주고 싶다. 부디 이 책이 너덜너덜해질 때까지 읽고 또 읽어 자신만의 강력한 무기를 완성하기를!

— 유영식(《대도시의 사랑법》 기획, 연세예술원 영화학과 교수)

엉덩이의 힘만을 요구하던 작가 지망생의 세상에, 친근하고 논리적으로 해답을 제시한다. 읽고 나면 '지망생'의 세상에서 '작가'의 세상이 열린다.

— 이정곤(《거래》 연출)

작법서가 이렇게 재미있어도 될까? 웬만한 드라마보다 재미있어 솔직히 질투가 났다. 어느새 푹 빠져 읽고 있는 나 자신을 발견하고는 '더 재미있게 써야지!' 하고 활활 의지를 불태우게 하는 책이다.

—유수민(《약한영웅》 극본·연출)

쉽고 편한 용어와 친근한 문체를 사용하고 있어 친한 형이 전하는 재미난 이야기 같다. 작가이자 감독인 저자의 열정과 정성이 가득 담긴 이 책을 읽는 동안 기분도 좋아졌다.

—이철하(《사장님을 잠금해제》,《스피릿 핑거스》 연출)

드라마 연출가, 작가, 제작자, 기획자가 매일 모여 수없이 되풀이하고 또 했던 이야기들. 그 시간이 아깝다. 왜 이제야 이 책이 나왔을까. 드라마 창작의 비밀과 자신의 실패까지도 솔직하게 전하는 저자에게 진심으로 감탄했다.

—김영배(《모범택시》 제작)

초보 드라마 작가인 나에게 한줄기 강력한 빛이 되어 준 책. 시시때때로 찾아와 작가를 괴롭히는 글 막힘 증상에 강력한 효과가 있는 만병통치약이다. 드라마의 근원적인 문제를 해결하고 앞으로 나아갈 수 있는 해결책을 알려 준다.

—안소정(《아이쇼핑》 극본)

드라마: 공모전에 당선되는 글쓰기

일러두기

1. 이 책에 나오는 단어의 사전적 의미는 표준국어대사전을 따랐다.

2. 한글맞춤법에 맞추어 표기하는 것을 원칙으로 했으나 작품명, 지문 등은 예외로 했다.

드라마

: 공모전에 당선되는 글쓰기

10 Strategies to Win a Story Competition

오기환 지음

작가의 글에서 드라마는 시작된다

작곡가로 '드라마'의 세계에 입문한 나는 얼떨결에 몇 편의 드라마에 출연하여 배우로서도 연기를 선보였다. 1995년에 방영된 MBC 드라마 《사랑과 결혼》에서는 무려 이영애 배우와 멜로 연기를 펼쳤다. 그것을 시작으로 작곡가, 배우, 사업가 등 여러 직업을 거쳤고, 마침내 드라마 제작자라는 천직을 찾았다. 장황하게 설명했지만 한마디로 '드라마'에 관련된 모든 직군을 경험했다. 그런 내가 해보지 못한 하나, 엄두도 못 내는 일이 극본 쓰기였다. 그러다 최근 그 미지의 영역에 도전하여 천신만고 끝에 직접 드라마 대본을 완성했는데, 이럴 수가! 이 책을 읽고 썼더라면 얼마나 좋았을까? 지금 내가 이 책의 독자들을 얼마나 부러워하고 있는지 모를 것이다.

모두 알다시피 드라마 제작의 시작은 드라마 창작이다. 즉 드라마 제작자는 드라마 대본을 시작하고 완성하는 일을 돕는 사람이다. 그래서 나는 드라마 제작을 가능하게 하는 작가를 마음 깊이 존경한다. 100억, 200억, 300억 원의 큰돈이 들어가는 드라마 제작은 매번 험난한 모험이다. 모든 작품마다 우리는 드라마에 대한 깊은 애정을 담보로 맡기고 제작에 나서지만 그럼에도 항상 커다란 리스크를 떠안아야 한다. 그것을 줄여 주는 구원자가 작가다.

드라마 제작사 대표라고 하면 대부분이 돈과 작품성 사이에서 당연히 돈 쪽에 가치를 둘 거라 여긴다. 적어도 나는 아니다. 언제나 작품성을 우선시한다. 작품성을 따라가면 부가적인 것들이 따라온다는 사실을 잘 알기 때문이다. 드라마의 작품성을 가능하게 하는 것 역시 극본이다. 따라서 나는 작품성이 있는 극본을 온전하게 쓸 수 있는 작가의 능력과 의견을 존중한다.

결국 드라마 제작의 모든 것은 드라마 대본이고, 드라마 제작의 핵심은 작가다. 내가 드라마 제작을 시작한 지도 20여 년이 훌쩍 지났다. 그사이 여러 작품을 통해 성공도 실패도 맛보았지만 나는 늘 다음 작품을 꿈꾼다. 우리 회사의 가장 중요한 작품은 언제나 '다음 작품'이라고 말한다. 아마도 『드라마: 공모전에 당선되는 글쓰기』의 독자 중 한 작가가 그 작품을 써 주지 않을까. 얼른 그와 만나고 싶다.

─송병준(한국드라마제작사협회 대표, 드라마 제작사 그룹 에이트 대표이사)

읽다 보면 막혔던 글이 열리는 기적을!

드라마는 작가의 예술이다. 현재 대한민국의 많은 작가가 묵묵히 드라마를 쓰고 있다. 35페이지 단막부터 긴 서사를 가진 16부작 미니 시리즈까지 진심을 담아 온전히 자신의 이야기를 끝내려 노력 중이다. 드라마는 영화보다 긴 호흡의 이야기라 아무래도 작가의 역할이 크다. 특히 요즘은 OTT를 통해 전 세계 시청자들과 곧바로 소통할 수 있어 더욱더 드라마 작가의 길에 동참하는 이들이 늘어나고 있다.

이 세상의 모든 작가 지망생은 좋은 결과물을 내기 위해 인고의 시간이 필요하다는 것을 직간접적으로 알고 있다. 하지만 과정의 어려움을 어렴풋이만 알 뿐, 언제 끝나는지와 어떤 어려움이 존재하는지는 잘 모른다. 그래서 모두 창작을 '고행의 여정'이라 여긴다. 나는 이 험난한 여정을 걸으며 항상 참된 인솔자를 그리워했다. 산을 오르다 보면 수많은 갈림길 앞에서 무엇이 옳은 길인지 고민하게 된다. 물론 혼자서 여러 시행착오를 경험하다 보면 얻는 것도 많지만 그만큼 많이 지친다. 그래서 제대로 된 인솔자가 있으면 좀 더 빨리 산을 오를 수 있다. 만약 당신에게 그런 인솔자가 필요하다면 나는 이 책을 추천하겠다.

저자는 여러분에게 묻는다. 나의 생각은 이러저러한데, 여러분의 생각은 어떠냐고. 나는 이러저러하게 힘들었는데, 여러분은 해결 방법을 찾았냐고. 당연히 강박적이고 절대적인 답을 내놓지는 않는다. 알고 있기 때문이다. 내가 쓰고, 내가 다시 쓰고, 내가 내 힘으로 끝내야 한다는 것을! 그저 옆에서 아는 것 많은 동네 형처럼 툭툭 잔소리를 건넬 뿐이다. 마음을 열고 동네 형의 잔소리를 한번 들어 보시라! 책을 읽다 보면 막혔던 글이 열리는 기적을 체험할 것이다.

『드라마: 공모전에 당선되는 글쓰기』는 실제 작가의 경험을 바탕으로 작가 초년병들에게 좋은 극본을 쓰는 A to Z를 제시한다. 다년간의 강의와 심사 등을 바탕으로 현역 감독의 입장에서 바라보는 구체적인 사례들을 제시하며 어떻게 시청자의 마음을 사로잡을 것인가에 대한 방법론을 알려 준다. 여러 드라마 작법서를 봤지만 이렇게 경쾌한 방식은 처음이다. 읽다 보니 나처럼 습관적으로 글을 쓰는 작가도 배울 게 많았다. 신통한 책이다.

—강윤성(《카지노》, 《파인》 극본·연출)

모니터 앞에서 광야의 고독을 느껴 본
모든 작가를 위한 책

고백하자면 나는 공모전에 당선된 극본을 써 본 적이 없다. 이 책을 읽기 전까지는 그런 비법이 따로 있다는 생각조차 해보지 못했다. 하지만 『드라마: 공모전에 당선되는 글쓰기』를 읽다가 한 가지 사실을 깨달았다. 이 책에는 내가 수없이 많은 실패와 경험을 통해 터득한 것들이 들어 있었다. 또 내가 어렴풋이 느끼기만 하고 실체는 알지 못했던 것들이 일목요연하게 정리되어 있었다. 그것도 너무나 다정하고 세심하고 재미있게.

본문에 나오는 수많은 작품과 그 하나하나에 관한 저자의 통찰과 자신만의 구조에 대한 이론을 한참 몰입해서 읽었다. 몇 번이나 무릎을 치고 감탄했는지 모른다. 다 읽고 나서 나는 이런 결론을 내렸다. 저자가 이 책을 쓴 건 공모전 당선을 위해서만이 아니다. 『드라마: 공모전에 당선되는 글쓰기』에는 드라마는 물론이고 모든 스토리에 대한 '기본'이 담겨 있다. 기술만이 아니라 마인드까지. 이것이 이 책의 '심층 서사'가 아닐까 짐작해 본다.

시청자가 편하게 보는 드라마이건 몇 번을 돌려 보면서 분석하는 드라마이건 작가의 태도와 과정과 시련은 별반 다르지 않다. 나는 작가가 작가로서 알아야 하고 지켜야 하는 관습과 태도가 분명히 존재한다고 믿는 사람이다. 긴 시간 깜빡이는 모니터와 매번 질 수밖에 없는 눈싸움을 벌이고 나서야 알게 되는, 나를 비롯하여 이 책의 독자들에게는 선배 작가들일 프로 작가들이 셀 수 없이 많은 실패를 통해 터득한 그 모든 '기본'을 저자는 몽땅 말해 주고 있다.

이 책은 모니터 앞에서 광야의 고독을 느껴 본 모든 작가를 위한 책이다. 기립박수를 치며 권한다. 물론 내가 읽고 간직할 한 권은 남겨 두었다.

— 한준희(《D.P.》 극본·연출)

목차

추천의 글 1 4

추천의 글 2 6

추천의 글 3 8

이 책을 읽기 전에 14

들어가는 글 17

시작하기 전에 24

01 드라마 공모전 당선의 10가지 원칙

1 | 드라마는 영상으로 쓴다 44

2 | 드라마는 '극적 순간'을 쓴다 52

3 | OST 이론을 따라 쓴다 59

■ 쓸 수 있는 글과 쓸 수 없는 글 60

2 OST 이론   61

4   드라마는 주인공 중심으로 쓴다   83

1 주인공 중심의 글쓰기   85

2 주의해야 할 주인공 유형   102

5   적대자 중심의 글쓰기도 고려하여 쓴다   106

1 적대자는 곧 작가다   108

2 악마가 스토리를 시작한다   110

3 결국 악마가 스토리를 지배한다   115

4 주의해야 할 적대자 유형   118

6   플롯의 삼각형을 설계하여 쓴다   124

1 플롯의 삼각형: 내적 원리   136

2 플롯의 삼각형: 동작 활용   138

3 플롯의 삼각형: 기준 점검   142

7   서브플롯의 역삼각형도 설정하여 쓴다   145

1 서브플롯의 역삼각형은 보충 설명이다   146

2 서브플롯은 메인플롯과 연결된다   150

3 서브플롯은 메인플롯을 위해 존재한다   153

8   행동의 척추를 세워 쓴다   156

1 2막은 스토리의 척추다   158

2 척추가 스토리의 본질이다 169

3 척추는 스토리의 동작이다 170

4 척추가 있어야 스토리가 완성된다 176

9 | 장르의 규칙에 맞게 쓴다 182

1 멜로 183

2 휴먼 190

3 스릴러 202

4 액션 209

5 복합 장르 214

10 | 내 이야기에 맞는 구조로 쓴다 230

1 단막 232

2 장편 1: 6부-12부 249

3 장편 2: 16부(20부) 279

02 | **워크북: 공모전에 당선되는 글쓰기**

1 | **연습문제 풀기** 304

1 엄마의 과보호로 세상 밖으로 나가지 못했던 아들 307

2 죽으러 먼 길을 떠나는 주인공 311

3 결혼을 강요하는 아버지 때문에 괴로운 딸 313

4 어느 날, 눈뜨고 나니 과거로 간 남자 318

5 시어머니와 몸이 바뀐 며느리 322

6 신라·당나라 연합군과 백제·왜 연합군의 싸움 327

7 사이코메트리 능력을 지닌 형사의 연쇄살인범 추적 329

8 코인 투자로 인생 역전을 이룬 흙수저 334

2   '공모전 당선의 10가지 원칙' 창작에 적용하기 338

1 단막 드라마 339

2 2부 드라마 356

3 12부 드라마 362

4 16부 드라마 370

3   공모전 제출 전 점검 사항 379

1 세 문장으로 스토리 설명하기 380

2 판타지 쓰기 385

3 나의 한계를 극복하기 388

나가기 전에 390

이 책을
읽기 전에

안녕하세요, 오기환입니다. 제법 오래 영화와 드라마를 연출하고, 영화 시나리오와 드라마 대본을 쓰는 일을 해 왔습니다. 영화로 시작했지만 어느 순간부터는 주로 드라마 작업을 하고 있습니다. 『드라마: 공모전에 당선되는 글쓰기』도 드라마 준비 과정, 즉 드라마 대본을 쓰는 단계에서 시작하여 촬영을 마무리하는 시점에 탈고했습니다. 또 영화와 드라마 작법을 강의하고, 다수의 영화와 드라마 공모전 심사위원으로도 활동하고 있습니다. 나열하고 보니 제법 많네요. 하지만 여기까지 읽은 여러분의 머릿속에는 한 가지 생각밖에 없을 겁니다.

감독이 시나리오 작업에 참여하는 영화와 달리 드라마는 감독과 작가의 작업이 제법 분리되어 있습니다. 그런데 왜 (이분법으로 나누면) 드라마 연출자인 제가 드라마 작법을 알려 주는 책을 쓴 건지요.

대답은 이렇습니다. 시나리오 작법을 이야기하는 전작을 쓸 때, 저는 이런 생각을 했습니다. '시나리오를 쓰는 후배들이 내가 겪은 어려움을 겪지 않았으면 좋겠다!' 이 책도 그와 비슷합니다. '내가 드라마 대본을 쓰면서 겪었던 고통을 후배들은 겪지 않았으면 좋겠다!' 바로 이것이 『드라마: 공모전에 당선되는 글쓰기』를 쓴 가장 큰 이유입니다.

누군가는 '오지랖'이라고도 할 수 있습니다. 또 터놓고 말해 여러분이 되고 싶은 작가는 제가 아닐 수도 있습니다. 하지만 저는 지금껏 여러 매체에서 수많은 장르를 누구보다 많이 써 왔습니다. 그리고 저만의 원칙과 방법을 통해 '작법'에 관한 독특하고 새로운 '이론'을 완성했습니다.

드라마 작법에 관한 여러 강의를 진행하고, 다양한 공모전을 심사했습니다. 이 경험을 바탕으로 공모전을 준비하는 여러분, 드라마 작가가 되고 싶은 여러분, 그리고 '이야기'를 너무도 사랑하는 여러분과 고민을 나누고 스토리를 한발 나아가게 하는 데 제가 도움이 될 수 있다는 결론을 내렸습니다.

이 책은 저의 경험, 제 동료들과 선후배들의 경험, 그리고 제가 강의하며 수집한 실제 사례들을 통해 여러분이 드라마를 쓸 때 겪었던 문제점과 해결책을 제시합니다. 물론 드라마 작법론을 총정리한 책이라고는 할 수 없겠습니다. 그것보다는 드라마 창작 과정에 도사리고 있는 숱한 어려움을 헤쳐 나가는 데 필요한 '구조서'라고 해야 적절합니다. 글 막힘의 고통은, 작가가 아니고서는 모르잖아요.

그래서 여기서는 이렇게, 저기서는 저렇게, 라는 확정적인 지시는 이 책에 없습니다. 글 선배의 두루뭉술한 예측을 넣기보다는 여러분이 만난 어려움을 즉시 탈출할 수 있는 해결 방법을 담았습니다. 공모전에 당선되어 예비 작가에서 '예비'라는 꼬리표를 뗀 다음에도, 또 여러분이 프로의 세계 깊숙이 들어간 다음에도 작가라면 필연적으로 만나게 되는 수많은 어려움에 대한 거의 모든 해결책이 『드라마: 공모전에 당선되는 글쓰기』에 있다고 자부합니다.

드라마를 사랑하는 여러분! 지금 드라마를 쓰고 있는 여러분! 부디 지치지 말고 우리 이 길을 걸어가요, 함께!

들어가는 글

저는 매일 드라마를 봅니다. 여러분도 그렇지 않나요? 드라마 작가, 혹은 예비 드라마 작가인 여러분은 지금 모 카페에서 대본을 쓰는 틈틈이 이 책을 보고 있을 테죠. 그리고 대한민국의 모든 촬영 세트장은 일정이 꽉 차 있을 겁니다. 드라마 수요가 넘쳐 나니까요. 많은 사람이 드라마를 좋아하니까요. 우리나라뿐 아니라 전 세계인이 《오징어 게임》(2021) 같은 대한민국 드라마, 'K-드라마'를 봅니다.

『드라마: 공모전에 당선되는 글쓰기』는 드라마 쓰는 방법을 다룹니다. 어느덧 세계적인 위상을 가진 K-드라마의 창작 원리를 알려 줍니다. 단막을 어떻게 써야 하는지, 시리즈 설계 방법은 무엇인지를 설명합니다. 드라마 작가는 어떤 일을 하는지, 드라마 작가가 되려면 어떻게 해야 하는지도 이야기합니다. 가장 중요한 '드라마 작가가 되는 방법'도 쓰여 있습니다. 그리고 드라마 작가되기의 1차 관문인 드라마 공모전 당선의 10가지 원칙을 일목요연하게 정리하여 담았습니다. 그다음 그 10가지 원칙을 응용하여 드라마 창작을 하는 방법을 상세하게 넣었습니다.

물론 이 책이 '대한민국 드라마의 모든 것'이라고는 말할 수 없습니다. 하지만 드라마 대본 창작과 드라마 작가가 되기 위해 반드시 알아야 할 거의 모든 정보를 담고 있다고는 자신 있게 말할 수 있습니다. 이 책에 대한민국의 모든 드라마 형식, 드라마 작가, 드라마 공모전에 관한 이야기가 있습니다. 『드라마: 공모전에 당선되는 글쓰기』는 다음과 같은 차이와 장점이 있습니다.

첫째, 대한민국의 '최근 드라마'를 다룹니다.

대한민국 드라마 역사에는 명작이 많습니다. 《전원일기》(1980-2002, 1,088부작), 《사랑과 야망》(1987, 96부작), 《서울뚝배기》(1990-1991, 179부작), 《아들과 딸》(1992-1993, 64부작), 《우리들의 천국》(1990-1994, 163부작), 《서울의 달》(1994, 81부작), 《모래시계》(1995, 24부작) 등. 각 드라마의 제작 시기와 분량을 보면 길이와 형식이 현재와 많이 다릅니다. 또한 점점 회차가 줄어드는 것을 알 수 있습니다. 이 작품들을 본방으로는 보지 못했을 수도 있는 여러분은 이런 생각을 할 겁니다. '100부작? 사람들이 저렇게 긴 걸 봤다고?' 그렇습니다. 하지만 《모래시계》로부터 30여 년이 지난 현재 세상은 많이 변했습니다. 그에 따라 드라마의 길이도 서사의 특징도 많이 달라졌습니다. 예전에는 주로 소시민의 평범한 일상을 담은, 인간 중심의 드라마가 주류였습니다.

오늘날은 어떤가요? 보통의 일상을 살아가던 사람들, 까지는 같습니다. 그러나 어느 날 갑자기 그들에게 전혀 예상하지 못한 큰 사건이 벌어집니다. 보통 사람의 '평범한 일상'에서 보통 사람의 '기상천외한 사건'으로 변하고 있습니다. 행글라이더를 타다 돌풍에 휘말려 북한으로 넘어가고, 한국계 이탈리아 마피아가 서민 아파트에 이사 오고, 슈퍼 을로 살던 주인공이 재벌가 막내아들로 환생합니다. 드라마에서 발생하는 사건의 크기는 점점 커지고, 사건의 특성도 일상에 근거하기보다는 판타지적 요소가 크게 자리 잡았습니다. 예를 들어 회사 생활을 다루는 드라마라면 불과 10여 년 전만 해도 《미생》(2014)이나 《김과장》(2017)처럼 회사와 조직원들의 애환을 살폈습니다. 하지만 요즘은 회사에 외계인이 면접을 보러 오거나 알고 보니 인간이 아니라 악마인 대표를 조직원들이 물리치는 스토리가 더 호응받을 확률이 높습니다. 이와 같은 스토리의 변화를 인지하고, 드라마를 쓰면 좋겠습니다. 과거의 작품들은 참고만 하고요. 과거를 답습하다가는 시청자와 멀어질 수 있으니까요. 대중가요를 예로 들어 볼까요? 20세기 끝 무렵에 HOT, GOD, 핑클 같은 1세대 아이돌이 등장했습니다. 지금 들어도 명곡이지만 현재의 10대도 그렇게 생각할까요? 그때와 지금은 의상, 안무, 멤버 구성, 그리고 노래 내용과 작곡 스타일도 모두 다릅니다.

드라마도 마찬가지입니다. 《미안하다 사랑한다》(2004), 《파리의 연인》(2004), 《내 이름은 김삼순》(2005)은 지금까지도 회자됩니다. '10번 넘게 봤다'는 마니아도 참 많죠. 물론 저도 재미있게 봤습니다. 그런데 냉정히 따져 이 드라마들이 여전히 재미있는 건 과거에 재미있게 본 경험 덕분이 클 겁니다. 이 작품을 현재 시점에서 처음 보는 이들이 같은 느낌일지 생각해 본 적 있나요?

질문 하나 하겠습니다. 여러분은 과거의 시청자가 좋아했던 드라마를 쓰고 싶나요? 아니면 현재의 시청자가 좋아할 드라마를 쓰고 싶나요? 답은 안 해도 됩니다. 대신 질문을 하나 더 할게요. 작가는 과거를 쓰는 사람일까요, 아니면 미래를 쓰는 사람일까요? 작가의 본분은 새로운 이야기를 쓰는 데 있습니다. 그것이 작가의 의무입니다. 그래서 이 책에서는 대한민국의 최근 드라마 위주로 다룹니다. 과거의 작품들은 참고만 하고, 현재의 작품들을 집중적으로 분석하는 목적은 하나입니다. 바로 미래 드라마에 대한 예측입니다. 지금 여러분이 집필하는 드라마는 2년 뒤에 제작될 확률이 높습니다. 그렇다면 우리는 지금부터 2년 뒤의 시청자가 볼 드라마를 현재 시점에서 준비해야 하는 것입니다. 명심하세요. 지금 쓰고 있는 작품의 시청자는 2년

후의 시청자입니다. 이 사실만 잘 인지해도 좋은 결과를 얻을 가능성이 높아집니다.

둘째, 대한민국의 '최신 시리즈'를 다룹니다.

대한민국 영상미디어의 역사에서 2009년은 영화에서 필름이 사라진 첫해로 기록될 겁니다. 이때부터 영화를 필름이 아닌 디지털(카메라)로 촬영했습니다. 영화는 필름, 드라마는 비디오테이프로 찍는다는 기존의 상식이 이때 무너졌습니다. 기존의 필름 영화 제작 시스템과 필름 영화의 미학적 특성을 추앙하던 이들은 디지털로 촬영하는 영화는 영화라고 부를 수 없다며 분통을 터뜨리기도 했습니다. 그러나 이 시점 이후로 영화와 드라마 제작은 모두 디지털을 사용하는 동일한 촬영 시스템으로 운영되고 있습니다. 영화와 드라마 제작 환경의 차이가 엇비슷해지면서 영화와 드라마의 경계도 서서히 무너져 갔습니다. 그리고 창작자들의 인적 교류가 조금씩 시작되었습니다. 한 가지 달랐던 건 상영 시스템이었는데요. 영화는 극장에서 상영되어 관객들이 유료로 보고, 드라마는 방송으로 송출되어 시청자들이 무료로 즐겼습니다. 이것이 10여 년 이어지다 2018년에 대한민국의 영상미디어 시스템이 근원적으로 바뀌는 사건이 발생합니다. 네, 넷플릭스의 등장입니다. 넷플릭스가 차례로 《킹덤》(2019), 《오징어 게임》, 《더 글로리》(2023) 등의 오리지널 시리즈를 제작하면서 드라마가 전 세계에 동시 업로드되는 변화가 만들어졌습니다. 그에 따라 매주 2회씩 방영하던 기존 방송 송출 시스템과 달리 전 분량이 한번에 업로드되는 새로운 창작 환경이 마련되었고요.

기존에 드라마는 16부, 20부 같은 엇비슷한 형태를 띠었으나 시리즈 개념이 등장하면서부터는 6부, 7부, 8부, 9부, 10부, 12부, 14부 등으로 다양해졌습니다.

이제 16부 드라마 중심의 창작 방법으로는 새로운 시리즈의 형태와 구성을 설명하지 못하게 되었습니다. 그리하여 저는 단막부터 20부까지, 여러 드라마 창작 형태를 담았습니다. 여기 따른 창작 방법도 세밀하게 심어 놨고요. 그 이유는 기존의 드라마가 시리즈로 변했듯, 다시 세상의 변화에 맞춰 또 다른 새로운 형태가 나타날 것이기 때문입니다. 걱정하지 마세요. 이 책에 등장하는 드라마 창작 원칙만 숙지한다면 어떤 미래가 오더라도 잘 적응할 수 있습니다. 원칙은 제가 알려드릴 테니 여러분은 딱 한 가지만 준비하세요. 바로 변화에 유연하게 적응할 수 있는 열린 마음입니다. 제가 드리는 정보와 여러분의 열린 마음만 있다면 흔들리지 않고 담대하게 미래로 전진할 수 있습니다.

셋째, 이 모든 정보를 모아 공모전에 당선되는 드라마의 비법을 알려 줍니다.

『드라마: 공모전에 당선되는 글쓰기』는 대한민국 드라마에 관련된 모든 정보와 이론을 모아 전달합니다. 그것이 드라마 창작의 10가지 원칙입니다. 여러분이 드라마 작가가 되기 위한 첫 번째 관문인 공모전에 당선되기 위해 반드시 알아야 할 10가지 원칙을 명확하게 설정하여 알려 줍니다. 그 안에 드라마에 관한 모든 정보와 이론을 간결하게 정리해 두었습니다. 여러분,

우리는 드라마라는 공통의 관심사, 꿈으로 여기 모였습니다. 드라마 이론가가 되려는 것은 아니지만 창작을 위해 꼭 알아야 할 최소한의 이론과 정보가 있습니다. 제가 최대한 효율적이고 효과적으로 습득할 수 있도록 정리했습니다. 잘 숙지한다면 '드라마 작가'라는 꿈에 조금 더 빨리 다가갈 수 있습니다.

하나 더! 거의 모든 드라마 공모전 요강에 '작가님들의 새로운 글을 기다립니다'라는 문장이 들어갑니다. 이 말은 공모전에서는 '옛날과 다른 드라마, 현재를 잘 반영한 드라마이면서 동시에 미래의 시청자가 좋아할 만한 드라마'를 선택한다고 해석할 수 있습니다. 따라서 공모전에 당선되려면 새로운 드라마를 써야 합니다. 여러분은 이미 마음의 준비를 마쳤을 겁니다. 저는 새로운 글을 쓰겠다고 마음먹은 여러분의 노력이 빛을 발할 수 있도록 책 곳곳에 새로움을 담을 수 있는 비법들을 심어 놓았습니다.

이 책의 목표는 한 가지입니다. 여러분이 지금까지와는 다른 새로운 드라마를 쓰고, 그 극본이 공모전에 당선되는 것!

작가인 우리는 겉으로는 털털해 보여도 까칠하고, 예민하고, 의심이 많고, 그만큼 여리고 상처받고 연약한 영혼의 소유자입니다. 하지만 적어도 이 책을 읽는 동안만은 의심으로 주저하지 말고 확신으로 가득 찬 마음을 가졌으면 합니다. 그 기운으로 작품을 완성해 봅시다! 지금 당장 바로 쓰면 됩니다! 우리, 같이 달려요!

시작하기
전에

드라마 작가란 누구인가요

우리는 드라마 작가가 되기 위해 여기 모였습니다. 그런데 말입니다. 드라마 작가는 어떤 사람일까요? 그리고 여러분은 어떤 이유로 드라마 작가가 되려고 하나요? 지금부터 드라마 작가란 누구이며 어떤 일을 하는지 알아보고자 합니다.

드라마 작가의 수 만큼 그들의 이력도 각양각색입니다. 전공자도 있지만 김은희 작가처럼 백댄서, 임성한 작가처럼 컴퓨터 학원 강사, 김은숙 작가처럼 회사원 등 다양합니다. 제가 하고 싶은 말은 드라마를 쓰는 데는 정답이 없다, 내가 쓰면 답이 된다, 이것입니다. 질문 하나 하겠습니다. (참, 책 곳곳에서 질문을 많이 할 예정입니다.) 지금 여러분은 드라마 대본을 쓰고 있을 테죠? 어떤 드라마인가요? 공모전에 낼 단막이라고요? 알겠습니다. 또 이미 완성한 드라마 대본으로 수입을 얻고 있는 이들도 있을 겁니다. 이 둘의 차이는 무엇일까요? 드라마 작가 지망생과 드라마 작가? 다시 말해 아마추어와 프로? 명확한 구분은 불가능하고 불필요할 듯합니다. 다만 프로의 일과 일상을 들여다볼 수 있다면, 아마추어 입장에서는 나의 글과 미래를 결정하는 데 조금이나마 도움이 되지 않을까요?

지금부터 프로 드라마 작가는 어떤 이들인지, 어떤 일을 하는지 같이 들여다보죠. 여러분의 미래가 될 테니까요.

1월 5일

25

작업실 밖으로 하얀 눈이 보송보송 쌓이고 있다. 하얗다. 내 노트북도 하얗다. 내 머릿속도 하얗다. 벌써 3개월째. 작년 가을에 시작한 고민이 해를 넘겼다. 정말 올해는 뭐라도 써야 할 텐데. 3년 전 첫 드라마의 성공 때는 모든 게 감사했다. 하지만 작년 초에 방영된 두 번째 작품으로 전부 무너져 내렸다. 올해 반전의 기회를 잡아야 한다. 불끈 주먹을 쥐지만 텅 빈 머리. 다시 창밖을 본다. 아직도 하얗게 눈이 내린다. 나도 아직 하얗다.

3월 6일

새벽 5시에 나도 모르게 깼다. 새벽 3시에 잠들었으니 10시까지는 자야 하는데 원고를 타이핑하던 손가락이 조각조각 부서지는 악몽 때문이다. 불길하다. 키보드를 바꿔야 하나? 사실은 4부 때문이다. 전체 16부를 생각하고 있어 4부 끝은 매우 중요하다. 한 회의 끝이 아니라 전체 스토리의 1막이 끝나는 지점이니까. 이 중요한 시점에 손가락이 산산이 깨져 버리다니! 젠장, 어쩌지? 서서히 아침이 오고 있다. 한데 갑자기 왜 햄버거가 먹고 싶지? 나도 모르게 배민을 검색하고 있다. 이것만 빨리 먹고 다시 잠을 청해야지.

6월 12일

4부 대본을 회사에 넘긴 지 3주 만에 드디어 기획 PD와 대면했다. 서로 잠시 침묵. 상대의 눈을 쳐다보지 못하고 시간만 흘렀다. 지옥 같은 정적을 깬 PD의 말.
"작가님. 얼굴 보면서 할 이야기는 아닌데요….""
그 순간 깨달았다. 만나지 말았어야 했다. PD는 조심스럽게 처음으로 돌아가 다시 한번 생각해 보자고 한다. 울화가 치민다.

'네가 쓸 거니? 전부 다시 쓰라는 거잖아. 돈 더 줄 것도 아니면서!'

갑자기 드라마 기획 PD만 골라 죽이는 연쇄살인마가 나오는 스릴러가 쓰고 싶어진다.

9월 27일

대폭 수정, 아니 거의 새로 쓴 4부 대본 반응이 좋다. 캐스팅도 시작하겠단다. 나도 모르게 눈물이 글썽! 이런 기쁨, 얼마 만인지. 작년 가을부터 시작된 고민이 올해 가을에 와서야 결실을 맺는다. 나도 모르게 배시시 웃음이 난다.

'작가, 이 맛에 하는 거지.'

그때 기획 PD한테 전화가 왔다.

"작가님, 8부까지 10월에는 주실 거죠? 빨리 쓰시니까 가능할 거예요. 캐스팅 결과도 다음 주에 나올 테니 편성도 바로 될 거 같아요."

전화를 끊고 생각한다.

'오늘이 9월 27일인데 10월 말이면 33일 남았는데, 4부 140장을 33일 만에 쓰라는 거니, 넌? 너 이 미X….'

라면처럼 속이 부글부글 끓는다. 그러다 한순간 고드름처럼 차갑게 식는다.

'그래, 뭐 캐스팅되면 바로 편성된다는데. 써야지! 이건 경사다! 기쁜 일이야! 잠 안 자지, 뭐. 지난 드라마도 일주일에 두 편씩 썼는데 일주일에 한 편이니 다행이다. 내일부터 5부 시작이다!'

12월 20일

고대하던 대본 리딩 날. 양옆의 주연 배우들에게 너무 고맙다.

'회당 3억 원이 넘는 돈을 받지만 님들 덕에 편성되었으니 진심으로 고, 고맙습니다.'

감독님이랑은 처음 작업이지만 전작도 좋았고, 대본 회의 때 만나 보니 내가 생각지도 못했던 부분을 촬영 콘티로 보충해 줘서 고마웠다.

'이번에는 감독 복을 받나 보다!'

리딩이 끝나고 회식 가자는데, 최대한 온화한 얼굴로 고개를 가로저었다.

"좋은 시간 보내세요!"

나는 휘적휘적 걸어 나왔다. 실은 아직 11부 대본을 마치지 못했다. 12부는 더 걱정이다. 지난 작품도 후반부에 힘이 빠진다고 얼마나 많은 댓글 테러를 당했던가! 이제는 그럴 수 없다! 이번에는 다행히 1-4부에 뿌린 게 많아 슬슬 거두기만 하면 되니 아주 큰 어려움은 없다. 다만 필요한 건 시간. 잠 안 자지, 뭐. 이제는 대본 빨리 넘기는 작가가 되고 싶다. 이런 생각할 시간에 한 줄 더 쓰자!

그다음 해 4월

초조, 불안, 떨리는 왼손을 오른손으로 부여잡고 간신히 첫 방송을 견뎠다.

방송이 끝나자마자 여기저기 올라온 댓글을 들여다보는데 나쁘지 않다! 곧 시청률도 나오겠지.

'수고했다, 나 자신! 갑자기 맥주가 땡기네' 생각하던 찰나, 감독님 전화!

"작가님, 잘 보셨어요?"

"네. 수고 많으셨어요, 감독님."

"좋은 글 써 주신 작가님 덕분이죠, 뭐."

'그래, 나 잘 쓰지?' 하며 기쁨에 젖으려는 그때 심장을 파고드는 한마디!

"그런데 16부 대본 언제 받을 수 있을까요?"

'헉…!' 심기일전하고 말한다.

"왜요? 15부 잘 찍고 있는 중이잖아요?"

"그게…. 혹시 15부 공장 신이랑 연결된 장면이 16부에 또 나오지 않나
요?"

'음…. 나도 잘 모르겠는데….'

"연결 장면이 있으면 다음 주에 같이 촬영해야 할 것 같아요. 예산 때문에."

머릿속이 텅 비어 있지만 다시 정신을 차리고 답했다.

"제가 내일 오후 3시까지 정리해서 카톡으로 보낼게요."

"고맙습니다. 그럼 쉬세요."

'쉬세요? 쉬면서 어떻게 대본을 쓰니?'

울화가 치민다. 급하게 맥주 한 캔을 마시고 노트북 앞에 앉는다.

'15부랑 16부랑 연결되는 게 있을까? 아! 그러네! 좋은 아이디어네. 후딱
써야겠다. 그런데 나 맥주 한 캔 마신 거 맞나? 왜 이렇게 졸리지?'

7월 5일

드디어 끝났다. 시청률도, 시청자 반응도 평타 이상이다. 이렇게 세 번째 드
라마도 끝! 그럼 나 내일부터 뭐하지? 네 번째는 뭘 써야 하나? 또 머리가
멍해진다.

어떻게 생각할지 모르겠지만 프로 작가의 일상은 대개 이렇습니다. 아이템을 잡고, 쓰고, 맛보고, 즐기다 보면 한두 해가 후딱 지나갑니다. 즐겁게 끝나도 또다시 시작이고요. 아마추어 작가의 삶에서 편성만 빼면 비슷하죠. 여기서 프로와 아마추어의 차이는 하나입니다. 프로는 웃으며 다시 시작합니다. 그것이 자신의 삶인 걸 잘 알기 때문입니다. 기나긴 인고의 시절을 거치는 이들의 노력은 정당한 보상을 받고 있습니다. 회당 1억 원 이상의 집필료를 받는 스타 작가들도 있고요. 이 가치는 계속 상승하리라 예상합니다. 물론 돈이 전부는 아니죠. 전 세계에 내가 쓴 작품이 방영되고 내 글의 가치를 아는 전 세계인이 나에게 직접 말을 걸어오는 시대를, 우리는 살고 있습니다. 이렇게 부와 명예를 다 누릴 수 있는 프로 드라마 작가는 어떻게, 또 어떤 방법으로 되는 걸까요?

드라마 작가는 어떻게 되나요

먼저 배웁니다.

작가도 당연히 드라마를 배워야 합니다. 드라마란 무엇인가에서부터 시작해야겠죠. 형태는 물론이고 내가 생각한 드라마 아이템이 단막에 맞는지 16부작에 맞는지 아니면 OTT로 가야 하는지의 차이에 대해서도 알아야겠습니다. 무엇보다 드라마를 어떻게 쓰기 시작하는지, 4부와 12부는 어떻게 연결해서 써야 하는지, 그리고 멋지게 드라마 대본을 끝내는 방법은 무엇인지 등 모든 걸 공부해야 합니다.

여러 드라마 교육 기관에서 '드라마 이론'과 '드라마 창작 원리'라는 강좌를 개설하지요. 보통의 작가 지망생은 교육 기관에서 강의 한두 개를 듣고, 작법서 몇 권을 읽으면서 공부를 시작합니다. 이 책을 읽는 것도 그 일환일 테고요. 어느 정도 드라마 공부를 하고 나면 그다음엔 가장 큰 두 갈래 길을 만나게 됩니다. 35페이지 분량의 단막과 단막 분량 12개 혹은 16개를 이어 써야 하는 드라마(혹은 시리즈)입니다. (현재의 드라마는 4부부터 20부까지 그 형태가 다양하고 방송국, 종편, 유튜브, OTT 등 플랫폼 또한 일원화하기 어려워 이 책에서는 '드라마'와 '시리즈'를 혼용해서 사용하겠습니다.)

2021년 즈음부터 여러 드라마 공모전에서 단막 외에 미니 시리즈 부문을 신설했습니다. 당연히 여러분은 두 가지 트랙을 공부해야 합니다. 단막은 공모전에 당선되기 위해, 미니 시리즈는 공모전과 추후 방송 편성을 받기 위해 학습해야 합니다. 이 책에 그 두 길에 대한 자세한 정보가 전부 담겨 있습니다. 차근차근 공부해 봐요.

그다음 씁니다.

어느 정도 드라마 관련 이론을 학습하고, 창작의 형태를 알게 되면 드디어 쓰기 시작합니다. 배움 없이 처음부터 쓰든, 최대한 많이 공부해서 2년 뒤부터 쓰든 드라마 창작에 정답은 없습니다. 하지만 교육자 혹은 교육 기관이 수강생에게 각각의 교육 과정을 안내할 때에는 최소한의 가이드라인을 갖고 안내합니다. 저도 이 책을 읽고 사용할 수 있는 가이드라인을 알려드리고자 합니다.

제가 생각하는 최소한의 드라마 창작 가이드라인은 다음과 같습니다. 교육기관 한 곳을 정해 3개월 정도 학습하고, 작법서 한 권 정도를 찬찬히 읽은 후 쓰기를 권유합니다. 드라마 작법서는 이 한 권으로 충분할 테니 온라인, 오프라인 상관없이 드라마 이론 혹은 창작 강의를 수강해 보세요. 필수는 아니지만 여러 고민과 방황을 줄이는 데 도움이 될 것입니다.

이제 정말 드라마를 써 볼까요? 작가 지망생들은 보통 단막으로 창작을 시작합니다. 길이와 분량이 가장 큰 이유겠죠. 이 책 2부 2장에서 자세히 설명하겠지만 처음에는 이론을 따지기보다 머릿속에서 떠오르는 아이템으로 자유롭게 시작하기를 권합니다. 생각의 흐름대로 쓰다 보면 필연적으로 편하게 쓸 수 있는 지점과 막히는 지점을 만날 겁니다. 왜 그 부분이 잘 써지고, 왜 저 부분이 막히는지를 생각해 보세요. 저는 이유를 알고 있습니다. 논리적으로 설명할 수도 있어요. 하지만 당장 말하지는 않을 겁니다. 이 책을 읽고 나면 자연스럽게 터득할 테니까요. 터득은 보장할 테니 긴장을 풀고 나아가 보아요.

이미 시작한 단막이 있다면 힘들어도 완성하기를 부탁드립니다. 물론 과정은 힘들고 모든 사람이 처음 쓴 단막을 완벽하게 완성하는 것도 아닙니다. 그럼에도 처음 쓰기 시작한 단막을 완성할 수 있도록 최대한의 노력을 기울여 보는 건 중요합니다. 그리고 과정의 어려움을 오롯이 기억하세요. 여러분이 이 책을 선택하고, 여러 번 반복해서 읽는 이유는 그 어려움을 해결하고 싶어서일 테니까요. 자신의 문제를 정확하게 기억해야 나중에 문제점들을 날카롭게 도려낼 수 있습니다. 반면에 문제의 본질을 정확하게 짚지 못하면 나중에 수정하거나 다시 시작하기가 너무 힘듭니다. 같은 공식을 사용하는 수학 문제를 다양하게 여러 번 반복해서 푸는 것과 같습니다. 공식을 이해하지 못하면 운에 기대야 합니다. 그럴 수는 없잖아요. 지금까지 어려웠던 이유가 그거였으니까요. 그러니 부디 끝까지 내 글이 막히는 이유와 그것을 해결하는 방법을 알아내기를 바랍니다. 이것을 극복해야만 글도 완결되고, 어려움을 극복하는 사람만이 진정한 작가가 되니까요.

그리고 당선됩니다.

처음 쓴 단막을 완벽하게 끝내는 비율은 1/5 안팎일 겁니다. 첫 시도에 단막을 완성했다면, 축하합니다. 타고난 재능이 있습니다. 완성하지 못했어도 좌절할 필요는 없습니다. 이 책을 여러 번 읽으면 완성할 수 있습니다. 처음에는 단막 완성이 너무 버겁지만 더 큰 고난은 단막 완성 이후에 나타납니다. 바로 '당선'이죠. 완성했다는 성취감을 만끽하고 싶은 여러분에게 찬물을 끼얹는 일일 수도 있지만 기억하세요. 최종 목표는 대본 '완성'이 아니라 '완성된 대본의 수상'입니다. 내가 완성한 대본을 공모전에 내서, 수상까지 해야 작가가 되는 관문의 1차 미션이 끝납니다.

따라서 우리의 본질적인 목표는 심사위원이 만족하는 공모전용 드라마 쓰기입니다. 여러분은 내가 좋아하는 주관적인 글을 공모전에 낼 겁니다. 반면 심사위원은 시청자를 대신해서 객관적인 기준에서 드라마 대본을 심사하지요. 당연히 대본을 바라보는 시선이 다르겠죠? 공모전에 당선되려면 객관적인 기준에서 드라마 대본을 써야 합니다. 현직 드라마 작가이자 드라마 작법 및 이론 강사, 그리고 여러 공모전의 심사위원인 저는 여러분이 자기애가 강한 작가(자신만 만족하는 대본)보다는 인류애가 넘치는 작가(시청자가 만족하는 대본)가 되길 바랍니다. 드라마 작가가 가져야 할 기본 마음 자세이기도 합니다. 꼭 기억하세요.

공모전 당선의 길은 무엇인가요

공모전 응시 작품을 제출합니다.

힘들었던 단막 완성도 결국 사람이 손으로 하는 일이라 여러 번 노력하면 완성됩니다. 반드시 그날이 옵니다. 늦은 밤, 총 35페이지의 마지막 문장을 쓰고 나면 갑자기 울컥하면서 묘한 감정에 사로잡힐 겁니다. '드라마가 뭐라고 내가 이 고생을 하나?' 하는 저차원적 생각과 '결국 되네! 그럼 이제 미니 써 볼까?' 하는 고차원적 생각이 교차할 겁니다. 잠시 멍하니 앉았다가 내가 쓴 대본의 처음과 끝을 여러 번 다시 살펴보겠죠. 그러다 갑자기 이런 생각이 듭니다. '공모전 마감이 언제지?' 후다닥 일어나 마감이 남은 공모전들을 폭풍 검색합니다. 그러고는 곧장 지문과 대사를 공들여 다듬고 다듬어서 공모전 마감 전에 간신히 접수합니다. 그게 끝이 아니죠. 다음 날 제대로 접수되었는지 확인하고, 그다음에야 깊은 한숨과 함께 잠시의 평화를 누립니다.

그런데 이후 과정이 어떻게 진행되는지 알고 있나요? 내 모든 노력을 갈아 넣어 제출한 소중한 작품은 어떻게 평가받는 걸까요?

공모전 심사 과정이 시작됩니다.

대한민국 사람 대부분은 인생을 끝없는 경쟁이라고 여깁니다. 어떤 일을 하건 생존 전쟁이니 드라마 작가가 되려는 사람들도 높은 경쟁률을 뚫어야 하는 게 당연하다고 여깁니다. 저도 비슷한 생각입니다. 그래서 우리가 공모전이라는 공정한 경쟁에서 승리하려면 무엇을 준비해야 하는지 살펴보겠습니다. 제일 먼저 경쟁의 제대로 된 뜻부터 알아야겠습니다.

경쟁 같은 목적에 대해 이기거나 앞서려고 서로 겨룸.

그렇습니다. 우리는 같은 목적을 위해 여기 모였습니다. 그 방법이 드라마 공모전이고요. 따라서 공모전에 당선되어야 프로 작가가 될 확률이 높겠죠. 그럼 단어를 하나씩 뜯어 볼까요?

공모 일반에게 널리 공개하여 모집함.

일반에게 널리 공개하여 모집하니 공모전에는 많은 작품이 모입니다. 여러 번 심사한 경험에 따르면 공모전마다 1천 편 이상의 작품이 접수되는 경우가 대부분입니다. 그만큼 드라마 작가 지망생이 많습니다. 명확한 이해를 위해 접수된 작품이 모두 1천 편이라고 가정하고서 공모전 진행 과정을 설명하겠습니다. 먼저 1천 편의 작품이 모이면 곧 예심과 본심을 거칩니다. 이를 통해 다음 단계로 올라갈 작품을 선정합니다.

선정　여럿 가운데서 어떤 것을 뽑아 정함.

공모전 선정 본심에 앞서 예심을 진행합니다. 20여 명의 예심위원이 한 사람당 50여 편의 작품을 40여 일 동안 읽습니다. 각 심사위원이 5편 정도의 우수한 작품을 뽑아 올리고요. 심사위원마다 성향과 취향이 달라 때론 5편 이상을 추천하기도 하고, 그보다 적게 뽑을 때도 있지만 예심위원들이 모여 회의를 거친 후 1백여 편 정도가 추려지고 이 작품들이 본심에 올라갑니다. 예심과 마찬가지로 본심도 본심위원을 선정하면서 시작됩니다. 본심위원 10여 명이 예심에서 올라온 1백여 편을 20여 일 동안 각 10편씩 읽습니다. 그리고 각 심사위원이 3-5편 정도를 추립니다. 이렇게 선정된 50여 편으로 본심 회의를 엽니다. 이 회의에서 5편 정도가 최종 당선작으로 선정되고, 그다음 공식 발표합니다.
이렇게 1천여 편의 작품을 5편으로 추리는 과정에는 어떤 기준이 있을까요?

기준　기본이 되는 표준.

드라마 작가가 되어야겠다고 마음먹으면 제법 여러 번 공모전에 작품을 제출하게 됩니다. 이때 한 번이라도 공모전 선정 기준을 제대로 알아보려 하는 응모자가 얼마나 될까요? 모든 공모전에는 저마다의 선정 기준이 있습니다. 안내 요강에 자세히 나와 있습니다. 이미 알고 있다고요? 그럼 되묻겠습니다. 여러분은 각 공모전의 작품 선정 기준에 맞춰 썼나요? 만약 기준에 맞춰 쓰지 않았다면 기준을 몰라서인가요, 아니면 애써 외면했나요?

모두가 알고 있는 단어의 뜻을 사전적으로 찬찬히 뜯어 보면서까지 공모전의 디테일을 설명하는 이유가 있습니다. 무작정 내 마음대로 써서 제출하기보다는 처음부터 기준을 알고 거기 맞춰 쓰고 제출하는 쪽이 당선 확률이 높기 때문입니다. 지금부터 논하려는 공모전 당선의 원칙은 이 기준에 대한 것입니다. 세상 사람들이 생각하는 드라마, 심사위원들이 선정하는 심사 기준, 각 공모전마다 공지에 올리는 각종 정보를 살피고 그에 맞춰 쓴다면 노력한 만큼 좋은 결과를 기대할 수 있지 않을까요?

공모전 당선 방법은 이렇습니다.

지금부터 공모전 당선을 위해 반드시 알아야 할 두 가지 기준을 알려드리겠습니다.

첫째, 드라마 공모전에 소설을 내면 안 됩니다.

의외로 아주 많습니다. 1천여 명의 작가 지망생이 혼신의 힘을 다해 쓰고, 수십 명의 심사위원이 3개월 이상의 시간을 들여 뽑는 공모전의 작품 수준을 같이 생각해 봅시다. 사견을 이야기하자면 공모전에 접수되는 드라마 대본의 수준은 다음과 같습니다. 드라마의 형식과 내용을 제대로 '갖춘' 대본이 많이 없습니다. 대본의 분량을 '맞춘' 경우가 대부분입니다. 어떻게 보면 드라마 공모전의 예심은 드라마의 형식과 내용에 맞게 쓴 작품을 찾아내는 과정입니다. 이 논리에 따르자면 예심에서 탈락하는 900편은 아쉽게도 드라마의 형식과 내용의 기준을 맞추지 못했을 확률이 높습니다. 예를 들면 드라마 공모전인데 소설 같은 글을 내는 응모자가 많다는 이야기입니다. 드라마라는 단어를 떠올릴 때 현장에서 일하는 사람들이 생각하는 드라마와 작가 지망생들이 떠올리는 드라마에는 차이가 있는 듯합니다. 여러분 각자가 생각하기에는 너무나 소중한 대본이지만 심사위원들이 보기에는 부족하고 아쉬운 부분이 많다는 뜻입니다. 여러분이 공모전 예심을 통과할 수 있는 핵심 정보가 바로 이것입니다. 먼저 드라마 대본의 형식과 구조를 정확하게 알고, 소설과는 다른 드라마 대본의 특성을 명확하게 이해해야 합니다. 이것이 공모전 당선의 첫 번째 비법입니다.

둘째, 나만 좋아하는 대본을 제출하면 안 됩니다.

공모전 제출 전에 고려할 것이 '드라마의 사회화' 혹은 '드라마의 객관화'입니다. 다시 말해 내가 만족하는 대본이 아니라 심사위원을 포함해 모든 사람이 좋아할 만한 대본을 제출해야 합니다. 현재 드라마 공모전을 준비하고 있거나 과거 공모전에 작품을 제출했는데 좋은 결과를 못 얻은 분들에게 중점적으로 설명하고 싶은 부분이 이 지점입니다. 자신의 모든 노력을 투여해 35페이지 분량에 맞춰 완성한 여러분의 소중한 글이 좋은 결과를 못 얻는 이유가 있습니다. 나만 좋아하는 이야기를 써냈을 확률이 높습니다. 냉정히 따져 어떤가요? 지금 내가 생각하기에 재미있는 대본을 쓰고 있나요? 아니면 사람들이 좋아할 만한 대본을 쓰고 있나요? 타인의 기준에 맞춰 쓰는 것이 공모전 당선의 두 번째 비법입니다.

정리하면 드라마의 형식과 기준에 맞고, 모두가 좋아하는 대본을 내면 당선 확률이 높아집니다.

이 두 가지 목적을 위해 무엇을 해야 할까요?

생각해 보세요! 여러분이 공들여 쓴 드라마 대본이 출력되어 지금 여러분의 책상에 놓여 있을 것입니다. 그 대본은 어떤 의미를 지니나요? 드라마로 만들어지지 않은 드라마 대본에는 어떤 가치가 있을까요? 단순한 종잇조각 아닐까요? 35페이지짜리 종이 뭉치. 그러니 지금부터 우리의 소중한 드라마 대본을 종이 뭉치로 만들지 않기 위해, 앞으로 우리가 어떤 노력을 기울여야 하는지 알아보겠습니다. 지금도 수백에서 수천 명의 드라마 (예비) 작가가 열심히 대본을 쓰고 있습니다. 그중 어떤 대본이 진짜 드라마로 만들어지는지, 어떤 대본이 공모전에 당선되는지, 어떻게 해야 내 대본이 제작사 대표의 책상으로 갈 수 있는지를 몽땅 이야기하겠습니다.

예열이 길었습니다. 이제 정말 시작입니다! 드라마 공모전에 당선되는 글쓰기, 바로 시작합니다!

01

드라마 공모전 당선의 10가지 원칙

드라마 공모전에 당선되는 10가지 원칙을 알려드리겠습니다. 그동안 수없이 접했던 '○○의 ☆가지 법칙'과 그때마다 했던 '그럼 내가 ☆가지 법칙만 알면 ○○을 다 아는 거야?'라는 생각을 이번에도 하고 있나요? 먼저 고백하겠습니다. 이를 지킨다고 100% 이루어진다고 단언할 수는 없습니다. 하지만 10가지 원칙을 제대로 숙지한다면 지금까지의 어려움 중 대부분이 사라지리라 약속은 드릴 수 있습니다. 따라서 공모전 당선 가능성이 크게 높아지리라 장담할 수 있습니다. 저는 여러분이 많은 노력을 하고 있음을 잘 알고 있습니다. 그래서 이 10가지 정보를 더하면 공모전 당선 확률이 올라갈 것입니다.

매일 드라마를 생각하고 쓰고 지우고 있는 여러분. 그 아까운 노력에 비해 결과가 아쉬웠다고요? 내 글이 호평받지 못하는 이유를 몰라 힘든 시간을 보내기도 했을 겁니다. 곰곰이 생각하고 다시 생각해도 여러분이 당선되지 못한 이유는 하나입니다. 바로 정보가 부족해서였습니다.

"재능 부족이 아니라 정보 부족이라고요?"

그렇습니다. 여러분의 재능은 차고 넘칩니다. 다만 한 가지! 드라마 창작과 공모전 당선에 대한 정보가 조금 부족합니다. 그래서 지금까지 좋은 결과를 얻을 수 없었던 겁니다. 더 이상 걱정하지 마세요. 이 책과 이 책의 저자인 제가 곁에 있잖아요. 드라마 공모전 당선의 10가지 원칙만 잘 이해하면 됩니다. 그럼 드라마의 형태와 구조를 알게 되고, 모두가 좋아하는 드라마를 쓸 수 있습니다. 당연히 공모전에 당선되고요.

드라마 공모전 당선의
10가지 원칙

1

드라마는
영상으로
쓴다

여러분, 생각해 봅시다.

"드라마는 활자(텍스트)입니까, 영상입니까?"

뻔한 질문이라고요? 이 뻔한 사실을 제대로 인지하지 못하는 경우가 너무나도 많습니다.

"드라마 대본은 활자(텍스트)로 써야 할까요, 영상으로 써야 할까요?"

무슨 소리냐고요? 드라마는 활자(텍스트)가 아니라 영상으로 방영되거나 업데이트되잖아요? 그럼 드라마 대본은 활자로 표현되게 써야 할까요, 아니면 영상으로 촬영되게 써야 할까요? 간단합니다. 드라마 대본의 최종 결과물은 영상입니다. 따라서 영상으로 잘 표현되게 써야 합니다. 하나만 더 묻겠습니다.

"여러분이 쓰는 글은 소설인가요, 드라마 대본인가요?"

슬슬 짜증이 난다고요? 절대로 여러분을 무시하는 게 아닙니다. 그럴 리가요! 드라마를 쓰려고 이 책을 열었는데 왜 이런 질문만 계속하냐고요? 이 뻔한 사실을 어처구니없을 정도로 쉽게 놓칩니다. 스스로에게 다음 질문을 해보겠어요?

"지금 내가 드라마 대본을 쓴다면서 소설을 쓰고 있는 건 아닐까?"

어쩌면 여러분은 드라마를 쓴다면서 소설을 쓰고 있는지 모릅니다. 최근 공모전에 제출한 대본이 사실은 소설이었을지도요. 그래서 힘은 힘대로 들었는데 좋은 결과를 얻지 못했던 겁니다. 드라마와 소설은 전혀 다릅니다. 소설의 끝은 활자이고, 드라마의 끝은 영상이죠. 다시 말해 소설과 드라마 대본은 아래처럼 완전히 다릅니다.

- 소설의 최종 결과물은 활자로 정리된다. 드라마 대본의 최종 결과물은 활자가 아니다. 하지만 작가가 활자로 쓴다.
- 소설은 독자가 활자를 읽는다. 드라마 대본은 시청자가 활자를 읽지 않는다. 대신 연기자가 대사(활자)를 연기한다.
- 소설은 이야기를 활자로 쓴다. 드라마 대본은 촬영할 영상을 활자로 기록한다.

전혀 다르죠? 다 아는 이야기라고요? 다시 질문하겠습니다.

"여러분이 쓰는 글은 소설인가요, 드라마 대본인가요?"

갑자기 대답이 막힌다고요? 그렇다면 재고해 볼 필요가 있습니다. 드라마 대본을 쓰는 이들이 힘들어하는 이유가 여기 있거든요. 최종 결과물은 활자가 아닌데 활자로 창작하면서 일어나는 오류. 이것이 어려움의 근원입니다.

드라마 대본의 본질은 영상 스토리텔링인데, 활자 스토리텔링이라고 착각하면서 모든 오류가 발생합니다.

첫째! 드라마는 활자가 아니라 영상입니다. 그래서 우리(시청자)는 대본을 읽지 않고 대본을 바탕으로 촬영하고 편집한 영상을 봅니다.

둘째! 지금 어떻게 드라마 대본을 쓰고 있나요? 소설처럼 활자로 쓰고 있나요, 아니면 드라마 대본처럼 영상으로 쓰고 있나요? 반복하지만 소설과 드라마 작법은 엄연히 다릅니다.

"영상으로 결과가 나오는 드라마 창작법은 활자로 결과가 나오는
소설 창작법과 어떻게 다른가요?"

이 질문에 답할 수 있어야 합니다. 둘의 차이를 분명히 이해해야 합니다. 그다음에 비로소 드라마 쓰기로 나아갈 수 있습니다.

소설 창작과 드라마 창작은 이렇게 다릅니다.

민준은 고뇌에 빠졌다. 늪에 빠진 것처럼 그를 옥죄는 것은 자신의 내면이다. 점점 더 밑으로 침잠한다. 더 내려갈 곳이 없을 정도로 추락하고 있던 그는 어쩌면 이 고통에서 빠져나올 생각이 없는 건지도 모르겠다.

위와 같은 소설 문장이 있습니다. (드라마 이론 설명을 위한 문장이니 수준은 따지지 않기!) 이를 극본화해 봅시다. 어떻게 바꾸어야 할까요?

민준은 카페 창가 자리에 앉아 생각에 잠겨 있다. 문득 5년 전의 상처가 떠올랐다.

cut to 과거

송이 (민준에게) 너는 사마귀보다 못한 존재야.

cut to

민준은 그 말을 내뱉은 송이를 생각한다. 한참을 생각하던 그는 시선을 돌려 창밖을 본다. 가만히 한숨을 내쉬는 민준.

활자로 쓰인 소설을 적당히 배열하면 드라마가 될 거라고 여기는 이들이 있습니다. 소설과 드라마 대본은 형식과 구조가 전혀 다릅니다. 모든 소설을 드라마 대본으로 바꿀 수 있지도 않고요. 마찬가지로 대본을 굳이 소설로 바꿀 필요도 없습니다. 한마디로 일대일로 호환되지 않습니다.

지금부터 소설과 드라마 대본의 차이를 설명하겠습니다. 먼저 위의 소설 문장을 읽어 보세요. 그리고 다음 질문에 대답해 보세요.

인간의 고뇌, 내면, 생각을 어떻게 촬영할 수 있을까요? 민준의 얼굴 외에는 답이 없습니다. 그럼 인간의 고뇌, 내면, 생각은 왜 촬영이 힘들까요? 움직임이 없기 때문입니다. 소설은 주인공의 내적 갈등만으로도 완성할 수 있지만 드라마 대본은 내적 갈등을 가시화할 만한 무엇 없이는 완성하기 어렵습니다. 《유미의 세포들》(2021)에서 주인공 유미의 내적 갈등을 여러 세포로 '보여' 주잖아요. 드라마 대본은 촬영이 가능한 것만 활자로 써야 하는 글쓰기입니다.

드라마 대본은 활자 스토리텔링이 아니다.
드라마 대본은 영상 스토리텔링이다.

여러분이 드라마 대본이라고 썼던 글들 중 절반 이상은 활자로만 표현되고 촬영은 할 수 없는 소설(같은 글)이었을 확률이 높습니다. 지금까지 영상 스토리텔링만 인정받는 드라마 공모전에 촬영할 수 없는 문장으로 가득 찬 작품을 제출하지는 않았나요?

소설은 모든 것을 표현할 수 있다.
드라마 대본은 촬영할 수 있는 것만 표현해야 한다.

소설은 활자로 읽지만 드라마 대본은 활자로만 읽히면 안 됩니다. 활자를 읽었을 때 곧바로 촬영 가능한 장면이 떠올라야 합니다. 드라마 대본의 목적은 촬영이기 때문입니다. 드라마 대본은 문장의 유려함보다는 연기자나 연출자가 촬영할 수 있는 확실한 장면을 떠올릴 수 있게 써야 합니다. 촬영할 수 있는 영상을 잠시 활자로 변환하여 보관하는 것이 드라마 대본의 본질입니다.

소설가는 자신의 생각을 활자로 옮긴다.

드라마 작가는 자신의 생각 중 촬영이 가능한 부분만 잠시 활자로 옮긴다. 즉, 극본은 드라마 영상 촬영을 위한 활자 설계도다.

드라마 공모전을 준비할 때는 어떤 글을 써야 할까요?

- 내적인 감정에 대한 글.
- 외적인 동작에 대한 글.

명확하죠. 내면의 감정보다는 외면의 동작을 써야 합니다. 동작은 곧장 촬영할 수 있으니까요. 한데 막상 대본을 쓰면 말처럼 쉽지 않습니다. 그래서 수많은 공모전 응모자가 소설 같은 글을 내는 거겠죠. 드라마 창작 교육 수업 때도 수강생 대부분이 동작 위주의 대본을 쓰겠다고 저와 약속합니다. 그런데 당장 그다음 수업에 써 온 글을 보면 온통 주인공의 내면이 담겨 있습니다. 처음에는 그럴 수 있다고 여겼지만 계속 반복되었습니다. 저는 큰 충격을 받았고요. 이유를 곰곰이 생각해 봤더니 어느 순간 이해할 수 있었습니다.

여러분의 오늘 하루 중 가장 큰 동작은 무엇이었나요? 대부분 큰 행동을 하지 않습니다. 큰 행동이 없는 하루가 평범한 하루이기 때문입니다. 게다가 글을 쓰는 일은 정적이고도 정적인 일이죠. 반면에 우리의 드라마 주인공은 그렇지가 않죠? 그들은 매번 달리고, 부딪히고, 기상천외한 일을 겪습니다. 큰 행동을 해야 할 경우가 많습니다.

제가 내린 결론은 이렇습니다. 동작이 없는 평범한 하루를 살아가는 작가가 특별한 순간에 큰 동작을 해야 하는 주인공을 표현하기는 힘들다! 이 말에 공감한다면 다음과 같은 제안을 하겠습니다.

- 엄마와 딸이 화해하는 이야기.
- 엄마와 딸이 세계 여행을 하면서 화해하는 이야기.

둘 중 어떤 글을 써야 할까요? 처음에는 글에 동작을 넣기가 쉽지 않을 겁니다. 평범한 하루를 살아가는 사람이 세계 여행을 하는 게 쉽지 않기 때문입니다. 하지만 드라마 작가가 되고자 한다면 반드시 여기에 적응해야 합니다. 동작이 없는 평범한 하루보다는 큰 동작이 발생하는 특별한 순간을 써 보세요. 우리가 쓰려는 것은 드라마 대본이니까요. 여러분! 지금 쓰고 있는 드라마의 주인공을 집에 있게 하지 마세요. 일단 집 밖으로 내보내세요. 그리고 어디론가 달려가게 하세요! 그래야 드라마가 살아납니다.

잊지 마세요. 드라마는 영상, 즉 동작으로 써야 합니다.

드라마 공모전 당선의
10가지 원칙

2

드라마는
'극적 순간'을
쓴다

드라마 공모전 당선의 10가지 원칙 중 첫 번째 원칙인 '드라마는 영상으로 쓴다'를 통해 우리는 드라마는 활자 스토리텔링이 아니라 촬영을 위한 영상 스토리텔링임을 이해하게 되었습니다. 그 외에 지금까지 드라마 작업이 힘들었던 이유가 하나 더 있는데요. 아마도 여러분이 자신의 평범한 일상을 써 왔기 때문일 가능성이 큽니다.

"네? 제 일상을 드라마로 쓰면 안 되나요?"

반드시는 아닙니다. 역으로 질문을 하나 할게요. 왜 시청자가 여러분의 일상을 드라마로 봐야 하나요? 사적 영역인 나의 이야기를, 공적 영역인 드라마 대본에 녹일 필요가 있나요? 의도하지 않았는데 나도 모르게 들어가 있다고요? 어떻게 글을 쓰는 나 자신이 하나도 담겨 있지 않냐고요?
어제 본 드라마를 떠올려 보세요.

"드라마 내용이 주인공의 일상인가요, 아니면 주인공의 극적 순간 인가요?"

시청자 대다수가 드라마란 평범한 일상 자체가 아닌, 평범한 일상 중 극적인 순간을 엮어 만든 결과물이라고 여깁니다. 《이태원 클라쓰》(2020)의 박새로이(박서준 분)나 《더 글로리》의 문동은(송혜교 분)을 떠올려 보세요. 금방 이해가 가죠? 새로이나 동은이가 핫플을 찾아다니거나 휴일에 늦잠을 자던가요? 아주 강렬하고 격렬한 매일매일을 보냅니다.

제가 수업 때마다 하는 질문이 있습니다. "지금까지 살아온 시간 중 당신의 가장 극적인 순간은 언제인가요?" 한 수강생이 이렇게 답했습니다. "군에 있을 때였습니다. 저는 박격포 담당이었어요. 어느 날 불발탄이 발생했고, 제가 처리해야 했습니다. 포탄에 접근하는데 정말 긴장을 많이 했습니다. 언제 폭탄이 터질지 모르니까요. 천천히 다가가… 만지려는데….." 어떤가요, 여러분이 생각하기에 박격포로 다가가는 순간은 평범한 일상인가요? 아니면 일생에 한 번 겪을까 말까 한 극적 순간인가요? 맞습니다, 극적 순간입니다.

"지금 여러분이 드라마로 쓰려는 이야기는 박격포 불발탄 처리보
다 극적인가요?"

이제 제가 하려는 이야기가 무엇인지 알겠다고요? 그렇습니다. 저는 드라마에 담기는 이야기의 본질에 관해 말하려는 겁니다. 이제, 부디, 제발, 평범한 일상보다는 강력한 극적 순간을 담으세요. 시청자가 호기심을 가질 겁니다. 일상보다 훨씬 재미있기 때문입니다.

다만 문제가 하나 있습니다. 다음과 같은 경우 때문이죠. 내가 생각하는 재미있는 이야기(극적 순간)와 타인이 생각하는 재미있는 이야기가 다를 수 있습니다. 그럴 때 있잖아요. 너무 웃긴 이야기라고 신이 나서 떠드는데 오히려 썰렁해지는! 사람마다 재미 포인트가 다르기 때문입니다. 그러니 내 아이디어가 객관적으로도 흥미로운지 꼭 점검해야 합니다. 드라마는 한 명의 작가가 아닌 불특정 다수의 시청자를 위해 존재하니까요.

그럼 모든 사람이 극적 사건이라고 입을 모을 만한 이야기는 어떤 요소를 지녀야 할까요? 극적 사건의 요건을 생각해 보려 합니다. 아래 두 이야기 중 더 극적인 사건은 무엇인가요?

- 엄마와 딸이 다투다 화해하는 이야기.
- 엄마와 딸이 다투다 자동차 사고를 당하는 이야기.

대부분 두 번째를 고를 겁니다. 그 이유는요? 다음 두 관점에서 설명하겠습니다.

먼저 몸과 마음을 비교해 보겠습니다. 화해는 사람들의 마음에 관한 이야기입니다. 자동차 사고는 사람들의 몸에 관한 이야기고요. '드라마는 영상 스토리텔링'이라는 관점에서 보면 명확하게 구분이 갑니다. 모녀의 화해는 마음의 상처와 관련 있습니다. 상처받고 화해하는 과정은 마음의 길에 관한 이야기라 동작으로 표현하기가 까다롭습니다. 영상 스토리텔링인 드라마보다는 활자 스토리텔링인 소설에서 더욱 세밀하게 묘사할 수 있습니다.

그에 비해 자동차 사고는 외적인 상처가 발생하고, 이를 해결하기 위해 움직이는 이야기입니다. 모녀의 다툼으로 사고가 발생하고, 응급실로 달려가고, 엄마와 딸 중 누구를 살려야 하는가에 관한 괴로운 선택 등 머릿속에 조각조각 영상이 떠오를 겁니다. 왜냐고요? 마음의 이야기가 아니라 (상대적으로) 몸의 이야기니까요. 활자가 아닌 영상 스토리텔링이기 때문입니다. 이처럼 극적 사건은 마음이 아니라 몸의 이야기일 확률이 높습니다.

모든 스토리에서 절대 빠질 수 없는 적대자로 살펴볼까요? 두 이야기의 적대자는 누구인가요? 첫 이야기의 어려움(적대자)은 두 사람의 엇갈린 마음입니다. 어떤 원인으로 두 사람이 충돌하고, 어떤 계기로 화해하겠죠. 두 사람의 마음을 뒤엎는 적대자는 존재하지 않습니다. 엄마는 딸, 딸은 엄마의 마음이 각자에게 적대자로 기능한다고 할 수 있습니다. 저는 이와 같은 마음 상태를 '추상적인 적대자'라고 칭합니다. 적대자가 존재는 하는데 실체가 불분명한 경우라고 이해하면 됩니다. 두 번째 이야기는 다릅니다. 사고를 일으킨 운전자 혹은 의도적으로 두 사람을 해치고자 사고를 낸 누군가, 즉 적대자가 명확하게 존재합니다. 물리적으로 충돌해야 사고가 발생할 수 있으니까요. 아주 구체적입니다. 저는 '구상적인 적대자'라고 칭합니다. 추상적인 적대자와 달리 적대자의 실체가 분명하다는 뜻으로 이해해 주세요.

박격포 이야기로 돌아가 보겠습니다. 이 이야기를 극적 사건이라고 느낀 이유는 무엇입니까? 첫째로 마음의 이야기가 아니었습니다. 박격포를 바라만 보면서 '도대체 나는 어떻게 해야 할까?' 생각만 하고 행동은 주저한 이야기가 아니었습니다. 행동(모션)을 통해 직접 다가가서 해결해야만 하는 이야기였습니다. 둘째로 적대자가 외부에 존재했습니다. 누군가는 군인의 마음에 있는 두려움을 추상적인 적대자로 볼 수도 있겠지만, 그보다는 언제 터질지 모르는 폭탄이라는 대상이 구체적으로 존재했습니다. 그로 인해 우리도 그의 이야기가 극적 사건이라고 인지했고요.

극적 사건은 다음의 두 가지 조건을 가지고 있습니다.

첫째, 마음의 이야기가 아닌 몸의 이야기입니다.

극적 사건은 몸의 이야기여야만 합니다. 절대적이지는 않지만 이왕이면 마음의 이야기보다는 몸의 이야기가 극적인 사건이 될 확률이 높습니다. 몸의 이야기가 마음의 이야기보다는 영상화될 확률이 높기 때문입니다. 우리가 직접 촬영할 수 있기 때문입니다. 촬영할 수 있을 만한 구체적인 장면이 떠오르기에 그 이미지를 가지고 우리가 '극적인 상황이다'라고 판단하는 것입니다.

둘째, 적대자는 추상적이지 않고 구체적으로 존재합니다.

극적 사건은 구체적인 적대자가 있는 이야기여야 합니다. 주인공의 내면에 형태가 명확하지 않은 개념적 적대자가 있는 이야기보다는, 주인공 앞에 명확하고 구체적인 나쁜 행동을 하는 적대자가 있는 이야기가 극적인 이야기입니다. 시청자가 그렇게 느낍니다. 그렇다고 극적 사건만으로 드라마를 쓰라고 강요하고 싶지는 않습니다. 드라마라는 세계에는 하나의 정답이란 없으니까요. 다만 여러분이 집필 중인 드라마가 강렬하고 극적인 사건을 담고 있다면 공모전 당선 확률이 높아집니다. 친구랑 만나서 온종일 이런저런 이야기를 나누는데 무엇 하나 재미있지 않을 때가 있죠? 강렬하고 극적인 사건이 없는 이야기를 나눠서 그렇습니다. 우리는 재미없는 드라마를 쓰고 싶은 게 아니잖아요. 생각해 보세요. 사람들은 항상 이렇게 말합니다. "뭐 재미있는 거 없어?"

여기서 가리키는 재미란 무엇일까요? 잠시 이 책을 내려놓고 지금 쓰고 있거나 쓰려는 드라마가 어느 정도 극적인 사건을 담고 있는지 천천히 생각해 보세요. 먼저 몸에 대한 이야기인가요? 그 이야기에는 구체적인 적대자가 있나요?

프로 작가는 가능한 한 극적인 이야기를 쓰려고 합니다. 그 결과물이 여러 분이 재미있게 본 작품들이고요. 하나같이 극적이고 강렬합니다. 다시 처음으로 돌아가 나의 주인공과 적대자를 보다 극적으로 만들어 보세요. 그것만으로도 공모전 당선이라는 목표가 훨씬 더 가까워집니다.

**드라마 공모전 당선의
10가지 원칙**

3

**OST
이론을
따라
쓴다**

드라마는 영상 스토리텔링이고, 극적 순간을 다루어야 함을 인지한 여러분은 마음을 다잡고 글쓰기를 시작하겠죠. 한데 대략 2주 후면 나도 모르게 이런 말을 내뱉게 됩니다. "왜 이렇게 진도가 안 나가지?"

솔직해져 볼까요. 사실 이번만이 아니잖아요? 노트북에는 여러분이 쓰다가 만 글이 여럿 있을 겁니다. 흥분으로 시작하고 열망으로 창작했지만, 냉정하게 멈춘 그 글들! 왜 모든 작가 지망생의 노트북과 외장 하드에는 그토록 많은 글 무덤이 존재하는 걸까요? 이번에 다룰 내용이 바로 그것입니다. 왜 어떤 글들은 끝까지 살아남아 방송국과 OTT로 진격하고, 어떤 글들은 얼마 못 가 작가의 책상 위에서 장렬하게 전사하는지요.

1 쓸 수 있는 글과 쓸 수 없는 글

세상 모든 것은 글로 쓸 수 있습니다. 또 세상 모든 사람이 글을 쓸 수 있고요. 지금도 대한민국의 수많은 드라마 작가 지망생이 글을 쓰고 있습니다. 하지만 모두가 작가로 데뷔할 수 없듯이, 모든 대본이 완결되는 것은 아닙니다. 제 말이 틀렸나요? 여러분이 망설이는 사이 제 생각을 먼저 말하겠습니다. 글에는 끝나는 글이 있고, 끝나지 않는 글이 있습니다. 마찬가지로 드라마 대본 중에는 끝나는 대본이 있고, 끝나지 않는 대본이 있습니다.

드라마로 쓸 수 있는 내용이 있고, 드라마로 쓸 수 없는 내용이 있다.

극단적이라고요? (서로의 생각은 얼마든지 다를 수 있습니다.) 앞에서 제가 드라마 대본은 무엇이라고 했죠? 동작을 쓰는 글이고, 그로 인해 촬영이 가능해야 한다고 했습니다. 그럼 드라마로 쓸 수 있는 글은 촬영이 가능한 글이고, 쓸 수 없는 글은 촬영이 힘든 글이겠죠. 그것을 어떻게 구분할 수 있을까요? 이왕이면 드라마를 쓰기 전에 촬영 가능성 여부를 알 수 있다면 좋지 않을까요? 그 구분을 위해 우리가 사전에 알아야 할 몇 가지가 있습니다.

2 OST 이론

OST는 Original Sound Track이 아닙니다.

Open(열다), Structure(구성하다), Type(쓰다).

글을 먼저 열고, 그다음에 구성하고, 마지막에 써라! 무슨 소리냐고요? 작가 대다수가 아이템이 떠올랐을 때 작업 장소를 찾고 곧장 노트북을 엽니다. 그리고 신 1부터 쓰기 시작합니다. 문제는 이렇게 쓴다고 드라마 대본이 마술처럼 우리 앞에 온전한 모습으로 나타나지 않는다는 데 있고요. 대부분이 경험해 봤을 겁니다.

단막 35페이지 쓰기가 생각보다 너무 힘들다는 사실! 저는 그 이유가 지금부터 설명하려는 OST의 순서를 지키지 않아서라고 생각합니다. 그래서 드라마를 쓸 때는 다음과 같은 과정이 필요합니다.

Open

쓰기 전에 드라마로 쓸 수 있는 글인지 점검한다.

↓

Structure

중간에 드라마의 구성을 정리한다.

↓

Type

드라마로 쓸 수 있는 글인지 확인되고, 구성이 정리되면, 쓰기 시작한다.

본격적으로 글을 쓰기 전 OST의 세 단계를 숙지하고 실행한다면 분명 끝까지 쓸 수 있습니다. 지금까지 여러분의 드라마 쓰기가 그토록 힘겨웠던 이유는 OST의 세 단계를 준수하지 않았기 때문이라고, 감히 말할 수 있습니다. 처음에는 호기롭게 시작하지만 한두 달 뒤에 결국 마무리하지 못하고 끝난 이유도요. 아직 믿지 못하겠다고요?

온전한 드라마 쓰기를 가능하게 하고, 드라마 완결을 보장하는 OST 원칙의 구성을 꼼꼼하게 따져 보겠습니다.

1 Open(열다)

먼저 드라마로 쓸 수 있는 글인지 없는 글인지를 점검해 보겠습니다. "에이, 글을 써 봐야 아는 거지 처음부터 어떻게 그걸 알 수 있어요?"라고 할지도 모르겠네요. 그런데 글을 쓰기 전에 이 글이 끝날 수 있는 글인지, 아니면 끝나지 못하는 글인지 판단할 수 있는 합리적인 도구가 있다면 굳이 안 쓸 이유가 없잖아요. 지금부터 알려드리겠습니다. 일단 제 이야기를 듣고 그다음에 판단해 주세요.

세상의 모든 것은 아는 만큼 볼 수 있습니다. 작가(작가 지망생) 일부는 '드라마를 쓰고자 하는 열정만 가지면 어떠한 드라마도 쓸 수 있다!'라는, 20세기에는 통용이 가능했던 돈키호테식 논리를 여전히 고수할 겁니다. 혼자만의 생각이 아니라 그렇게 말해 주는 선배들도 있을 테고요. 지금까지 충분히 시도해 봤잖아요? 드라마 집필이 그리 쉽던가요? 내 글은 끝이 났나요? 물론 열정은 필요합니다만 열정만으로 가능한 일이었다면 왜 수만 가지 이론이 존재하며, 우리는 지금도 방황하고 있는 걸까요? (맹신하라는 의미는 아닙니다.) 아직 찾지 못한 드라마 완성의 단서, 지금부터 같이 찾아요.

첫 번째 단서! 글이 '열린다'부터 보죠. 우리가 쓰려고 하는 드라마가 다음과 같은 네모 도형이라고 가정해 봅시다.

즉 '쓸 수 있는 드라마'는 위의 네모 칸을 활자로 채울 수 있는 글이라고요. 반대로 '끝까지 쓸 수 없는 드라마'는 네모 칸을 다 채우지 못하는 글이고요. 지금 생각한 이야기로 네모 도형을 다 채울 수 있는지 어떻게 알 수 있을까요? '쓰다 보면 자연히 알게 된다'는 20세기식 이야기는 이제 하지 말아요! 대신 내 글의 완결 가능성을 알아보기 위해 먼저 우리가 쓰려고 하는 이야기의 시작과 끝을 생각해 보겠습니다.

```

```

시작　　　　　　　　　　　　　　　　　　　　　　　　　　　끝?

처음부터 이야기의 시작과 끝 지점을 정확하게 정할 수는 없습니다. 그럼에도 모든 이야기는 반드시 시작과 끝이 필요합니다. 여러분이 구상 중인 이야기는 어떻게 시작해서 어떻게 끝나나요?

의외로 시작과 끝이 분명하게 생각나지 않을 겁니다. 당황하지 마세요. 시작 지점의 경우 시간을 두고 고심해 보면 어느 정도 명확하게 답할 수 있습니다. 반면에 이야기의 끝을 말끔하게 정리하기란 만만치 않습니다. 여러분의 마음을 꿰뚫고 있다고요? 저는 20세기부터 글을 써 온 사람입니다. 수많은 글을 썼고, 여러 스토리 관련 수업을 진행했기에 누구보다 잘 압니다. 그간의 경험을 한마디로 요약하자면, 스토리의 끝을 처음부터 세팅하는 작가를 만난 적은 거의 없습니다. ('0'에 가깝습니다.) 왜 끝을 세팅해 두지 않았냐고 질문하면 열에 아홉은 끝은 쓰면서 정하는 게 아니냐고 반문합니다. 고백하자면 저도 예전에는 그렇게 생각했습니다.

드라마 창작 수업은 이론 수업 후에 진행하는 심화 과정입니다. 창작 수업에 들어가기 전에 저마다 자신의 아이템을 피칭하는 단계를 거치는데요. 내가 쓰려는 이야기를 발표하는 시간입니다. 이때 수많은 교육생이 보통 이런 형식으로 발표합니다.

수강생 어떤 아파트에 17세 소녀가 살고 있습니다. 소녀는 부모가 없고요. 할머니랑만 살고 있습니다. (중간 생략) 소녀의 대화 상대는 집에서 키우는 앵무새밖에 없습니다….

오기환 캐릭터 설명 잘 들었습니다. 작가님이 소녀를 통해 전하고 싶은 이야기는 무엇일까요?

수강생 네? 지금까지 계속 설명했는데요?

오기환 ?

속으로 '헉!' 하고 외쳤나요? 뭐가 잘못된 건지 도통 모르겠다고요? 수강생이 충분히 이야기를 전달했다고요? 제 생각은 다릅니다. 이 수강생의 발표는 이야기가 아닙니다. 수강생은 이야기가 아닌 캐릭터 설명을 했습니다. 여러분이 생각하는 스토리와 제가 인정하는 스토리가 달라서 벌어지는 일일 수도 있겠습니다. 여러분이 다른 사람들에게 하고 싶은 이야기와 다른 사람들이 여러분에게 듣고 싶은 이야기도 다른 듯합니다. 둘의 차이는 무엇일까요? 이 둘의 간격을 좁히려면 어떻게 해야 할까요?

수강생은 자신은 '이야기'를 했다고 합니다. 저는 '캐릭터'를 들었다고 합니다. 수강생은 캐릭터를 스토리라고 하지만, 저는 소녀라는 캐릭터로 쓸 플롯을 듣고 싶은 것입니다.

캐릭터는 플롯이 아니다.

수강생의 캐릭터와 저의 플롯이 합쳐지려면 다음의 과정이 필요합니다.

캐릭터가 자신의 목적을 가지고 어떤 행동을 하면 플롯이 된다.

캐릭터가 플롯이 되려면 캐릭터가 행동을 해야 합니다. 즉, '캐릭터의 행동'
이 중요합니다. 시청자는 캐릭터(사람) 설명보다는 캐릭터(사람)의 동작에 관
심을 가집니다. 아무리 멋진 인물이라도 그가 집에만 가만히 있다면 재미있
을까요? 그가 30년 동안 집 밖을 나간 적 없는 은둔자라고 해도 어떤 핑계
를 대서라도 일단 집 밖으로 내보내야 합니다. 그래야 이야기가 진행됩니
다. 캐릭터가 움직여야 스토리가 될 확률이 높습니다. 이순신 장군을 주인
공으로 삼아 보죠. 인성과 능력이 출중한, 또 우리가 너무나 잘 아는 이순신
이라도 70분 동안 그가 어떤 사람인지만 다룬다면 스토리로 나아갈 수 없
습니다. 적을 물리쳐야 스토리가 됩니다. (인물의 내면은 영상화하기 적절한 소재가
아닙니다.)

정리하면 이야기는 '사람', 즉 캐릭터의 등장으로 시작될 가능성이 높습니
다. 반면 이야기의 끝은 사람이 '무엇을 했다', 즉 동작으로 마쳐야 합니다.

캐릭터로 이야기를 시작하고 플롯으로 이야기를 마무리하자.

어떤 사람이   무엇을 하다

캐릭터   **플롯**

모든 이야기(드라마)에는 시작과 끝이 필요합니다. 캐릭터로 시작하고 플롯으로 끝내야 합니다. 캐릭터로는 스토리를 시작해도 플롯으로 온전하게 끝나는 경우는 극히 드뭅니다. 그런데도 캐릭터만 있으면 자동으로 이야기가 전개되어 플롯이 완성되리라 여기는 듯합니다. 분명하게 말합니다. 그런 경우는 (거의) 없습니다.

지구에는 수많은 사람이 살고 있습니다. 그중 스토리의 주인공이 될 만한 이는 몇이나 될까요? 누구나 서사가 있습니다. 그러나 주인공 감은 많지 않습니다. 주위를 둘러보세요. 내가 아는 사람 중 내 이야기의 주인공으로 삼을 만한 이가 있나요? 다시 말해 '행동'을 하는 사람이요. 잘 안 떠오르지 않나요?

우리의 글이 끝나지 않는 이유도 이와 같습니다. 일상에서 극적인 행동을 하는 사람은 드뭅니다. 실제 삶에서는 반복되는 일상을 묵묵히 살아도 되지만 드라마에서는 그렇게 살면 안 됩니다. 살면서 무엇을 해야 합니다.

캐릭터가 무언가를 해야 스토리다.

여러분이 '아무것도 하지 않는 주인공(캐릭터)'으로 스토리를 창작하기 어렵다는 것을 인정한다면, 그래서 주인공에게 무엇인가를 시켜야 한다는 데도 동의한다면, 스토리를 끝내기 위해 작가는 주인공을 어떻게 해야 할까요? 스토리의 본질인 '무엇을 하다'를 논하겠습니다. 앞에서 일상을 사는 사람과 행동하는 사람은 다르다고 했습니다. 그리고 행동한다(무엇을 한다)만이 스토리가 될 수 있다고 했습니다. 의미를 알 것도 같은데 아직은 흐릿하다면 지금부터 제가 하는 이야기를 잘 들어 주세요.

이야기의 끝은 동작이어야 합니다. 아래 4개 보기 중 드라마 주인공이 할 만한 동작은 무엇일까요?

주인공이   믿는다.

          발견한다.

          성장한다.

          꿈꾼다.

> **"위의 보기 가운데 시청자가 느끼기에 드라마 주인공이 마땅히 해야 할 동작은 무엇인가요?"**

이제 알겠다고요? 답답해 보일 수도 있지만 제가 반복해서 설명하는 이유가 있습니다. 스토리가 탄생할지 탄생하지 못할지를 결정하는 가장 강력한 기준이 동사 선택이기 때문입니다. 어떤 동사가 스토리를 탄생시킬 수 있는지 주의 깊게 보세요.

주인공이

믿는다
발견한다
성장한다
꿈꾼다

여러분은 위와 같은 내용의 드라마를 본 적이 있나요? 없을 겁니다. 그런데 아래와 같은 내용의 영화나 드라마는 본 적이 있을 겁니다.

주인공이

신념을 믿고 실행해서
수천 번의 실험 끝에
축구를 열심히 해서
한국 최고의 마트를 만들고서

결국 지구를 구한다
화학 이론을 발견한다
세계적인 선수로 성장한다
세계 최고의 마트를 꿈꾼다

이 둘의 차이는 무엇일까요? 다음 두 문장을 보세요.

- 주인공이 믿는다.

- 주인공이 어떤 신념을 믿고 실행해서 결국 지구를 구한다.

첫 번째 문장에는 동작이 없습니다. '믿다'의 품사는 동사지만 이런 동사를 선택하면 영상 스토리의 뼈대인 동작이 없어 쓰기 힘듭니다.

- '믿는다'를 어떻게 촬영하죠? 주인공의 뇌를 찍나요?
- '발견한다'를 어떻게 촬영할 수 있나요? 그리고 무엇을 발견한 거죠?
- '성장한다'는 마음을 찍는 건가요?
- '꿈꾼다'를 촬영한다면 주인공의 잠든 얼굴을 찍는 건가요?

그 외에도 여러 이유로 촬영이 아주 까다롭습니다. 상대적으로 두 번째 문장에는 동작이 보입니다.

- 신념을 믿고 '실행'해서 결국 지구를 구한다.
- 수천 번의 '실험' 끝에 화학 이론을 발견한다.
- 축구를 열심히 '해서' 세계적인 선수로 성장한다.
- 한국 최고의 마트를 '만들고' 세계 최고의 마트를 꿈꾼다.

여기에는 동작의 근거가 있습니다. 신념을 실행하는 과정, 수천 번의 실험 과정, 주인공이 축구를 하는 과정, 한국 최고의 마트를 만드는 과정은 어느 정도 촬영이 가능하니까요. 반면에 '믿는다', '발견한다', '성장한다', '꿈꾼다'처럼 명확하지 않고 명쾌한 동작이 떠오르지 않는 단어로는 스토리를 온전하게 끝내기가 매우 힘듭니다. 촬영이 안 되니까요. 여러 번 드라마 공모전에 응시했는데 번번이 떨어졌다면 내가 제출한 극본의 첫 문장과 마지막 문장을 확인해 보세요. 혹시 동작이 아닌 개념이나 생각으로 시작되고 끝나지 않았나요?

그럼 앞으로 이야기를 설명하거나, 발표하거나, 쓸 때는 어떻게 하면 될까요? 어떤 동사가 우리의 글을 끝낼 수 있게 하고, 우리의 드라마 대본을 현실 세상으로 가지고 나갈 수 있게 할까요? 이것만 기억하세요. 이야기의 끝은 반드시 '구체적인 동작이 드러나는, 명확하게 표현 가능한 동사'로 마쳐야 합니다. 이것만으로도 공모전 당선 가능성이 올라갑니다.

'글이 열린다'를 총정리해 보겠습니다. 누구나 글을 쓰겠다고 결심하고 열심히 글을 씁니다. 그런데 어느 순간 진도가 나가지 않고, 곧 멈추고, 끝내 완성하지 못합니다. 이 모든 걸 내 탓으로 여겼다고요? 내 재능이 모자라고 게을러서라고요. 문제의 본질은 작가에게 있지 않습니다. 여러분은 잘못이 없습니다. 처음부터 완성되기 힘든 소재나 아이템을 고른 게 진짜 이유입니다. 내가 어쩌지 못하는 일을 내 노력만으로 이루고자 했던 겁니다. 그래서 힘들었던 겁니다. 앞으로는 스토리가 멈출 때 당황하지 말고 다음을 점검해 봅시다.

- 내 주인공의 끝 동작이 뭐지?
- 이 스토리에 명확한 동작이 있나?
- 그 동작은 시청자가 좋아할 만한 동작인가?

이런 질문들에 답하다 보면 자연스럽게 알게 됩니다. 주인공의 동작이 '밑는다', '발견한다', '성장한다', '꿈꾼다' 중 하나라면, 구체적인 동작이 없는 문장이라면, 구체적이고 촬영 가능한 동작을 부여하세요. 즉시 마법처럼 주인공이 움직이고 그의 움직임으로 스토리는 끝이 날 것입니다.

② Structure(구성하다)

글이 열린 다음에는 무엇을 해야 할까요? 곧장 써야 한다고요? OST 이론의 마지막 단계인 T가 쓰다이니까 그 사이에 과정이 하나 더 필요합니다. 바로 '구성하다'입니다. 그런데 무엇을요? 혹시 줄거리 구성을 떠올리고 있나요? 맞습니다. 다만 제가 생각하는 구성은 시선이 조금 다릅니다. 내가 쓰려는 '글의 특성을 알아야 한다'가 그것입니다. 줄거리가 아니라 글의 특성입니다.

주인공이　　　　　　　　　　　　　　　　　　　　무엇을 하다
시작　　　　　　　　　　　　　　　　　　　　　**끝**

오기환　지금 쓰려는 드라마의 주인공은 무엇을 하나요?

수강생　하는 게 있습니다. 지금부터 그것을 쓰려고 합니다.

오기환 하는 게 있겠죠. 그리고 지금부터 쓰려는 거고요. 그럼 지금부터 쓰려고 하는 글의 특징은 무엇인가요?

수강생 글의 특징? 그게 뭐죠?

제가 말하는 글의 특징이란 한마디로 지금부터 여러분이 쓰려는 글의 형태와 목적입니다. 혹자는 '장르'라고 표현합니다. 여러 작가, 선배가 세상에 존재하는 수많은 글의 형태와 목적을 정리하여 장르라는 이름으로 분류해 놓았죠. 더 설명하지 않아도 잘 알 겁니다. 그럼 여러분이 지금 쓰려는 글의 특징은 무엇인가요? 주인공은 앞으로 무엇을 어떻게 합니까? 다시 말해 장르가 무엇이죠?

- 사랑을 합니까?
- 자신에게 일어난 사건을 해결합니까?
- 살인 사건의 범인을 잡습니까?
- 악당을 처단합니까?

주인공은 어떤 동작으로 시청자를 만족시키나요? 여러분은 그것을 어떤 형태로 서술할 건가요? 그에 앞서 장르의 규칙을 알고 있나요? 이미 숙지했다면 내 이야기를 장르의 규칙에 따라 어떻게 정리할 계획인가요? 제 질문 공세에 여유 있게 대답했다면 다음 순서인 글쓰기로 넘어가세요. 멈칫하고 답을 찾고 있다고 해도 염려 마세요. 지금, 확실히 알면 됩니다.

장르 문학이나 예술 작품의 양식을 분류하는 말.

정약용 선생이 『자산어보』를 통해 우리나라 물고기의 형태와 특성을 정리했듯 스토리 분야의 선각자들이 일찍이 각자의 이야기 분야를 분류해 두었습니다. 멜로, 휴먼, 스릴러, 액션 등등. 여러분이 쓰려고 하는 이야기는 어떤 장르인가요? 여러분은 그 장르를 어떻게 쓰는지 아세요?

지금까지 한 번도 생각해 보지 않았고, 아직 장르의 규칙에 익숙하지 않을 수도 있습니다. 지금부터는 내가 하려는 이야기가 무슨 장르인지 알고, 그 장르의 특성에 맞게 쓸 수 있어야 합니다. 공모전에 당선되고 싶다면 장르의 법칙을 따르는 게 좋습니다. 공모전 당선 비법 중 하나가 드라마 대본의 형식과 구조를 제대로 이해하는 거라 했는데요. 바꿔 말하면 '각 장르의 특성과 내적 구조를 잘 알아야 한다'입니다.

자동차의 형식과 구조를 예로 들어 볼까요? 휘발유로 가는 자동차의 구조와 전기로 가는 자동차의 구조가 같을까요? 같을 수 없습니다. 하지만 모두 자동차입니다. 드라마도 마찬가지입니다. 같은 드라마인데 내적 구조는 장르에 따라 제각각입니다. 따라서 여러 장르의 특성과 구조를 안다면 글을 쓰는 데 많은 도움이 되겠죠. 지금까지는 어떻게 했나요? 자신의 감에 따라 쓰지 않았나요? 이제부터는 장르의 구조를 이해하고 쓰도록 합니다. 공모전 당선이 목적이니까요. 드라마에서 절대 빼놓을 수 없는 '멜로'와 '휴먼드라마' 장르를 중심으로 글의 길을 설명하겠습니다.

멜로부터 볼까요?

주인공이

시작

사랑을 한다

끝

주인공의 끝 동작을 보겠습니다. '사랑을 한다.' 그렇습니다. 멜로는 두 주인공이 사랑하는 장르입니다. 그런데 '사랑을 한다'에 동사가 있나요? 수업 시간에 제가 자주 하는 질문인데 대부분 이렇게 답합니다. "(질문을 듣자마자) 사랑을 하니 당연히 동작이 있죠. 스킨십도 하는걸요. (다시 생각하더니) 사랑을 하니까 동작이 있는 것 같은데…. (다시 한번 생각하더니) 가만, 어?"

'사랑을 한다'에는 구체적인 동작이 없습니다. 사랑은 개념적인 표현입니다. 명확한 동작이 안 보이잖아요. 세상에 존재하는 수많은 멜로 작품은 뭐냐고요? 그래서 기존 장르의 내적 구성을 보는 거예요. 멜로는 주인공의 제대로 된 메인 동작이 없는 장르라 지금까지 이렇게 전개되었습니다.

두 주인공이 만난다

설정

두 주인공이 키스한다

절정

다 아는 이야기라고요? 그렇게 느낄 수도 있죠. 하지만 둘 사이에 존재하는 미묘한 차이를 보세요. '사랑을 한다'에는 구체적인 동작이 없었지만 멜로의 시작점에는 '정확하게 어떤 동작으로 두 사람이 만난다'가 있어야 하고요. 끝에는 주인공이 '어떤 동작으로 고백하고 키스하는지'를 명확하게 설정해야 합니다. 그 정도는 다 알고 있다고요? 여러분을 무시하는 거 아니냐고요?

오기환 그럼 멜로의 중간 과정은 어떻게 전개되나요?

수강생 두 주인공이 사랑하겠죠.

오기환 맞습니다. 사랑은 할 텐데요. 중간에서 어떻게, 어떤 동작으로 사랑하나요?

수강생 그걸 지금부터 쓰려고 한다니까요?

전 알고 있습니다. 한 달이 지나도 중간 동작을 완성하지 못하리라는 것을 말이에요. 그러고는 이런 대화가 오가겠죠.

오기환 다 썼나요?

수강생 ….

오기환 한 달 전에 지금부터 두 주인공이 중간에서 어떻게, 어떤 동작으로 사랑하는지를 쓴다고 했잖아요?

수강생 …. (말없이 오기환을 노려본다.)

여러분이 이런 상황에 놓이지 않았으면 합니다. 잘 보세요. 멜로는 보통 다음과 같은 과정과 동작을 거쳐 주인공들이 사랑합니다.

두 사람이 만난다	두 사람이 키스한다	새 남자(여자)가 나타난다	두 사람이 헤어진다	두 사람이 키스한다
사랑의 시작	**사랑에 빠짐**	**적대자 등장**	**사랑의 위기**	**사랑의 결말**

멜로를 쓰려고 한다면 이 규칙을 참고하세요. 정말인지 실제 작품들로 확인해 보겠습니다. 단막으로 설명하면 좋을 텐데, 요즘 단막 드라마가 거의 없어 드라마로 따지면 2부 분량인 멜로 영화를 보려고 합니다.

FILM 《연애 빠진 로맨스》

어플로 만난다	사랑을 나눈다	연희가 등장한다	싸우고 헤어진다	다시 만난다
사랑의 시작	**사랑에 빠짐**	**적대자 등장**	**사랑의 위기**	**사랑의 결말**

《연애 빠진 로맨스》(2021)의 계기적 사건은 우리(손석구 분)와 자영(전종서 분)이 설에 데이팅 어플로 만나는 것입니다. 멜로의 공식대로 두 사람이 만나면서 스토리가 시작되죠. 그들은 곧바로 사랑을 나눕니다. 멜로의 두 번째 순서인 키스입니다. 그사이 우리가 좋아하는 회사 선배 연희(임선우 분)가 우리의 마음을 흔들지만 우리는 곧 극복하고 자영과의 관계를 이어 나갑니다. 그러던 중 자영이 잡지 에디터인 우리가 두 사람의 은밀한 이야기를 칼럼 소재로 썼음을 알고 분노하고, 다툼 끝에 헤어집니다. 다음 해 설, 서로를 잊지 못한 두 사람은 예전에 함께 갔던 식당에서 재회합니다. 해피엔딩!

이처럼 스토리의 내부에는 장르의 규칙이 존재합니다. 영화라서 그렇다고요? 그래서 드라마 《사랑의 불시착》(2019-2020)을 준비했습니다.

DRAMA 《사랑의 불시착》

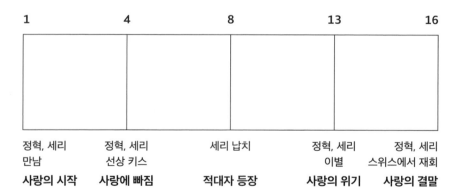

1	4	8	13	16
정혁, 세리 만남	정혁, 세리 선상 키스	세리 납치	정혁, 세리 이별	정혁, 세리 스위스에서 재회
사랑의 시작	**사랑에 빠짐**	**적대자 등장**	**사랑의 위기**	**사랑의 결말**

어떤가요? 70분 16부라는 방대한 스토리 안에서도 장르의 공식이 철저히

적용된다는 게 놀랍지 않나요? (네모 위의 숫자는 16부 중 몇 화인지를 표기한 겁니다.) 1화에서 처음 만난 두 사람은 선상 탈출을 계획하다 위험을 모면하려고 4부 초반에 키스하고, 윤세리(손예진 분)가 리정혁(현빈 분)의 약혼녀인 서단(서지혜 분) 때문에 8부에서 납치당하고, 13부에서 세리가 조철강(오만석 분)의 총에 맞아 잠시 헤어집니다. 마지막에 두 사람은 스위스에서 재회하여 서로의 마음을 확인하고 키스하죠. 세리와 정혁의 사랑이 안정적으로 재미있게 흘러가는 것 같지 않나요? 그렇게 느껴지는 이유는 박지은 작가가 멜로의 규칙에 맞게 잘 썼기 때문입니다.

하나 더 보겠습니다. 역시 16부작인 《갯마을 차차차》(2021)입니다.

DRAMA 《갯마을 차차차》

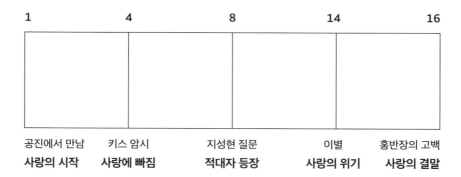

치과를 그만두고 서울에서 공진으로 온 윤혜진(신민아 분)은 마을 일을 도맡는 '오지라퍼' 홍반장(김선호 분)을 만납니다. 병원 개업을 계기로 친해진 둘은 4부 끝에서 키스합니다. (사실 4부에 키스 장면은 없습니다. 다만 5부 끝 회상 장면에서 4부에서 두 사람이 키스했음을 알려 줍니다.) 그러던 중 혜진의 대학 선배인 지성현 PD(이상이 분)가 다큐멘터리를 찍기 위해 공진 마을에 옵니다. 14년 전 혜진에게 고백하지 못한 것을 후회하던 그는 7부 끝부분, 그리고 8부 시작에서 홍반장에게 혜진의 남자친구 존재 유무를 물음으로써 본격적으로 적대자 역할을 합니다. 멜로의 공식대로라면 이제 혜진과 홍반장은 헤어져야 하겠죠? 보통의 16부 멜로는 13부에 헤어지는 경우가 많은데요. 이 드라마는 공진 마을 사람들을 중심으로 하는 휴먼 분량이 많다 보니, 조금 늦은 14부에서 혜진이 잠시 시간을 갖자면서 이별합니다. 그럼 공식의 마지막인 '다시 만난다'(사랑의 결말)만 남는데요. 15부부터 재회한 두 사람은 16부에 홍반장의 고백을 통해 해피엔딩을 암시합니다.

영화 《연애 빠진 로맨스》와 드라마 《사랑의 불시착》과 《갯마을 차차차》를 통해 간단하게나마 멜로의 공식을 알아보았습니다. 실제 작품들을 보니 장르에 규칙이 존재한다는 게 어떤 의미인지 조금은 알겠죠? 장르의 규칙을 사수하라는 말이 아닙니다. 강요하고 싶은 마음은 없습니다. 다만 여러분이 공모전을 준비할 때는 내가 쓰고자 하는 드라마의 장르는 무엇이고, 그 장르의 규칙은 무엇인지를 익히고 난 다음에 쓴다면 당선 가능성이 커진다는 점은 알려드리고 싶습니다.

멜로 장르를 쓴다면 다음과 같은 것들을 정리하면 좋겠습니다.

■ 두 사람은 무슨 일을 하는 사람이며, 어느 장소에서 어떻게 처음 만나는가?

80

- 두 사람은 어느 시점에서 키스하거나 손을 잡는 등 감정이 달라지는 미묘한 순간을 맞이하는가?
- 두 사람의 사랑을 방해하는 적대자는 어떻게 배치할 것인가?
- 두 사람이 헤어지는 이유와 그것을 상대방에게 전달하는 방법을 어떻게 그릴 것인가?
- 두 사람이 다시 만나는 계기와 방법을 어떻게 설계할 것인가?

내가 쓰고 싶은 건 멜로가 아니라고요? 염려하지 마세요. 나머지 장르들은 1부 9장 '장르의 규칙에 맞게 쓴다'(182쪽 참고)에서 설명하겠습니다. 다양한 장르의 규칙을 이해하는 것은 드라마를 쓰는 데 큰 도움이 됩니다. 단막은 1개 장르의 규칙만 갖고 써도 크게 무리 없지만 4부 이상의 드라마는 1개 장르로 채우기에는 전개에 무리가 따릅니다. 분량을 채우려면 최저 2개 이상에서 최대 4개 정도의 장르가 필요합니다. 1부 10장 '내 이야기에 맞는 구조로 쓴다'(230쪽 참고)에서 이야기할게요.

3 Type(쓰다)

첫 단계에서 우리는 내 아이템이 끝까지 쓸 수 있는지 아이템인지 아닌지를 점검했습니다. 두 번째 단계에서는 내가 쓰려는 드라마의 장르를 정확하게 파악하고, 그 규칙에 맞춰 이야기를 설계했고요. 이제 마지막 단계입니다. 지금까지 여러분의 글쓰기는 제가 추천하는 OST와 많이 달랐을 것입니다.

TSO 순서로 작업하지는 않았나요? 일단 쓰면서 구성했던 거죠. 그 방법은 버리세요. 실수가 반복되면 더는 단순한 실수가 아닙니다. 어느 순간 '실력' 이 됩니다. 두려워하지 마세요. 실수가 실력이 되기 전에 바꾸면 됩니다.

- 글을 쓰기 전에 이야기의 시작과 끝을 생각한다. 특히 명확한 엔딩(장면) 이 있는지 점검한다.
- 적대자가 누군지, 주인공에게 어떤 나쁜 짓을 하는지 설정한다.
- 장르가 무엇인지 확인한다. 해당 장르의 규칙을 파악하고 그에 맞춰 스토 리를 설계한다.
- 모든 것이 정확하게 배치되었는지, 여러 번 반복해서 확인한다.
- 이 모든 과정이 끝난 후에 드라마 쓰기를 시작한다.

이로써 우리는 프로의 세계에 근접했습니다. 프로는 본격적인 글쓰기에 앞 서 사전 점검을 하거든요. 내가 쓰려는 글과 글의 목적, 그리고 글의 형식이 무엇인지를 철저하게 확인합니다. 이 과정을 거치기에 내 글이 달려가는 과 정과 끝점의 동작을 분명히 알고 있습니다.

명심하세요. 내가 쓰려는 글의 모든 것을 전망할 수 있어야 진정한 작가입 니다. 글의 시작과 중간과 끝, 전부를 알고 써야 작가입니다. 막연히 알고 무턱대고 쓴다면 작가 '지망생'에 그칠 확률이 높습니다. 지금 여러분은 작 가인가요, 아니면 작가 지망생인가요? 우리, 작가의 길로 나아가요.

드라마 공모전 당선의
10가지 원칙

4

드라마는 주인공 중심으로 쓴다

앞에서 지루하리만치 찬찬히 기초적인 스토리 이론을 살펴봤는데요. 막상 드라마를 쓰기 시작하면 또 다른 어려움이 우리를 기다리고 있습니다. 예전 수학 시간에 '피타고라스의 정리'를 배웠을 텐데요. 직각삼각형의 빗변을 한 변으로 하는 정사각형의 넓이는 나머지 두 변을 각각 한 변으로 하는 정사각형 두 개의 넓이의 합과 같다는 공식을 기억하고 있나요? 저는 외우고 있습니다. 그런데 문제는 못 풉니다. 같은 이치예요. 그럼 본격적인 드라마 창작을 시작할 때 겪게 되는 어려움을 해결할 수 있는 방법을 알아봐요.

저는 세상에는 두 가지 글쓰기가 있다고 믿습니다. 주인공 중심의 글쓰기와 적대자 중심의 글쓰기입니다. 그간 논란을 피하고자 '적대자 중심의 글쓰기'와 관련해서는 언급을 자제해 왔습니다. 논란이 생길 여지가 많아 자세히 말한 적이 없습니다. 하지만 이 책은 확실한 목표를 갖고 진행되기 때문에 처음으로 제 생각을 밝히고자 합니다.

───────── **적대자 중심의 글쓰기** ─────────▶

───────── **주인공 중심의 글쓰기** ─────────▶

우리가 익히 아는 드라마 작법은 당연히 사각형 밑변에 보이는 '주인공 중심의 글쓰기'입니다. 한 번이라도 글쓰기 수업을 들었다면 공부해 봤을 겁니다. 반대로 주인공에 집중한 나머지 '적대자 중심의 글쓰기'에 대해서는 존재조차 몰랐을 수 있습니다. 고백하자면 제가 생각하는 글쓰기의 본질은 윗변의 '적대자 중심의 글쓰기'입니다.

분명히 밝힙니다. 적대자 중심의 글쓰기는 논란이 있을 수 있습니다. 저 역시 여러분에게 "제 이론을 무조건 믿으세요"라고 강요하지 않을 겁니다. 그만큼 매우 조심스럽습니다. 전작에서도 일부러 다루지 않았습니다. 하지만 이후로 여러 강의를 진행하고 많은 예비 작가를 만나며 생각이 바뀌었습니다. 예상보다 많은 사람이 깊이 공감하고 호응해 주었거든요. 그래서 용기를 냈습니다.

두 가지 글쓰기를 제안합니다.

선택은 여러분이 하세요. 제 설명을 듣고 결정하세요. 먼저 주인공 중심의 글쓰기입니다.

■ 주인공 중심의 글쓰기

① 주인공의 계획

글이 막히는 이유 중 하나는 글을 이끌어 나갈 인물을 제대로 정하지 않아서입니다. 주인공 중심의 글쓰기는 말 그대로 주인공을 따라 스토리를 설계하는 방법입니다.

"무슨 소리예요? 저는 항상 주인공을 먼저 생각하고 스토리를 썼습니다."

그럴 겁니다. 대부분의 작가가 주인공을 중심으로 스토리를 씁니다. 그런데도 스토리가 제대로 이어지지 않거나 혹은 플롯이 만족스럽지 않을 때가 많죠. 이유가 궁금하지 않나요? 그에 앞서, 주인공을 중심으로 하는 글쓰기의 특징을 알고 있나요?

주인공 중심의 글쓰기는 곧 주인공의 계획을 쓰는 글쓰기다

'주인공'이 있고, '주인공의 계획'이 있고, 거기 맞춰 드라마 대본을 쓴다. 이 얼마나 쉽고, 간단하고, 이해하기 쉬운 문장입니까? 하지만 생각해 보세요. 노트북에 저장된 대본들 가운데 쓰다 멈춘 대본에는 주인공과 주인공의 계획이 존재하나요?

"'주인공'과 '주인공의 계획', 제 대본에는 당연히 있어요!"

같이 따져 봐요. 주인공과 주인공의 계획이 있는데 그 대본은 왜 멈춰 있는지를. 이상하죠? 지금부터 집중이 필요합니다. 아마도 다음 두 가지 이유 때문일 겁니다.

첫째, 내가 생각했던 '주인공'이 다른 사람들이 생각할 때는 '주인공'이 아닐 수 있습니다. 둘째, 내가 생각했던 '주인공의 계획'이 다른 사람들이 생각하기에는 '계획'이 아닐 수 있습니다. 주인공이 주인공답지 않다면, 그의 계획도 일시적인 생각이거나 개인적인 바람 같은 모호한 것일 수 있습니다. 그러다 보니 자연히 글이 멈추고요. 그럼 다른 사람들의 생각을 알아야겠죠?

② 주인공의 자격 조건

드라마의 주인공은 누구여야 할까요? 책 초입에 과거 드라마를 열거했는데요. 《전원일기》는 양촌리 사람들을 다루기에 그들이 주인공이 됩니다. 이런 드라마들은 평범한 여러 주인공 사이에서 벌어지는 에피소드로 전개됩니다. 멧돼지 출현, 노총각의 맞선, 갑자기 사라진 비료 등이죠. 요즘에는 이런 드라마가 없다고도 했습니다. 《빈센조》, 《재벌집 막내아들》, 《더 글로리》의 주인공들은 분명 우리가 사는 세계를 공유하지만 스타일과 행동이 완전히 다릅니다.

따라서 1980-1990년대 드라마의 주인공들이 아니라 요즘 드라마의 주인공 혹은 미래 드라마의 주인공에 대해 이야기해야 하겠습니다. 이유는 이렇습니다. 삼시 세끼 밥만 먹던 한국인이 이제는 한두 끼 정도만 밥을 먹습니다. 김치를 끼니마다 먹지 않는 사람도 수두룩합니다. 식습관이 달라진 만큼 드라마도, 드라마의 주인공도 변했습니다. 오래전 내가 재미있게 봤던 드라마의 주인공 같은 스타일로 써서는 안 됩니다. 당연히 알고 있음에도 관성처럼 그렇게 쓰는 작가들이 생각보다 많습니다.

③ 주인공의 특성

제가 고등학교 2학년 학생을 주인공으로 글을 써 볼까 하는데요. 다음 두 학생 중 누가 더 주인공 같나요?

- A는 서울대 진학이 목표로, 현재 영어와 수학 1등급이다. 반면에 국어가 조금 모자라 겨울 방학 동안 집중적으로 국어를 공부해서 서울대에 합격하고 싶어 한다. 장차 외교관이 되는 게 꿈으로, 내년에 서울대를 못 가면 재수해서라도 서울대 진학을 노리고 있다.
- B는 중위권 성적이지만 꼭 대학에 가야 하는지 고민이다. 진학을 포기한 것은 아니지만 공부만 해야 하는 일상이 지겹다. 희망 전공도 정확하지 않아 수능 점수에 맞춰 대학에 지원하려고 한다.

시청자는 누구를 더 주인공으로 생각할까요? 대부분 비슷하게 답할 텐데요. 주인공의 특성을 파악하고자 던진 질문입니다. 우리가 두 학생 중 하나를 주인공으로 고른 이유가 무엇인지 알아야 합니다. 다시 말해, 어떤 요인이 있어야 주인공이 될 수 있는지를 알아야 합니다.

먼저 A의 이야기를 스토리 도형으로 치환해 봤습니다.

서울대 희망　　　영어 1등급　　　　국어 1등급　　　　수학 1등급　　서울대 합격

서울대에 진학하려는 A의 스토리는 단순하고 명쾌합니다. 활자로 적으면 다음과 같습니다.

목표: 서울대에 진학한다.

방법: 영어와 수학 1등급을 유지하고, 취약한 국어도 열심히 공부해서 1등급을 받는다.

결과: 서울대에 합격한다.

B의 이야기도 치환해 봤습니다.

진학 희망　　　공부한다　　　　공부한다　　　　공부한다　　성적에 맞춰 진학

B의 도표도 명쾌해 보입니다. 그런데 왜 주인공으로 느껴지지 않을까요? 활자로도 적어 보겠습니다.

목표: 대학에 진학한다. 가능하면 서울에 있는 학교면 좋겠다.

방법: 공부한다.

결과: 성적에 맞는 학교에 합격한다.

A와 B의 차이는 무엇이죠? 무엇이 다른가요? 여러분의 주인공은 둘 중 누구를 닮았나요? 이 둘의 차이를 한 문장으로 정리하면 이렇습니다.

> **명확한 목표와 불명확한 목표, 그리고 정확한 계획과 정확하지 않은 계획입니다.**

저는 명확한 목표와 정확한 계획이 주인공의 자격 조건이라고 생각합니다. 풀어 이야기하면 명확한 목표와 정확한 계획이 있는 캐릭터는 주인공이 될 가능성이 높습니다. 그런데 명확한 목표는 어떻게 세우나요?

④ 주인공의 목표

주인공의 목표라는 개념은 모두가 알고 있을 겁니다. 다만 우리가 알고자 하는 것은 단순한 목표가 아니라 '명확한' 목표입니다. 주인공만 가지고 있다는 명확한 목표, 이것은 그냥 목표와 무엇이 어떻게 다를까요? A와 B는 '대학 진학'이라는 같은 목표를 갖고 있습니다. 그렇지만 완전히 똑같지는 않은데요.

A의 목표: 서울대에 진학한다.

B의 목표: 대학에 진학한다. 가능하면 서울에 있는 학교면 좋겠다.

이렇게 놓고 보니 차이가 잘 보이죠? A의 목표인 서울대는 대한민국에 하나입니다. 반면 B의 목표인 대학은 수백 개가 넘고, 서울에 자리한 대학만 해도 수십 곳이죠. 대학 진학은 너무 거창하다고요? 주말 목표로 바꿔서 살펴봅시다.

C의 목표: 토요일에 지리산을 오른다.

D의 목표: 토요일이나 일요일 중 아무 때나 일어나는 시간을 봐서 아무 산이나 오른다.

더욱 분명해지죠? 누구나 목표가 있습니다. 하지만 나의 목표를 반드시 이루겠다는 사람과 되면 되고, 아니면 말고 식인 사람이 있습니다. 우리는 둘 중 보통 전자를 주인공으로 여깁니다. 목표가 명확하니까요. 여러분이 드라마 주인공을 정할 때는 목표가 흐릿한 사람보다는 명확한 목표를 가진 사람을 선택해야 합니다.

⑤ 생각≠목표

명확한 목표를 가진 주인공을 설정하고 글을 쓰더라도, 어느 순간 글이 막힐 때가 옵니다. 이때의 문제점은 무엇이며, 해결 방법이 있는지 알아보겠습니다. 우리가 쓰고자 하는, 지금 쓰고 있는 드라마 대본은 그 본질이 활자 스토리텔링이 아니라 영상 스토리텔링입니다. 그러니 주인공의 목표도 활자보다는 영상으로 떠올라야 하겠습니다. 작가가 주인공의 목표를 설정했음에도 글이 막히는 것은 작가에게는 명확해 보이는 목표가 다른 이들에게는 불명확하기 때문입니다. 다르게 말하면 주인공의 목표가 행동으로 실행되는 '동작 목표'가 아니고, 단순한 생각이 뭉친 '개념 목표'라서입니다.

- 올 10월에 서울마라톤대회에 참가해 3시간 안에 풀-코스 완주하기를 목표로 잡았다.
- 올가을에 세상이 평화로워졌으면 좋겠다.

둘을 비교해 볼까요? 3시간 내 마라톤 풀-코스 완주가 목표인 사람은 10월 훨씬 이전부터 연습에 매진하겠죠. 처음에는 다섯 시간 넘게 걸렸어도 연습을 거듭할수록 시간은 점점 단축될 테고요. 목표가 명확하고 지속적인 연습 과정을 보냈으니 달성할 수 있으리라 생각합니다. 이 과정을 머릿속에서 동작들로 연결하는 데도 큰 어려움이 없고요. 두 번째 문장은요? 오래 들여다보고 있어도 좀처럼 동작이 떠오르지 않습니다. 당연합니다. 가을, 세상, 평화에는 명확한 동작이 없거든요.

'달리기'로는 드라마를 쓸 수 있지만 '평화'로는 드라마를 쓸 수 없다.

92

동작이 없는 목표로는 한 페이지도 써 나갈 수 없습니다. 멈춰 있는 드라마 대본 대부분은 주인공의 목표에서 동작을 추출할 수 없는 것들입니다.

"에이 누가 '올가을에 세상이 평화로워졌으면 좋겠다' 같은 목표로 드라마를 써요?"

여러분은 이렇게 말하겠죠. 말도 안 된다고요. 어쩌죠? 동작 목표가 아닌 개념 목표로 글을 쓰는 작가가 의외로 많습니다. 다른 예를 볼까요.

- 정의를 구현해야 한다.
- 더러운 세상을 고발해야 한다.
- 원수에게 복수한다.

'엇? 내가 쓰고 있는 드라마 내용인데?' 지금 머릿속으로 이런 생각이 스쳐 지나간다고요? 유감입니다. 안타깝지만 이런 내용은 드라마로 쓰기 힘들 수밖에 없는데요. 왜 부적합한지 보겠습니다.

- 정의를 구현해야 한다.

여기에는 어떤 동작이 있나요? 자세히 들여다보세요. 어떤 동작이 보이죠? 10분째 보고 있는데도 모르겠다고요? 그게 맞습니다. 정의, 구현 등에는 구체적인 동작이 없습니다. 특히 구현이 사람을 헷갈리게 해요.

구현(具現) 어떤 내용이 구체적인 사실로 나타나게 함.

'나타나다'가 우리를 혼동시킵니다. '나타나다'는 보이지 아니하던 어떤 대상의 모습이 드러나다는 뜻입니다. 그리고 '드러나다'는 가려 있거나 보이지 않던 것이 보이게 된다는 뜻입니다.

'구현'으로 시작하여 '나타나다'와 '드러나다'까지 봤지만 이 단어들의 연계에서는 구체적인 동작이 보이지 않습니다. 그래서 드라마로 쓰기 힘듭니다. 즉 '정의를 구현해야 한다'에는 구체적인 동작이 없고, 대신에 정의 구현이라는 '생각' 혹은 생각들이 뭉친 '개념'이 있어 드라마로 쓰기가 힘든 것입니다.

■ 더러운 세상을 고발해야 한다.

구현은 모르겠지만 '고발'은 동작이 맞다고요? 동작 요소가 있긴 하다고, 저도 생각합니다. 그런데 고발을 어떤 동작으로 표현할 수 있나요? 전화로, 아니면 인터넷 고객 상담 게시판을 통해서요? 전화를 사용한다면 '핸드폰을 열고 담당 기관에 전화해서 민원 접수 담당자에게 ○○에 관한 문제를 고발한다'로 표현할 수 있겠습니다. 이 장면을 촬영한다면요?

핸드폰을 여는 주인공의 손. → 담당 기관의 번호를 찾아 번호를 누른다. → 민원 접수 담당자에게 관련 내용을 고발한다.

이 세 컷 외에 더 촬영할 부분이 있나요? '세상을 고발한다'가 개념적으로
는 오래 지속된다는 데 동의합니다. 하지만 동작으로는 5분 이상 지속되지
않습니다. 우리는 지속되지 않는 개념과 지속되는 동작을 구분할 줄 알아야
합니다.

■ 원수에게 복수한다.

여기에 동작이 있느냐고 묻는다면 상당수가 그럼 복수를 다룬 수많은 영화
와 드라마는 뭐냐고 반문하겠죠. 그 작품들을 일일이 열거하지 않아도 괜
찮습니다. 그리고 제 말은 '복수한다'의 본질은 '동작'이 아닌 '개념'이라는
데 주목하자는 것입니다. 개념이 동작으로 바뀔 때, 비로소 스토리 구현이
가능합니다. 즉 복수하다의 본질은 개념이지만 동작으로 치환 가능한 개념
이라 드라마로 쓸 수 있다고요.

**주인공이 적대자를 어떻게, 어떤 과정을 거쳐, 마지막에 어떤 동작
으로 복수한다.**

이처럼 복수의 구체적인 과정과 명확한 동작이 떠오르면 스토리를 쓸 수 있
습니다. '복수한다'라는 원론적인 개념만으로는 스토리를 쓰기가 힘들고
요. 16부작 《재벌집 막내아들》에서 진도준(송중기 분)의 목표는 복수입니다.
그는 어떤 동작으로 복수를 실행했나요?

1막	2막		3막
순양을 살 돈을 마련한다	순양을 하나씩 산다		복수를 완성한다

진도준의 목표를 개념 목표와 동작 목표로 나누어 보겠습니다.

개념 목표: 내가 죽임을 당했다. 그래서 복수한다.

동작 목표: 내가 죽임을 당했다. 그래서 복수한다. 복수 방법은 순양 그룹을 사는 것이다. 순양 그룹을 사는 데는 돈이 필요하다. 4부까지는 돈을 마련한다. 5-12부에는 순양의 자회사들을 하나둘 산다. 16부에서 복수를 완성한다.

이처럼 동작 스토리텔링에서 필요한 것은 '복수한다'라는 개념 목표가 아닙니다. 복수를 어떤 동작으로 어떤 순서에 따라 할지, 그 과정이 세세한 동작으로 촘촘하게 설계된 동작 목표가 필요합니다. 하나만 더 말할게요. 앞에서 나온 서울대 진학이 목표인 A의 동작을 다시 보겠습니다. '서울대에 진학한다'라는 목표도 자세히 들여다보면 동작이 잘 떠오르지 않습니다. 이런 핸디캡에도 우리가 A를 주인공으로 여긴 이유는 다음과 같은 추가 예상 동작이 있어서입니다.

개념 목표: 서울대에 진학한다.

동작 목표: 영어 1등급을 유지하기 위해 1년 동안 다섯 개의 인강을 듣는다. 수학 1등급을 유지하기 위해 1년 동안 과외를 받는다. 약점인 국어를 1등급으로 만들기 위해 1년 동안 인강, 과외, 문제집 100권을 푼다. 서울대에 진학한다.

또렷하게 보이죠? 캐릭터의 개념 목표가 동작 목표로 바뀔 수 있다면, 그리고 이것이 객관적으로도 타당하게 느껴진다면 그를 주인공으로 드라마를 쓸 수 있습니다. 반대로 아직 캐릭터의 동작이 정확하지 않음에도 동작이 있다고 여기고, 나는 글을 끝낼 수 있다고 과신하면, 다시 말해 성급하게 글을 쓰면 곧바로 글 막힘의 고통이 찾아옵니다.

"수학 성적을 올려야겠어!"

중고등학교 시절 한두 번은 세웠던 목표였을 겁니다. 장담하건대 실패했을 테고요. 문과생이라서 그렇다고요? 아닙니다. 목표가 아닌 생각이기 때문입니다. 개념 목표는 동작 목표로 변환될 때 비로소 실행이 가능해집니다.

"1학기 기말고사 때 수학 성적을 20점 올리겠어. 7월 15일까지는 60일이 남았으니까 첫 20일은 교과서 위주로 개념 정리, 가운데 20일은 1대1 과외, 마지막 20일은 기출 예상 문제 1천 개를 풀어서 기말 때 반드시 수학 성적 20점을 올릴 거야."

생각이 구체적인 동작으로 변환되면 반드시 이루어집니다. 생각 목표에 따라 실행되는 동작 계획이 존재하니까요.

> **"지금 개념 목표로 드라마를 쓰고 있나요, 아니면 동작 목표로 쓰고 있나요?"**

이제 왜 이토록 오랫동안 주인공의 특성을 설명했는지 이유와 답을 이해했을 겁니다. 글쓰기도 과학입니다. 그냥 막히지도 않고, 그냥 잘 써지지도 않습니다. 모든 것에는 합당한 이유와 근거가 있지요. 주인공 중심의 글쓰기에서는 무엇이 중요하겠습니까? 주인공이 주인공답고, 명확한 목표가 있고, 이를 실행할 정밀한 계획이 있으면 자연히 잘 써지겠죠?
어쩌면 여러분은 제가 하는 이야기에 거부감이 들 수도 있습니다. 저는 그 이유를 알고 있어요. 행동하는 사람이 주인공이라는 말이 거북한 이유는 이렇습니다.

6 주인공은 살아가면서 행동하는 사람

제가 이야기하는 '동작 계획'이 불편한 까닭은 다음 두 가지 때문일 겁니다.

- 나는 주인공 중심의 글쓰기가 아니라 적대자 중심의 글쓰기를 좋아한다.
- 나는 행동하는 주인공보다 자신에게 닥친 문제를 해결하고 극복하면서

살아가는 주인공을 원한다.

첫 번째 이유 때문이라면 다음 장에서 적대자 중심의 글쓰기를 다룰 예정이니 조금만 기다려 주세요. 두 번째 이유 때문이라면 취향 차이이기도 하니 옳다 그르다 말하기는 어렵습니다. 다만 다음을 읽어 보고 다시 한번 고민해 주길 부탁드립니다.

작가란 과거를 등지고, 현재를 마주하면서, 미래를 쓰는 사람이다.

제가 생각하는 작가란 이런 사람입니다. 여러분은 미래에 어울리는 새로운 드라마를 쓸 이들이고요. 이 책 전체에서 저는 '현재의 드라마는 과거의 드라마와 크게 다르다'라는 관점을 갖고, 그에 맞춰 모든 이야기를 전개하고 있습니다. 조심스럽지만 과거 드라마들에서는 주인공에게 정확한 계획이 없었습니다. 다가오는 어려움(즉 자신의 의지가 아닌 시련)을 묵묵히 헤쳐 가는 스토리가 많았습니다. 《전원일기》의 양촌리 사람들이 이런저런 일상의 어려움을 극복했듯이, 《서울의 달》의 춘섭(최민식 분)이 고된 서울살이를 이겨 냈듯이, 《응답하라 1988》(2015-2016)의 쌍문동 주민들이 역동하는 시대 속에서도 따뜻하고 정겨운 하루를 보냈던 것처럼요. 그래서 드라마 속 인물이지만 꼭 내 이웃 같고 친구 같은 느낌이었죠. 지금도 이런 스타일의 드라마가 존재하고, 장점도 있습니다. 저도 좋아하고요.

다만 드라마도 시대의 산물인지라 변화하고, 공모전 당선이 목표라면 '다르게' 쓰기를 권합니다. 과거와 현재 드라마 주인공들의 삶의 흐름과 생활의 흐름을 비교해 봤으면 합니다. 그 차이를 이해해야 우리가 쓸 '미래' 드라마의 주인공을 만들 수 있을 테니까요.

김은숙 작가는 모두가 인정하는 대한민국 최고의 드라마 작가입니다. 《도깨비》(2016-2017)는 '도깨비 신드롬'까지 만들며 대한민국을 넘어 아시아 전역에서 크게 사랑받았습니다. 이 드라마의 두 주인공 김신(공유 분)과 지은탁(김고은 분)을 2023년에 종영한 《더 글로리》의 문동은과 비교해 보면 좋을 듯합니다. 《도깨비》의 김신과 지은탁의 메인 행동은 무엇인가요? 너무나도 재미있게 본 드라마인데, 왜 선뜻 답할 수 없을까요? 여기 어떤 이유가 숨어 있을까요?

남자 주인공 김신이 스스로 계획하고 행동하는 것은 무엇인가요? 잘 떠오르지 않을 겁니다. 김신에게는 특징적인 동작이 없거든요. 김신이 가장 많이 한 것은 기다리는 겁니다. 김신은 드라마 내내 자신에게 꽂힌 칼을 뽑아 줄 누군가를 기다립니다. 그래서 그의 메인 행동이 잘 떠오르지 않죠. 더군다나 칼을 뽑아 줄 사람을 찾아 나서지 않고, 자신이 있는 곳에서 그가 오기를 기다리니까요. 그럼 김신 가슴에 박힌 칼을 뽑아 주는 여자 주인공 지은탁의 메인 행동은 왜 떠오르지 않는 걸까요?

여자 주인공이 스스로 계획하고 행동하는 것은 무엇입니까? 고등학생인 지은탁은 1부 마지막에 이렇게 말합니다. "저 시집갈게요, 아저씨한테. 사랑해요!" 시집간다는 데 구체적인 동작과 과정이 있나요? 또 은탁의 시집간다는 말은 지금 당장 혼수를 장만하는 것도, 집을 구한다는 것도 아니었습니다. '김신을 사랑한다'라는 의미였습니다.

주인공들의 구체적인 동작이 없고, 메인 행동도 불분명한데 왜 《도깨비》를 재미있게 봤던 걸까요? 개인적으로는 김은숙 작가의 강점인 입에 붙는 (명)대사와 멜로 전개가 탁월해서라고 생각합니다. 지금은 감상이 아닌 분석이 필요하니 이렇게 정리해 보겠습니다.

> **"오늘 《도깨비》처럼 기다리고, 시집가려는 주인공이 나오는 극본으로 공모전에 응모하면 합격할 수 있을까요?"**

편성까지 고려해 봅시다. 편성을 받을 수 있을까요, 없을까요? 벌써 머리가 우지끈합니다. 편성은 신이 하는 일이니 될 수도, 안 될 수도 있다고요? 우문현답입니다. 정답은 없어요. 다만 이 작품이 방영된 2016년보다는 쉽지 않을 게 분명합니다.

《도깨비》로부터 7년 후에 나온 《더 글로리》의 주인공은 김신, 지은탁과 성격이 완전히 다릅니다. 고등학교 시절 박연진(임지연 분) 무리에게 학폭을 당한 동은은 인생을 걸고 철저한 계획을 세워 비로소 복수를 완성합니다. 작가는 같지만 주인공의 역할과 기능은 많이 달라졌습니다. 두 드라마 모두를 재미있게 시청한 우리도 마찬가지입니다.

과거 드라마의 주인공들은 김신처럼 행복을 기다렸을지 모르지만, 현재 드라마의 주인공들은 동은처럼 행복을 위해 스스로 계획을 세우고 이를 성취합니다. 이것이 시대 변화에 따른 주인공의 변화입니다. 이런 흐름이 계속된다면 미래의 드라마 주인공은 더욱 세밀한 목표를 세우고 정확한 동작으로 자신의 계획을 실행하지 않을까요?

박해영 작가가 쓴 《나의 아저씨》(2018)의 박동훈(이선균 분)이나 《나의 해방일지》(2022)의 염미정(김지원 분)처럼 정밀한 계획을 세우지 않는 주인공도 있습니다. 이 같은 부류의 주인공을 내세우는 작품은 기존 작품들과는 다른 특성과 특이점이 존재합니다. 사건을 통한 스토리 연결이 아닌, 작가가 주인공의 삶을 통해 보여 주고 싶은 무엇이 존재하기 때문이죠. 박해영 작가는 재미보다는 의미 있는 드라마 쓰기가 목표이지 않았을까요? 주인공에게 자신의 행복(꿈, 희망 등 다른 말로 부를 수 있습니다)을 성취하기 위한 계획은 없지만 그를 통해 삶의 의미를 제시하는 글쓰기도 존재합니다. 역시 다음 장에서 짚겠습니다.

정리하겠습니다. 주인공은 말 그대로 '주인공'다워야 합니다. 명확한 목표와 구체적인 계획이 필요합니다. 하지만 세상에는 그렇지 못한 주인공도 있습니다.

② 주의해야 할 주인공 유형

절대 쓰지 말아야 할 주인공 유형이라기보다는 작가가 주인공의 특성을 제대로 이해하고 사용해야 할 필요가 있는 유형이라고 여겨 주세요.

① 생각하는 주인공

실제적인 행동이 없는 주인공은 작가를 벼랑으로 내몰 수 있습니다. 계속 말하지만, 절대로 작가의 문제가 아닙니다. 행동하지 않는 주인공이 여러분의 발목을 잡는 겁니다. 평화로운 세상을 만들어야 한다고 생각하는 주인공, 연인과 아름다운 사랑을 하고 싶다고 생각하는 주인공, 더 많은 월급을 받아야 한다고 생각하는 주인공은 글이 앞으로 나아가지 못하게 방해합니다. 그럼에도 꼭 이 주인공이어야 한다면 그 판단을 존중합니다. 다만 작가 자신의 선택이니 글 진도가 늦다고 투덜거리지 마세요. 이런 주인공 유형은 천천히 깊게 생각하고, 느긋하게 판단하고, 정확한 생각을 밝히지 않을 확률이 높으니 특성을 분명하게 인지하길 바랍니다.

② 살아가는 주인공

태어난 곳에서 30년째 거주 중인 인물, 첫 회사에서 30년째 근무 중인 인물, 한 식당을 30년째 매일 오는 인물, 같은 패션을 30년째 고수하는 인물이 있습니다. 이들을 주인공으로 작품을 쓰고 싶어 하는 작가도요. 이런 인물이 주인공이면 수월한 점도 있겠네요. 특성상 많은 변화를 바라지 않을 듯하고, 더 큰 세상으로 나아가기를 소망하지도 않을 것 같습니다. 그래서 쓰기 쉽겠다고요? 전혀요. 그만큼 작가가 이들의 삶에 관해 보충 설명을 해야 합니다. 이들을 통해 저(작가)는 이러이러한 것을 보여 주고 싶다고 친절하게 알려 주어야 합니다. 그래야 주인공의 삶이 긍정적인 평가를 받을 테니까요. 이 인물의 삶이 타인들에게 보여 줄 만한 가치가 없다면, 근원적으로 고민해 볼 필요가 있습니다. 삶의 가치를 부여하거나 생활의 변화를 시도하거나 조정할 필요가 있습니다. 그것은 작가의 선택입니다. 한 인간이 충실히 자신의 삶을 살아가는 데 대해 어느 누가 이의를 제기하겠습니까? 그렇지만 드라마는 시청자에게 이유를 분명하게 제시해 주어야 합니다. 그것도 친절하고 설득력 있게 말이죠.

③ 과거나 미래에 사는 주인공

10년 전에 나온 노래를 지금껏 듣는 사람이 있습니다. 10년 전에 방영된 드라마를 30번째 보고 있는 사람이 있습니다. 반면에 3년 뒤에 세계 여행 가야지, 30년 뒤에 국회의원에 당선되야지, 혹은 300년 뒤에 대한민국은 어떻게 될까만 구상하는 이들도 있습니다. 과거에 매몰되어 있거나 미래만 구상하는 인물에게 주인공을 맡기려 한다면 다시 생각해 보세요. 왜냐고요? 우리가 보는 드라마는 모두 '현재' 시제입니다. 역사물도 해당 시대의 현재 시점에서 진행됩니다. 23세기를 다룬다고 해도 마찬가지입니다. 스토리의 본질은 그것이 현재 시점에서 진행되어야 한다는 것입니다. 스토리의 원칙입니다. 우리의 주인공들은 현재를 살아가는 사람입니다. 현재에 무언가 행동하는 사람입니다. 본질을 잊지 마세요.

다섯 번째 원칙으로 넘어가기 전에 정리하겠습니다. 세상에는 두 가지 글쓰기가 있습니다. 주인공이 계획을 세우고 그것을 성취해 나가는 '주인공 중심의 글쓰기', 그리고 '적대자 중심의 글쓰기'입니다. 후자는 주인공보다는 적대자가 계획을 세우고 자신이 하고 싶은 이야기를 전개하는 글쓰기입니다. 주인공보다는 작가가 적대자 캐릭터를 통해 새로운 세상을 창조하는 글쓰기라 해도 될 듯합니다. 이해를 돕고자 굳이 편 가르기를 하면 주인공 중심의 글쓰기는 재미를 추구하고, 적대자 중심의 글쓰기는 의미를 탐구한다고 할 수 있겠네요.

'주인공 중심의 글쓰기'에서 답을 찾지 못했다면 재미보다 의미 있는 글쓰기를 추구하는 스타일이기 때문일 겁니다. 각자의 스타일이 있을 테지요. 그렇다면 의미를 추구하는 적대자 중심의 글쓰기는 무엇일지 궁금하지 않나요?

5

적대자 중심의 글쓰기도 고려하여 쓴다

적대자 중심의 글쓰기는 적대자의 계획이 있는 글쓰기다.

이번 장에서는 주인공이 어떤 사건에 휘말리는 스토리를 통해 작가가 전하고 싶은 이야기를 펼치는 경우, 혹은 큰 사건은 없지만 주인공의 삶을 오래 관조하면서 시청자에게 깨달음을 주는 스토리에 대해 말하겠습니다. 이런 스토리들에서는 주인공이 창작의 중심에 있지 않습니다. 주인공보다는 (주인공과 대치하는) 적대자를 중점적으로 설계합니다. 주인공이 자신의 의지와 상관없이 사건에 휘말리면서 이야기가 전개되죠. 한마디로 적대자가 창작의 본질이 됩니다.

주인공 중심의 글쓰기: 주인공이 ○○을 한다.
적대자 중심의 글쓰기: 주인공에게 ○○을 하게 한다.

평범한 주인공에게 일상이 뒤흔들리는 강력한 사건이 발생합니다. 주인공은 우여곡절을 겪으면서 매 순간 자신에게 닥쳐오는 어려움을 해결해 나가죠. 쓰나미나 지진 같은 재난일 수도 있고, 금융위기 같은 사회 현상 때문일 수도 있습니다. 이런 스토리가 '적대자 중심의 글쓰기'입니다. 주인공은 자신이 계획을 세우지는 않았으나 자신에게 달려오는 적대자, 재난, 어려움에 필사적으로 맞서야 합니다. 이런 이야기들은 주인공을 중심으로 이야기를 구성하기 힘듭니다. 주인공 자신이 계획을 세워 무엇을 하는 게 아니니까요. 대신에 적대자의 위치에서 주인공에게 매 순간 어려움을 투척하는 방법으로 글을 진행합니다.

여러분의 반응이 예상되네요. 적대자를 중심으로 어떻게 계획을 짜는지, 어떻게 주인공에게 어려움을 투여하는지 당장 방법을 내놓으라고요! 잠시만요. 그에 앞서 개념 정리가 필요합니다. 몇 가지만 이해하면 '적대자 중심의 글쓰기'라는 창작 방법을 여러분의 무기로 장착할 수 있을 거예요.

■ 적대자는 곧 작가다

무슨 말이냐고요? 생소할 수 있으니 차근히 설명해 보겠습니다. 적대자는 곧 작가다, 달리 말하면 작가가 자신의 계획을 세우고 적대자를 통해 그것을 구체화하는 글쓰기라는 뜻입니다. 즉 작가가 무언가를 이야기하려고 적대자를 내려보내 주인공에게 전달합니다(내 작품의 절대 권력자는 작가 자신이니 일방적으로 내려보낸다가 맞습니다). 그를 통해 주인공을 작가가 원하는 방향으로 움직이게 하고요.

머릿속을 환기도 할 겸 함께 양떼 목장으로 떠나 볼까요? 양을 키우는 목장에는 양, 양을 모는 양치기 개, 양과 양치기 개 모두를 키우는 주인이 있습니다. 글쓰기에 대입하면 다음과 같습니다.

주인 → 양치기 개 →   양

작가 →   적대자   → 주인공

이 목장은 매일 아침 양을 몰고 건너편 숲으로 풀을 뜯으러 갑니다. 주인이 양치기 개에게 신호를 주고, 양치기 개는 건너편 숲으로 양을 몰고, 양은 숲에 도착해 마음껏 풀을 먹고 돌아오고요. 적대자 중심의 글쓰기도 이와 같습니다. 작가가 자신이 원하는 글의 방향을 설계하고, 적대자에게 그 방향으로 주인공을 몰 것을 지시하고, 적대자는 충실히 주인공들을 괴롭혀서 작가가 원하는 방향으로 주인공을 움직이게 합니다. 이것이 적대자 중심의 글쓰기입니다.

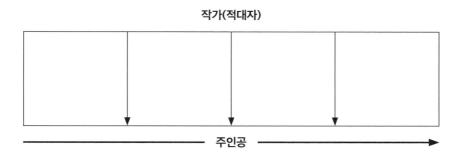

주인공은 적대자에 의해 움직이고, 적대자는 작가의 명령을 받아 실행하니 결국 적대자는 곧 작가의 마음, 시선, 의도가 됩니다. 내가 그리고 싶은 세상을 창조하고자 하는 열망이 있다면 당장 악마를 만들고 그를 주인공에게 내려보내세요. 여러분이 만든 적대자가 강하면 강할수록 주인공은 더욱 빨리 움직일 테고, 그의 움직임으로 작가는 비로소 자신이 원하는 세상을 얻을 수 있습니다! 이 둘의 갈등이 심하면 심할수록 스토리는 재미를 얻으리라는 걸, 여러분은 눈치챘을 겁니다.

2 악마가 스토리를 시작한다

적대자 중심의 글쓰기는 적대자가 주인공을 강력하고 효과적으로 괴롭히는 글쓰기입니다. 그동안 우리가 굳게 지켜 온 글쓰기 방식은 주인공이 자신의 목표를 이루는, 주인공 중심의 글쓰기였습니다. 당연히 적대자를 중심으로 스토리를 창작해 본 이들은 드물 테고요.

이 시스템이 제대로 작동하려면 어떤 요인이 필요한지 단계별로 나누어 살펴보겠습니다.

STEP 1 시작: 주인공 중심의 글쓰기와 적대자 중심의 글쓰기, 둘 중 하나를 고른다.

창작에 앞서 작가인 내가 하고자 하는 이야기를 여럿 생각합니다. 그다음 그중 가장 쓰고 싶은 이야기를 하나 고르게 되죠. 그런데 주인공이 험난한 세상을 이겨 내는 이야기라 주인공에게 시선을 고정하고 쓰기가 어렵습니다. 주인공은 앞으로 자신이 어떤 어려움에 직면할지 모르거든요. 그래서 주도적으로 행동하지 못합니다. 자신에게 닥쳐오는 고난에 반응(리액션)만 할 수 있죠. 처음에는 주인공 중심으로 쓰다 전개에 곤란을 겪고는 다른 방법을 고심해 봅니다. 그러다 어느 순간 이런 생각을 하죠.

"반응만 하는(반응만 할 수밖에 없는) 주인공이라 주인공이 스토리를 설계할 수 없어. 무슨 방법이 없을까?"

110

주인공이 자신의 계획을 설계할 수 없는 글이 존재합니다. 이 경우 주인공 중심의 플롯 설계가 불가능합니다. 내가 쓰려는 글이 주인공 중심으로 설계할 수 없는 글이라면 적대자 중심의 글쓰기로 바꿔 보세요. (계획을 세울 수 없는 주인공보다는) 주인공을 괴롭힌다는 분명한 계획이 있는 적대자를 중심으로 플롯을 세우고, 그것을 이겨 내는 주인공의 여정을 쓰는 것도 창작의 한 방법입니다.

STEP 2 설계: 적대자 중심의 플롯을 설계한다.

적대자 중심의 글쓰기는 직설적으로 말해 주인공을 괴롭히는 글쓰기입니다. 악마(적대자)가 주인공을 끈질기게 괴롭히면서, 주인공을 계속 움직이게 (가만히 있지 못하게) 하거든요. 적대자 때문에 사건에 휩쓸린 주인공은 작가가 사전에 설계해 놓은 여러 어려움을 하나씩 극복한 끝에 결국 작가가 계획한 최종 목적지에 도착합니다.

- 작가가 사전에 자신이 하고자 하는 이야기의 목표에 관한 계획을 세운다.
- 이 계획에 따라 적대자에게 명령을 내린다.
- 작가의 명령을 받은 적대자는 주인공을 괴롭힌다.
- 적대자의 액션에 따라 주인공이 리액션을 하면서 움직인다.
- 이 과정을 통해 (작가의 계획에 따라) 주인공이 이야기의 목적지에 도착한다.

이것이 '적대자 중심의 글쓰기'입니다. 전 과정을 작가가 정교하게 설계하기에 결국 '작가 중심의 글쓰기'이고요.

크리스토퍼 놀란 감독의 배트맨 시리즈는 마니아가 참 많습니다. 여러분이 이 작품을 써야 한다면 어떻게 쓸 건가요?

"주인공인 배트맨을 중심으로 스토리를 설계해야 할까요, 아니면 적대자인 조커를 중심으로 스토리를 설계해야 할까요?"

분위기상 조커가 중심이 되어야 할 것 같다고요? 지금까지 나온 배트맨 시리즈를 보면 조커가 먼저 움직이고 그다음에 배트맨이 움직인다는 점을 발견할 수 있습니다. 상식적으로 따져도 조커가 사건을 일으키지 않는다면 브루스 웨인이 출동할 리가 없겠죠?

조커(사건을 일으키며 달려간다)

배트맨(사건을 해결하며 달려간다)

사건을 일으키는 사람을 중심으로 플롯을 설계해야 할까요? 사건을 해결하는 사람을 중심으로 플롯을 설계해야 할까요? 이 질문과 그에 대한 답이 적대자 중심의 글쓰기의 본질입니다.

"여러분이 알고 있는 드라마들의 시작 지점에서 사건을 일으키는 존재는 주인공이었나요, 아니면 적대자였나요?"

한 번도 생각해 보지 않았대도 괜찮습니다. 지금은 단번에 답할 수 있을 테니까요. 맞습니다. 적대자입니다. 주인공이 사건을 일으키는 경우는 거의 없습니다. 평범한 삶을 살던 주인공에게 어떤 사건이 벌어진다, 이것이 우리가 아는 대다수 스토리의 시작점입니다. 그 사건은 누가 일으키나요? 주인공인가요, 아니면 적대자인가요? 그런데도 우리는 사건에 휘말리는 주인공의 발목을 붙잡고 글쓰기를 시작하지 않았나요? 그래서 힘들었던 겁니다. 지금까지 주인공 중심의 글쓰기가 전부라고 알고 당연히 주인공을 중심으로 스토리를 시작했고, 여러 방법을 사용해 그를 달리게 하려 했습니다. 하지만 스토리는 얼마 못 가 멈추고 말았죠. 당연합니다. 그에게는 계획이 없었으니까요.

스토리의 시작은 주인공이 아니라 적대자가 한다.

이제부터는 적대자가 어떻게 사건을 일으킬지를 먼저 생각하세요. 그것이 창작의 본질입니다. 습관처럼 주인공을 붙잡고 스토리를 시작하려 한다면 당장 멈추세요. 그 대신 반대편의 적대자를 바라보세요. 그리고 물어보세요.

- 어떤 사건을 일으킬래?
- 무슨 사건을 일으키고 싶니?

그와 충분히 상의한 다음 시작하세요! 한번 가속도가 붙으면 어마어마한 돌진력을 가진 적대자의 빠르기를 믿어도 좋습니다. 그리고 이왕이면 적대자에게 모든 힘을 주고 주인공을 강력하게 날리라고 명령하세요. 그 원동력으로 스토리가 힘껏 달릴 테니까요. "제 스토리에는 적대자가 없어요. 저는 주인공의 잔잔한 일상을 다루고 싶어요"라고 말할 수도 있습니다. 당연히 그와 같은 글쓰기도 있습니다. 그렇다면 다음 질문에 곰곰이 답해 볼 필요가 있습니다.

> "이 스토리를 통해서 작가가 하고 싶은 이야기는 무엇인가요? 하고 싶은 이야기 자체가 없는 이야기인가요?"

이렇게 바꿀 수도 있습니다.

> "이 스토리에 주제가 있나요? 시청자가 자신의 시간을 투자하여 볼 만한 가치가 있는 스토리인가요?"

《나의 아저씨》나 《나의 해방일지》에 주제가 없었나요? 시청자가 시간을 투자하여 볼 만한 가치가 없는 드라마였나요? '현대인의 외로움을 매우 가까이에서 들여다봤다', '수도권에 거주하는 사람들의 삶을 해부했다' 같은 평을 읽은 적이 있었을 겁니다. 여러분의 글에 그런 의도가 있다면, 이 또한 적대자 중심의 글쓰기입니다. 제가 이야기했잖아요. 적대자가 곧 작가라고 말이죠.

적대자 중심의 글쓰기는 강력한 적대자를 통해 주인공을 (그의 의지와 상관없이) 움직이게 함으로써 작가가 원하는 글의 목적지에 도달하는 방식입니다. 다만 강력한 사건이 없는 글쓰기도 존재합니다. 그런 글에는 글의 이면에 강력한 주제가 있습니다. 강력한 주제 역시 작가가 설정했다는 면에서, 이 또한 적대자 중심의 글쓰기에 해당합니다.

🖪 결국 악마가 스토리를 지배한다

시작을 살폈으니 끝도 봐야겠죠? 거의 모든 스토리가 주인공이 무엇을 하면서 끝납니다. 주인공이 연인과 키스하고, 자신을 죽이려 했던 자에게 총을 겨누고, 원하던 메달을 목에 걸면서요. 주인공이 극적으로 빛나는 순간, 바로 '클라이맥스(절정)'입니다. 시작 지점의 주인공은 적대자에게 빼앗겼지만 끝은 분명하게 주인공의 몫이라고요?

스토리의 본질을 다시 생각해 봐요. 주인공을 클라이맥스까지 오게 했고, 적대자에게 마지막 한 방을 날릴 수 있게 한 주체는 누구입니까? 적대자입니다. 곧 작가입니다. 주인공의 계획을 설계하는 주인공 중심의 글쓰기에서조차 스토리의 본질은 적대자입니다. 따라서 주인공 중심의 글쓰기에서도 먼저 적대자의 움직임을 설계한 후 적대자를 잡을 수 있는 주인공의 계획을 세워야 합니다. 적대자의 실체를 모르는 상태에서는 주인공의 계획이 무의미하니까요. 한눈에 보기 쉽게 주인공 중심의 글쓰기와 적대자 중심의 글쓰기를 비교해 보겠습니다.

① 주인공 중심의 글쓰기

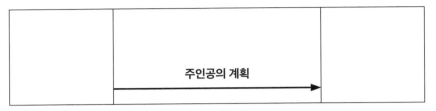

적대자
사건을 일으키고, 그다음 주인공을 괴롭히면서 어떻게 움직일지 결정

주인공의 계획

주인공
사건에 휘말리고 난 뒤 계획을 세워 결국 적대자를 응징

② 적대자 중심의 글쓰기

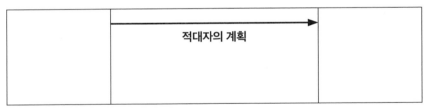

적대자
사건을 일으키고, 작가의 정교한 계획에 따라 주인공을 계속 괴롭힘

적대자의 계획

주인공
사건에 휘말리고, 계속해서 자신에게 닥친 모든 어려움을 극복

주인공 중심의 스토리는 운전석에 주인공이 앉아 있습니다. 적대자 중심의 글쓰기는 적대자가 운전대를 잡습니다. 정말 큰 차이는 적대자 중심의 글쓰기에는 주인공의 치밀한 계획이 없다는 점입니다. 대신 적대자가 계획의 주체가 됩니다.

《동백꽃 필 무렵》(2019)의 까불이가 좋은 예입니다. 스토리 전체를 이끄는 건 (연쇄살인마 까불이를 잡는 건) 경찰인 황용식(강하늘 분)이 아니라 그가 잡고 싶어 하는 까불이입니다. 스토리는 까불이의 범죄를 따라서 전진하니까요. 용식이가 까불이를 추적하면서 까불이가 벌인 사건을 해결하면서 나아갑니다. 용식과 동백(공효진 분)의 멜로도 한 축이지만 메인과 서브를 나눈다면 까불이가 이끄는 스릴러가 메인이 됩니다.

《마인》(2021)은 어떤가요? 1부 첫 장면에서 엠마 수녀(예수정 분)가 외칩니다. "제가 봤습니다. 피를 흘리며 죽어 있었습니다. 살인 사건입니다." 이 대사로 스토리가 시작되죠?

> **"《마인》을 쓴 백미경 작가는 왜 엠마 수녀의 외침으로 스토리를 시작했을까요?"**

숙련되지 않은 작가들은 자신이 쓰는 글의 전체 구성을 완벽히 파악하지 못합니다. 여기에 능숙해지면 비로소 프로가 되고요. 프로 작가인 백미경 작가는 아마도 이런 생각을 하지 않았을까요?

- 스토리를 살인 사건에 대한 궁금증으로 열고, 닫을 때 범인을 알려 줄 것이다.
- 주인공의 계획이 아닌 작가인 나의 계획에 따라 스토리를 전개할 것이다.
- 따라서 메인은 스릴러, 서브는 휴먼과 멜로의 복합 구성으로 16부를 채우겠다.

제 추측입니다. 스릴러나 스릴러 요소를 가진 글을 쓸 때는 주인공의 계획과는 다른, 작가의 명확한 계획이 있는지 고려해야 합니다. 모든 스릴러는 사건을 조사하는 형사가 아닌 사건을 일으킨 범인이 스토리의 지배자가 되는 속성을 가졌기 때문입니다. 즉 적대자 중심의 글쓰기로 가장 큰 효과를 기대할 수 있는 장르가 스릴러입니다.

4 주의해야 할 적대자 유형

① 존재 적대자

보통은 스토리의 중심에 적대자가 존재하는데요. 간혹 적대자가 존재만 하고 움직이지는 않을 때가 있습니다. 1막에서 열심히 어려움을 극복해 온 주인공이 중간 지점에서 강력한 적대자를 만나 좌절하고, 그것으로 2-2막과 3막을 쓴다는 게 스토리의 기본 창작 원칙입니다. 그런데 주인공에게 강력한 펀치를 날리지 않는 적대자가 가끔 존재합니다. 가령 주인공이 필연적인 이유로 사채업자에게 돈을 빌렸습니다. 열심히 노력해도 돈을 마련하지 못한 주인공에게 적대자가 중간 지점에서 이렇게 말하죠. "돈을 못 갚았으니 네 심장을 빼내겠다!" 그리고 당장 주인공에게 달려듭니다. 이것이 보통의 적대자가 하는 일입니다. 당연히 주인공은 자신의 심장을 빼내려는 적대자에 맞서 리액션을 할 수밖에 없고, 주인공과 적대자가 충돌하면서 스토리가 점층적으로 발전합니다.

여기서 적대자가 "돈을 못 갚았으니 네 심장을 빼내겠다!"라고 말하고는 곧장 주인공에게 달려들지 않는다면 어떻게 될까요? 이렇게 말하는 겁니다. "돈을 못 갚았으니 네 심장을 빼내겠다! 일주일 내로 꼭 돈을 갚아." 행동이 없으니 스토리를 바로 이어 가기가 힘들어집니다. 일주일이라는 시간이 주어지자마자 긴장도가 확 떨어지죠. 그래서 적대자는 곧바로 행동해야 합니다. 주인공의 심장을 앗아 가려고 곧장 달려들어야 합니다. 선한 여러분은 결정적인 나쁜 행동 앞에서 주저할 수 있습니다. 작가가 곧 적대자라 해도 둘의 인격이 꼭 같은 건 아닙니다. 잔인하고 악랄해야 할 때는 주저하지 마세요. 그렇게 해야 주인공도 재빨리 움직일 수 있고, 최종적으로 시청자도 몰입하여 드라마를 재미있게 볼 테니까요. 지금 여러분의 적대자를 살펴보세요. 그가 자신이 있어야 할 곳에 존재합니까? 곧바로 행동합니까?

② 개념 적대자

적대자가 반드시 사람일 필요는 없습니다. 늑대인간이나 좀비 같은, 움직일 수만 있다면 뭐든 좋습니다. 움직이지 못하는 적대자도 가끔 있습니다. 대표적으로 가난, 무능, 체념, 회피를 들 수 있겠네요. 가난한 집에서 태어나 자수성가한 사람도 많고, 장애를 딛고 특정 분야의 인재가 되기도 합니다. 이런 적대자를 사용하면 안 된다는 뜻이 아닙니다. 다만 의미의 기본값으로 존재하는 개념 적대자는 글의 시작에서는 스토리에 영향을 끼칠 수 있지만 중반과 후반에서 주인공에게 추가적인 어려움을 주기가 힘듭니다. 가난과

무능은 실제 행동을 실행시킬 수 없으니까요. 그러니 꼭 써야겠다면 이와 연동된 개념의 행동태를 추가로 배치하세요. 이를테면 이야기의 시작 지점에서 주인공이 가난해 무너져 가는 집에 살고 있다면 중간 지점에서는 집이 정말 무너져 주인공이 추가적인 어려움을 겪을 수 있게 하세요.

개념 적대자를 사용한다면 그것이 행동으로 변환될 수 있는 모든 형태를 고려하고 나서 사용하길 권합니다. '나는 힘든 세상을 살아가는 주인공을 그려 볼 거야!' 하는 단순한 생각으로 작품을 써 나가다 보면 '힘든 세상'이란 개념어 때문에 내가 주인공이 되는(힘든 세상을 살아가는) 현실을 발견할 겁니다.

③ 가족 적대자

현실 세계에 폭력적인 부모, 패륜적인 자식, 형제에게 사기를 치는 형 등은 수두룩하게 존재합니다. 하지만 스토리의 세계에서는 가족이 적대자가 되는 경우가 드뭅니다. 이유가 무엇일까요? 인간은 본능적으로 가족이란 단어에서 평화와 위안을 누리려는 성향이 있기 때문입니다. 즉, 폭력적인 부모를 가진 이가 괴로워하는 것은 가족이란 본래 살갑고 애틋해야 하는데 그러지 못해서입니다. 비록 내 가족은 원수라도 기본적으로 가족은 존재 자체로도 힘이 되어야 한다고 여기는 거죠. 한데 가족이 적대자가 된다? 이는 터부(taboo)의 영역일 수 있습니다. 그래서 스토리의 세계에서는 주인공의 가족 혹은 가족 같은 존재가 주인공에게 직접 공격을 가하는 방법을 잘 사용하지 않습니다. '잘' 사용하지 않으니, 있기는 하죠.

12부작 《무인도의 디바》(2023)의 주인공 서목하(박은빈 분)는 폭력을 행사하는 아버지를 피해 떠나려 합니다. 목하를 돕는 정기호(채종협 분)도 아버지에게 폭력을 당하는 피해자입니다. 이 드라마의 주인공은 서목하입니다. 그래서 작가는 목하의 적대자 기능을 하는 아버지를 1화에서 죽음을 맞이하게 함으로써 스토리에서 삭제합니다. 남은 2화에서 12화까지 적대자 역할을 하는 인물은 누구인가요? 작가는 기호의 아버지인 정봉완(이승준 분)을 이용합니다. 봉완은 목하의 친구인 기호의 가족이지 주인공 목하의 가족은 아니니까요. 만약 목하의 아버지를 12화까지 사용했다면 어땠을까요? 좋은 반응을 얻지 못했을 겁니다. 주인공의 아버지가 주인공을 가해하는 상황을 편하게 받아들일 시청자가 많지 않기 때문입니다. 특히 우리나라에서 '존속' 관련 소재는 금기이니 꼭 써야 한다면 가능한 한 여러 사람의 모니터를 거쳐 꼼꼼하게 확인하세요.

④ 내면 적대자

주인공의 내면을 촬영하고 싶다면 어떻게 해야 할까요? 쉽지 않습니다. 장기를 찍어야 할까요? 주인공의 내면을 형상화하여 찍어야 할까요(장르가 판타지로 바뀔 수 있습니다)? 영상미디어인 드라마에서 촬영이 힘든 주인공의 내면 적대자는 정말로 까다로운 존재입니다. 하지만 곰곰 생각해 보면 주인공의 정신적인 어려움이 적대자인 경우가 있습니다. 그가 결벽증, 고소공포증, 각종 강박을 가진 경우이죠. 여기서 고소공포증은 좀 다르다고 느껴지지 않나요? 주인공을 높은 곳에 올라가게 만들면 효과적으로 쓸 수 있지 않나 싶을 겁니다. 곧장 고소공포증을 적대자로 설정해 보겠습니다. 고소공포증이 있는 주인공이 원하는 회사에 취업하기 위해 에베레스트산을 올라야 합니다.

1막: 주인공이 입사 마지막 단계가 에베레스트산 등반임을 통보받는다. 고소공포증 때문에 고민하다 결국 등정을 준비한다.

2막: 주인공이 네팔에 도착해 에베레스트산을 오른다. 그러다 고소공포증 때문에 고통을 겪는다. 그리고….

3막: ?

고소공포증이 효과적으로 적대자 역할을 하나요? 1막에서 입사 마지막 단계를 통보받을 때, 그리고 2막 초반에 등반을 시작할 때는 잠시 효과적으로 쓰일지 모르나 곧 기능이 사라지고 맙니다. 고소공포증은 부분적으로는 효과적이지만 드라마 전체로는 효과적이지 않습니다. 사건처럼 크게 쓸 수 없는 적대자이기 때문이죠. 결벽증과 각종 강박 등도 마찬가지입니다. 내면의 적대자는 스토리 전체를 지배하기에는 그 범위와 지속 시간이 짧습니다. 내면 적대자를 설계할 때는 개념 적대자와 마찬가지로 내면의 증상 가운데 동작으로 치환되거나 파생될 만한 게 있는지 살펴야 합니다. 전체 스토리를 지배할 만한 사건을 만들 수 있는 큰 증상인지 아니면 일시적으로만 적용되는 작은 증상인지를 확인하세요.

⑤ 도플갱어 적대자

주인공과 주인공과 똑같이 생긴 또 다른 주인공이 싸우는 스토리를 구상하는 이들을 여럿 봤습니다. 주인공이 쌍둥이인데, 둘 중 한 명만 살 수 있다거나 다른 시공간에 존재하는 둘이 서로 적대자라거나요. 주인공 1, 주인공 2, 주인공 3이 싸우는 것도 가능하겠네요. 그런데 이런 스토리가 좋은 결과를 얻을 수 있을까요? 쉽지 않을 겁니다. 이유는 가족 적대자와 비슷합니다. 인간인 이상 우리는 스스로를 근본적으로 미워할 수 없습니다. 나를 가장 사랑하는 사람도 결국 나 자신이죠. 그러니 나와, 나와 똑같이 생긴 적대자가 싸우는 것을 좋아할 사람은 많지 않을 겁니다. 꼭 쓰고 싶다면 이런 방법은 어떨까요? 적대자가 또 다른 주인공인 줄 알았는데 알고 보니 악당이 주인공의 얼굴로 변장하고 나쁜 짓을 한 거죠. 혹은 얼굴만 같고 나머지는 주인공과 전혀 다르거나요. 조금이라도 주인공과 다른 모습을 부여한다면 끝까지 쓸 수 있는 확률이 높아집니다. 즉, 시청자가 수용할 수 있습니다.

주인공의 계획을 중심으로 글을 쓰는 '주인공 중심의 글쓰기'와 작가의 큰 계획에 따라 적대자가 주도적으로 글을 진행시키는 '적대자 중심의 글쓰기'를 살펴봤습니다. 이제부터는 내가 쓰는 글이 두 가지 트랙 중 어느 쪽에 더 가까운지 점검했으면 합니다. 지금까지의 실패는 내 글이 두 방향 중 어느 쪽인지 몰라 발생한 거라고 해도 과언이 아닙니다. 그리고 괜찮습니다. 중요한 건 그것을 반복하지 않는 거죠.

6

플롯의 삼각형을 설계하여 쓴다

피아노를 배워 본 적 있나요? 다른 악기도 좋습니다. 음악을 공부할 때 어떤 방법으로 어떻게 공부했나요? 우리 눈에 보이지 않는 음들을 설명하는 방법을 생각해 봐요. 기억을 더듬어 보면 콩나물, 음표, 쉼표, 오선지 같은 보이지 않는 음악을 볼 수 있게 하는 여러 형태의 도형이 떠오를 겁니다. 드라마도 마찬가지입니다. 촬영 전까지는 드라마 역시 우리 눈에 보이지 않습니다. 텍스트가 전부입니다. 그럼 대본에 쓰인 활자들이 음악의 오선지, 음표, 쉼표 역할을 하는 걸까요?

스토리를 창작할 때 명확한 전체 그림을 볼 수 없어서 매 순간 힘들었던 게 아닐까요? 그렇다면 어떻게 해야 하나요? 그래서 고민했습니다. 그리고 마침내 보이지 않는 드라마를 그나마 볼 수 있게 하는 도구를 찾았습니다.

스릴러 드라마 초반부에 사건 현장을 보여 줄 때는 항상 사건을 풀 수 있는 단서 하나가 툭, 놓여 있습니다. 그것처럼 저도 드라마 창작을 가능하게 하는 단서 하나를 드리겠습니다. 드라마 창작을 가능하게 만드는 단서! 바로 이 도형입니다. 우리가 써야 할 글은 다음과 같습니다.

맞습니다. 앞에서 본 그 네모. 제가 생각하는 드라마는, 위와 같은 커다란 직사각형입니다. 이 네모 칸이 보이지 않는 음악을 볼 수 있게 만들어 주는 오선지 역할을 합니다. 그러니까 드라마 쓰기란 이 네모 안을 드라마 창작의 규칙에 맞춰 텍스트로 가득 채우는 일입니다. 처음에는 당황스러울 수도 있을 텐데요. 제가 여러분에게 이 네모를 보여드리는 이유가 있습니다.

드라마를 쓰면서 막막하고 답답하고 힘들 때마다 주위에선 이런 말을 합니다. "지치지 마! 드라마는 '엉덩이 힘'으로 쓰는 거야!" 열심히 최선을 다해 쓰면 언젠가 드라마가 완성된다는 의미입니다. 혹시라도 이 네모 안에 우리가 모르는 규칙이 존재한다면요? 그걸 몰라서 우리의 글쓰기가 그토록 힘들었다면?

혹자는 스토리는 생명체라고 말합니다. 신(?)의 계시로 태어난 글이라는 아이를 잘 키우는 게 작가의 몫이라고요. 그런데 생명체에게도 탄생의 규칙이 있잖아요. 인간의 탄생과 이야기의 탄생 모두 각각의 규칙이 있는 겁니다. 긴 세월 동안 축적되어 온 이야기의 규칙을 알아서 손해 볼 건 없습니다. 그리고 나만, 내 주변만 모르고 프로 작가들은 이미 이 규칙을 터득하고 사용하고 있다면요?

제가 전하고 싶은 메시지가 이것입니다. 재능이 아니라 '정보 부재'가 문제였습니다. 드라마의 규칙을 알려드리기에 앞서 바쁜 시간을 쪼개 달려와 준 게스트가 있는데요. 바로 모시겠습니다. 나와 주세요, 아리스토텔레스 님!

**시작은 아무것도 없는 데서 시작해야 하고,
끝은 끝남으로써 아무 의문이 남지 않아야 한다.
그리고 중간은 시작과 끝을 끊김이 없이 잘 이어야 한다.**
—『시학』 제7장 중에서

아리스토텔레스는 『시학』에서 스토리에는 시작과 중간과 끝이 있다고 했습니다. 이 말을 온전히 이해할 수 있는 사람이 몇이나 있을까요? 그리고 이 단순한 문장을 이해한다고 해도, 여기 맞춰 제대로 창작할 수 있는 사람이 몇이나 될까요? 그래서 어려웠던 겁니다. 지금부터 제가 이야기하려는 드라마의 시작과 끝을 보는 방법은 오랜 시도와 그에 상응하는 무수히 많은 실패를 통해 완성되었습니다.

지금까지의 모든 창작자는 이야기를 어떻게 시작하고 끝낼지 고민했습니다. 우리도 마찬가지고요. 그러나 지금껏 고민만 했지 제대로 된 해결책이 없어 제자리걸음이었습니다. 그러다 보니 35페이지짜리 단막을 채울 때도, 16부작을 쓸 때도 너무 어려웠습니다.

앞서 직사각형을 드라마의 본질이라고 칭했습니다. 이것을 온전한 이야기 전체라고 가정한다면 이 직사각형의 시작과 끝은 어디일까요? 어떤 형태로, 어떤 규칙으로 존재할까요? 시작과 끝 지점이 어디인지를 먼저 알아내야 할 테죠. 바로 알려드리겠습니다.

스토리의 시작과 끝 지점은 여기입니다.

"장난하는 겁니까?"

여러분! 장난이 아닙니다. 어느 때보다 진지해요. 드라마 속 스토리의 시작 지점, 보통 '계기적 사건'이 발생하는 지점이 제가 생각하는 드라마의 시작점입니다. 다른 말로 '설정'이라고도 합니다. 그리고 드라마의 끝은 '클라이맥스'가 위치하는 지점입니다. 다른 말로는 '절정'이라고 하고요. 드라마의 시작과 끝 지점은 이와 같이 아주 간단합니다.

사실 저에게 재능이 하나 있는데요. 독심술입니다. 여러분의 마음을 읽는 능력! 지금 여러분은 '속았다!'가 반, '뭐가 더 있겠지, 조금만 더 지켜보자!'가 반일 거예요. 설마요, 이것이 전부일 리는 없잖아요. 이 지점에서는 아리스토텔레스의 말처럼 드라마의 시작은 아무것도 없는 데서 시작만 하면 되고, 끝에서는 아무 의문이 남지 않게만 쓰면 된다고 단순하게 생각하세요. 그럼 하나가 남죠. 바로 중간! 드라마의 시작과 끝을 끊김이 없이 자연스럽게 연결할 중간은 어디일까요?

앞쪽 표에 시작과 끝을 표시해 두었으니 거기에 중간을 넣어 보겠습니다. 드라마의 중간은 여기입니다.

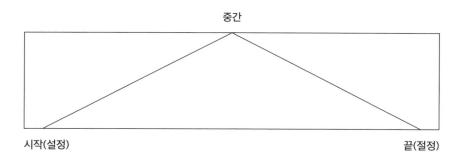

이것이 제가 생각하는 스토리의 '시작'과 '중간'과 '끝'입니다.

"장난하는 겁니까?"

정말 장난, 아닙니다. 너무나 진심이에요. 드라마 창작이 힘들었던 가장 큰 이유는 중간 혹은 중간 지점이 없어서였습니다. 중간이 없다 보니 드라마의 시작과 끝을 어떻게 이어야 할지 몰랐을 테고요. 이렇게 반문할 수 있겠죠. "중간의 위치와 정체와 기능이 도대체 무엇입니까?" "왜 중간 지점이 지금껏 우리를 힘들게 한 건가요?" 간단히 말하자면 일차적으로는 중간 지점의 위치를 몰랐기 때문이고, 이차적으로는 중간 지점에 존재하는 적대자의 크기와 기능을 몰랐기 때문입니다.

드라마의 중간 지점은 말 그대로 드라마의 가운데 존재합니다. 단막의 경우 보통 17 혹은 18페이지겠고요. 12부라면 6부 끝, 16부라면 8부 끝이겠죠. 그리고 여기에 드라마의 주인공을 가장 근원적으로 힘들게 하는 적대자가 자리합니다. 중간 지점의 또 다른 기능이 있는데요. 그건 이곳에서 주인공과 적대자가 격렬하게 부딪혀야 한다는 것입니다. 내적 혹은 외적으로 근원적인 대결을 펼치죠.

중간 지점은 말 그대로 드라마의 중간에 위치한다, 여기에 주인공의 가장 근원적인(강력한) 적대자가 존재한다, 주인공과 적대자가 내적 혹은 외적으로 격돌하는 곳이다, 라고 요약할 수 있습니다. 이제부터 우리는 이 지점을 드라마의 중간 혹은 중간 지점이라고 하겠습니다.

이로써 드라마의 시작과 중간과 끝 지점을 알게 되었습니다. 도형적으로, 위치적으로, 순서적으로. 이 세 지점의 위치만 알아도 글쓰기는 한결 쉬워집니다. 이유가 뭘까요? 단순하게 시작과 중간과 끝만 알면 드라마 창작이 쉬워지는 걸까요? 정확한 이유는 이 세 지점이 드라마 구성의 원리를 이해하는 첫 단추이기 때문입니다. 바꿔 말해 이 세 지점을 모른다면 드라마 창작은 어려울 수밖에 없습니다.

드라마 구성의 3대 지점인 시작과 중간과 끝, 그리고 이 세 지점을 연결하는 삼각형을 저는 '플롯의 삼각형'이라고 부릅니다. 이 세 지점의 존재가 드라마의 플롯을 만들기 때문입니다. 이 세 지점이 없는 글을 쓰거나 세 지점이 있긴 하지만 그 힘이 약한 글을 썼기에 힘들었던 겁니다.

그래서 과감히 여러분에게 제안합니다. 이제부터는 시작, 중간, 끝 지점을 먼저 만들고 그다음에 드라마를 쓰세요. 세 지점을 먼저 정하는 것만으로도 행복한 글쓰기를 시작할 수 있습니다. 아직 마음을 정하지 못했다면 이렇게 묻고 싶습니다.

"왜 이 지점에서 시작하고, 왜 저 지점에서 멈춰야 하는지 알고 썼나요?"

용기를 가지고 시작하고, 인내를 가지고 버티고, 절망의 순간을 극복하면서, 끝내 완결하는 게 글 아니냐고요? 그렇게 여길 수도 있습니다. 실제로 20세기까지는 다들 그렇게 썼으니까요. 하지만 지금은 21세기입니다. 확률과 통계가 존중받는 시대입니다. 여러분! 우리가 쓰는 대본은 드라마로 완성되기 위해 쓰는 겁니다. 텍스트로 쓰지만 영상으로 평가받습니다. 그래서 영상의 형식에 맞게 써야 합니다. 드라마의 분량과 형식에 맞춰 써야 합니다. 내용은 작가의 자유이지만 형식은 규칙에 맞춰야 합니다. 드라마 제작에는 많은 예산이 필요하고, 편성을 위해서는 송출 플랫폼에서 요구하는 적정 시간과 분량이 있습니다. 내 방송사에서 내 마음껏 돈에 구애받지 않고 쓰고 제작해 보겠다는 게 아니라면요. 요즘 드라마는 편당 10억 원이 넘는 비용이 소요됩니다. 이 돈이면 독립영화 한 편 이상을 제작할 수 있습니다. 사실 회당 10억 원도 스케일이 큰 드라마가 아니고요. 편당 30억 원이 넘는 예산을 쓰는 드라마들도 있습니다. 그러니 이런 높은 예산에 맞는 글을 쓰려면 반드시 드라마의 내적 규칙을 알고 써야 합니다. 가능한 한 리스크를 줄여야 하니까요.

다시 한번 시작과 중간과 끝 지점을 봐 주세요. 앞으로는 이 세 지점을 점검하면서 드라마를 쓸 것이고, 이로써 좌절 대신 기쁨의 순간을 맞이할 것입니다. 스토리의 본질을 인지하고, 내 글의 민낯을 발견할 겁니다. 모든 글에는 시작과 중간과 끝이 있을 수밖에 없으니까요! 여러분은 이 세 지점을 통해 내 글이 제대로 안정적으로 완성될지, 불안정하게 막힐지도 미리 알 수 있습니다.

"장난하는 겁니까?"

하지만 은근슬쩍 다음 이야기가 궁금해지지 않나요? 조금만 더 믿어 보세요. 위의 세 지점이 동작으로만 채워진다면 우리가 쓰는 드라마는 완성됩니다. 플롯이 있으니까요. 반면 이 세 지점이 개념이나 캐릭터의 존재로 채워진다면 힘들 겁니다. 플롯이 없거나 약할 확률이 높으니까요. 지금도 의심 가득한 눈으로 저를 쳐다보는 초롱초롱한 눈들이 보이네요. 몇 가지 예를 들도록 할게요.

먼저 여러분이 쓰려는 아이템을 시작, 중간, 끝의 세 지점에 놓아 보겠습니다. '한 아이가 어떤 사건을 겪으며 성장한다'로 대입하겠습니다. 이 아이템은 끝까지 쓸 수 있는 아이템일까요?

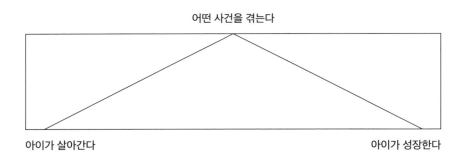

일단 이야기의 시작과 중간과 끝 지점은 있어 보입니다. 그렇다면 이야기의 시작과 중간과 끝이 활자로 채워져야 할까요, 동작으로 채워져야 할까요? 다시 말해 처음과 중간과 끝 지점이 멈춰 있어야 할까요, 동작으로 움직여야 할까요? 드라마 대본이라면 당연히 영상으로, 장면으로, 동작으로 표현할 수 있고 또한 촬영할 수 있어야 합니다. 이 이야기는 세 지점에서 동작이나 영상으로 채워지는 스토리가 맞는지 볼까요?

시작부터 보겠습니다.

- 주인공은 어떤 아이인가요?
- 몇 살인가요?
- 생김새는 어때요?

영상으로 설명해 주세요. 동작으로 설명해 보세요.

다음은 중간 지점입니다.

- '어떤 사건을 겪으며'는 어떤 사건이죠? 내일 촬영할 수 있나요?

역시 영상과 동작으로 설명해 보세요.

마지막으로 이야기의 끝입니다.

- 성장을 어떻게 찍죠?
- '성장한다'는 촬영 가능한 개념인가요?
- 이 지점에서 감독은 어떤 성장 영상을 촬영할 수 있을까요?
- 그때 아이는 어떤 동작을 취하고 있나요?

활자로는 전혀 문제없어 보였던 '아이가 어떤 사건을 겪으며 성장한다'는 아이템을 동작으로 살펴보니 무리가 있어 보입니다. 따라서 플롯의 삼각형 이론에 따라 영상으로, 동작으로 모든 걸 표현해야 하는 드라마와는 맞지 않아 보입니다. 글의 구조가 영상으로 표현하기 힘든 아이템이니까요.

"여러분의 스토리는 시작과 중간과 끝이 빈틈없이 동작으로 차 있나요?"

이 세 지점에 큰 동작이 없다는 이유 때문에 지금까지 힘들었던 겁니다. 처음부터 소설로 쓰는 게 나은 이야기인데 즉, 드라마로 쓰기 힘든 이야기인데 작가의 열정으로 힘겹게 끌고 왔을 확률이 높습니다. 늦지 않았습니다. 지금부터라도 세 지점을 당장 촬영할 수 있는 동작으로 바꿔 보세요. 글이 살아날 겁니다. 활자와 개념을 동작으로 바꿨으니까요. 동작으로 치환되는 글은 드라마가 될 수 있으니까요.

다음으로 글의 시작과 중간과 끝을 동작으로 채우는 방법을 보겠습니다. 플롯의 동작화, 라고 할까요?

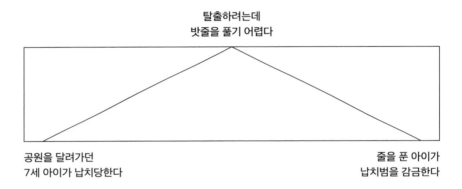

탈출하려는데
밧줄을 풀기 어렵다

공원을 달려가던
7세 아이가 납치당한다

줄을 푼 아이가
납치범을 감금한다

이것을 앞서 나온 스토리와 비교해 보겠습니다. 편의상 A 스토리, B 스토리라고 하겠습니다.

① 시작

A: 아이가 살아간다.

B: 공원을 달려가던 7세 아이가 납치당한다.

② 중간

A: 어떤 일을 겪는다.

B: 갇혀 있는 지하실을 탈출하려고 하지만 손에 묶인 밧줄을 풀기 어렵다.

③ 끝

A: 아이가 성장한다.

B: 줄을 풀고 나온 아이가 납치범을 묶어 감금한다.

한결 이해가 쉬워졌습니다. 왜일까요? 동작으로 이루어진 문장을 읽으면 나도 모르게 자동으로 활자에 담긴 이미지를 떠올리기 때문입니다. 우리의 시청자들도요. 적대자의 정체, 납치 이유, 탈출 방법, 납치범 응징 방법 등 수많은 세부 사항을 채워야겠지만 A와 B 중 하나를 고르라면 B가 우리가 쓰려는 글에 맞는 형식입니다. 여러분 모두 제 의견에 동의하리라 생각합니다.

이야기의 시작과 중간과 끝을 동작으로 채워야 한다.

글의 시작과 중간과 끝이 동작으로 채워진다면 플롯이 있는 글이 됩니다. 플롯의 삼각형이 왜 동작으로만 구동되고, 왜 동작의 연결로만 가동되는지는 앞으로 계속 자세하게 다룰 예정입니다. 그러니 당장 이해가 안 간다고 불안해하지 마세요.

❶ 플롯의 삼각형: 내적 원리

스토리의 시작과 중간과 끝을 연결하는 플롯의 삼각형은 다음과 같은 시스템으로 구동됩니다. 글의 시작, 글의 중간, 글의 끝. 각각의 포인트에는 당연히 저마다의 기능이 있습니다. 글의 시작과 끝은 주인공이, 중간은 적대자가 기능한다고 분리하겠습니다. 즉 설정과 절정은 주인공의 영역입니다.

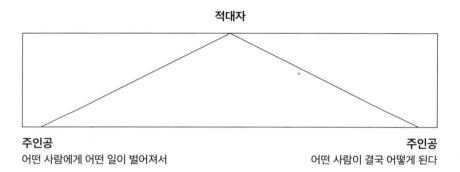

적대자가 기능하는 중간 지점은 어떻게 이해해야 할까요? 이야기의 처음과 끝은 주인공이, 중간은 적대자가 큰 역할을 합니다. 편의상 이 둘을 분리하면 플롯의 삼각형은 아래와 같은 모습일 겁니다.

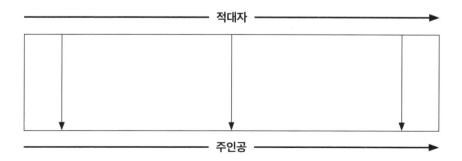

"이건 삼각형이 아닌데요?"

맞습니다. 기초 단계를 지나 심화 단계에 이르면 여러분의 이야기를 이와 같은 모습의 도형에 맞추어, 보다 세부적으로 점검해야 합니다. 아직은 기초 단계에 머물고 있으니 세부 요소들은 지우고 플롯의 삼각형으로 가장 기초적이고 기본적인 요소들을 들여다보겠습니다.

다시 플롯의 삼각형을 보겠습니다. 이번에는 행동의 주체가 누구인지를 밝혔습니다.

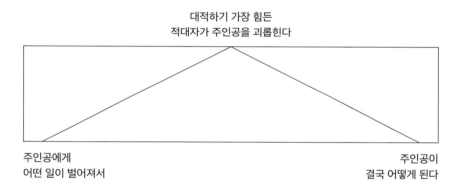

우리가 쓰는 글은 위와 같은 모습일 확률이 높습니다. 소설과 같은 활자 스토리는 주인공이 자신의 내면 혹은 가치와 다툴 확률이 높습니다. 반대로 드라마와 영화 같은 영상(동작) 스토리는 눈에 보이는 적대자가 주인공에게 물리적이고 직접적인 타격을 입히는 것으로 설정해야 합니다.

이유가 무엇이냐고요? 당연히 '촬영'을 위해서죠. 동작이 발생하지 않는 적대자가 있으면 어떻게 되는지 볼까요?

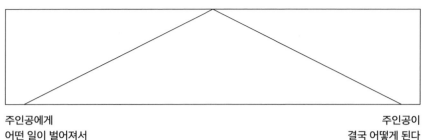

가난, 계급, 사회 부조리

주인공에게
어떤 일이 벌어져서

주인공이
결국 어떻게 된다

- 가난이 주인공과 어떻게 부딪히나요?

- 계급과 주인공은 어떻게 대결하나요?

- 사회 부조리와 주인공은 어떻게 갈등하나요?

여러 번 고민해도 동작을 떠올리기 쉽지 않습니다. 가난, 계급, 사회 부조리로는 동작을 발생시키기 힘들거든요. 주인공과 적대자를 함께 두었을 때 곧바로 동작이 떠오르는 글은 완결 가능성이 높고, 그렇지 않다면 완결이 힘듭니다.

② 플롯의 삼각형: 동작 활용

'드라마 플롯은 동작으로 표현한다.' 간단한 한 문장이 왜 그토록 어려웠던 걸까요? 또 다른 이유가 있습니다.

"여러분이 하고 싶은 이야기는 무엇인가요?"

실컷 플롯의 삼각형을 이야기하다 왜 이런 질문을 던지냐고요? 이 말을 하고 싶어서입니다.

끝점이 중요하다!

여러분이 자신의 글을 통해 '하고자 하는 이야기'와 그것을 가능하게 하는 '끝점'에 대해 말하려고 합니다.

1막	2-1막	2-2막	3막

여러분이 하고 싶은 이야기는 위의 3막 구조 중 어느 막에 있나요? 제 답은 이렇습니다.

내가 하고자 하는   이야기는 무엇인가?

여러분이 하고자 하는 이야기는 3막에 있을 확률이 높을 겁니다. 기-승-

전-결 4단 구성 중 결말은 3막에 해당하니까요. 발단-전개-위기-절정-결말 5단 구성에서도 결말은 3막 지점에 있으니까요. 그러니 플롯의 삼각형에서도 가장 오른쪽을 담당하는 끝점의 기능이 작가가 '하고자 하는 이야기'일 확률이 높습니다. 여러분은 그동안 플롯의 삼각형 오른쪽 끝부분을 명확하게 설계하고 나서 이야기를 시작했나요?

기억하세요. 스토리의 결론은 플롯의 삼각형 가장 오른쪽 끝에 있습니다. 다시 말해 글의 목적은 오른쪽 끝에 있습니다.

지금 내가 쓰는 글은 　　　　　누군가가 겪었던 　　　　　이야기다

혹시 여러분이 쓰려는 이야기가 위와 같나요? 작가인 내가 세상에 꼭 하고자 하는 이야기가 아니라, 단순하게 작가 자신이나 작가 주변의 누군가가 겪었던 이야기이지는 않나요? 그렇다면 냉정히 말해 그 글은 작가 자신의 만족을 위한 글이라고 하겠습니다. 스트레스는 적을지 모르겠네요. (그만큼 사람들의 관심을 얻기는 힘들고요.) 또 나만 만족시키면 되니 플롯의 삼각형을 고민할 필요도 없고, 끝점에 들어갈 동작이 텅 비어도 되죠.

만약에, 처음에는 내 만족으로 썼다 해도 이 이야기를 다른 사람들에게도 들려주고 싶다면 그땐 어떻게 해야 할까요? 내 글을 세상의 형식에 맞추어야 할 겁니다. 다르게 풀자면 지금 여러분이 제대로 된 플롯의 삼각형을 못 채우는 이유는 두 가지입니다.

첫째로, 지금 쓰는 글에는 작가가 하고자 하는 이야기가 딱히 없습니다. 둘째로, 작가가 하고자 하는 이야기가 딱히 없으니 굳이 세상의 형식에 맞추어 쓰지 않았습니다.

지금까지는 그랬지만, 이 책을 읽으면서 혹은 이번에는 제대로 내가 하고 싶은 이야기를 펼치고 싶다면요? 세상의 규칙에 맞출 마음의 준비가 되었다면 다음 질문에 답해 보세요.

"지금 여러분이 하려는 이야기는 다른 사람들도 듣고 싶어 하는 이야기입니까?"

규칙과 형식을 맞추는 이유는 나의 이야기를 다른 사람들에게 들려주기 위함입니다. 제 말이 맞나요? 그렇다면 그들이 듣고 싶어 하는 이야기여야 하겠죠?

"제가 하고 싶은 이야기가 다른 사람들이 듣고 싶어 하는 이야기가 맞을까요?"

그걸 어떻게 알 수 있냐고요? 타인의 취향에 민감한 부류도 있지만, 사람마다 생각이 다르고 당연히 모든 사람의 취향을 전부 알 수는 없지요. 그래서 타인이 좋아할 만한 이야기의 기준을 제시해 볼까 합니다. 이런 기준은 어떨까요?

3 플롯의 삼각형: 기준 점검

1 동작의 크기

참고로 이 이야기는 실화입니다. 제 대학 동기들이 2년여의 준비를 거쳐 히말라야를 올랐습니다. 그걸 강산이 바뀐 지금까지도 만날 때마다 듣는데, 도무지 질리지 않습니다. 이유가 뭘까 골똘히 생각했는데요. 히말라야는 서울 청계산이나 부산 황령산이 아니기 때문이라는 게 제 결론이었습니다. 마음먹어도 쉽게 가지 못하잖아요. 그래서 들을 만합니다. 반대로 청계산에 오른 이야기를 만날 때마다 듣는다면요? 맞습니다. 타인의 호기심을 자극하고 싶다면 동작이 큰 이야기, 동작을 쉽게 취할 수 없는 이야기를 하세요.

2 일상과의 접점

히말라야 원정은 보통의 일상인가요? 아니면 특별한 일인가요? 제 친구들 같은 보통 사람들에게는 평생 단 한 번의 추억일 테지요. 여기 답이 있습니다. 타인에게 이야기를 건넬 때, 일상과의 접점이 많다면 금방 지루해할 확률이 높습니다. 왜일까요? 그들도 다 아는 이야기니까요.
따라서 조금이라도 일상과 먼 이야기, 특별하고 독특한 이야기를 주제로 삼길 권합니다. 아마도 듣는 사람이 곧장 귀를 기울일 겁니다. 왜일까요? 잘 모르는 이야기거든요. 히말라야에 오르고 싶다면 무엇부터 해야 할까요?

모릅니다. 포털에 검색해도 잘 나오지 않습니다. 반면에 북한산을 오르기 위해 무엇을 준비하고, 정상까지 얼마나 소요되고, 근처 맛집은 어디에 있는지 등은 조금만 검색해도 수많은 정보를 얻을 수 있습니다. 설사 검색해보지 않는다고 해도 큰 준비가 필요 없음을 알고 있습니다. 그러니 태평할수 있죠. 바로 이것입니다. 일상과 먼, 일상을 벗어난 이야기를 해야 타인의 관심을 끌 수 있습니다. 사람들은 자신이 모르는 이야기를 주의 깊게 듣습니다. 앞으로는 사람들이 흔히 경험할 수 없는 이야기에 주목해 보세요. 그만큼 작가의 사전 준비가 필요하지만 효과는 확실합니다.

③ 시대와의 접점

저는 대중교통을 자주 이용하는데, 불쾌한 일을 겪을 때가 가끔 있습니다. 임산부 좌석에 앉아 있는 (조금도 임신 가능성이 없는) 사람, 주위는 아랑곳하지 않고 통화하는 사람, 특정 정치인을 향한 맹목적인 비판을 하는 유튜브 방송을 이어폰 없이 크게 틀고 있는 사람 등등. 이들이 불쾌한 것은 오늘날 우리가 갖는 의식과 어긋나 있기 때문이죠. 과거에는 버스에서 담배를 피울수 있었지만 현재는 불가능합니다. 사람들의 인식에 따라 법규가 달라지고, 사람들의 가치관도 당연히 달라집니다.

이야기도 그렇습니다. 시대와 세대마다 선호하는 장르, 스토리의 진행 속도등 모든 게 다릅니다. 그러니 여러분은 내가 쓴 이야기가 이 작품을 향유할시대와 세대에 적합한지 점검해야 합니다. 드라마는 많은 사람이 봐야 하는 이야기입니다. 이를 위해 글과 시대의 조화가 필수입니다. 내가 재즈를 좋아한다고 다른 사람들이 재즈를 꼭 들어야 하는 건 아니잖아요. 이야기도 그렇습니다. 그러니 내 이야기의 시작, 중간, 끝을 지금(2년 뒤) 사람들이 좋아하는 감성과 형식에 맞출 필요가 있습니다. 프로 작가의 의무입니다. 앞으로 우리가 쓰려는 글에 적용하면 다음과 같은 모양이 될 것입니다.

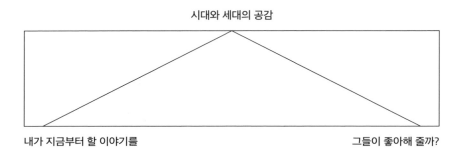

이것이 드라마 창작의 본질 아닐까요? 작가인 우리가 이 모든 노력을 기울이는 이유는 타인이 나의 이야기를 좋아해 주기를 바라기 때문이니까요. 플롯의 삼각형의 형식과 기능은 거기 집중합니다.

7

서브플롯의
역삼각형도
설정하여
쓴다

1 서브플롯의 역삼각형은 보충 설명이다

서브플롯　극이나 소설 따위에서의 부차적 플롯. 그 자체로 하나의 완전한 이
야기를 가지고 있으면서 중심 플롯과 병행하거나 엇갈리며 흥미를
더해 주어 작품의 전체적인 효과를 끌어올리는 역할.

서브플롯의 사전적 의미입니다. 새삼 의미를 따지자는 건 아니나 서브플롯
은 메인플롯만큼이나 중요도가 크기에 기능에 대해 제대로 알고 있을 필요
가 있습니다. 어떤 면에서는 서브플롯의 질이 드라마 전체의 질을 나타낸다
고도 할 수 있으니까요.
가장 먼저 메인플롯과 서브플롯의 위치를 살펴볼 필요가 있습니다.

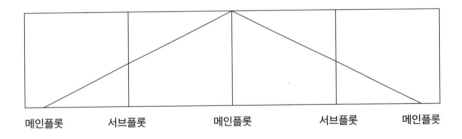

메인플롯　　서브플롯　　　메인플롯　　　서브플롯　　메인플롯

메인플롯은 스토리의 처음과 중간과 끝에 위치합니다. 서브플롯은 메인플
롯 사이사이에 들어감으로써 메인플롯을 도와 이야기를 더욱 풍성하게 만
듭니다. '드라마의 재미 요소는 서브플롯이 담당한다'라고도 할 수 있죠.
앞서 메인플롯은 삼각형 형태로 존재한다고 했습니다. 그리고 서브플롯은
역삼각형 형태입니다.

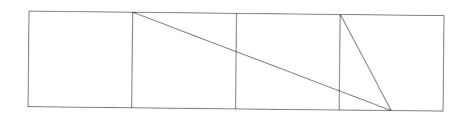

서브플롯은 위와 같이 생겼습니다. 역삼각형 형태가 맞죠? 알쏭달쏭한 이 도형을 보고 궁금증이 드는 게 당연합니다.

"메인플롯의 삼각형과 서브플롯의 역삼각형은 어떻게 서로의 위치와 기능을 나누어 존재하는 걸까요?"

질문은 아니고요. 이제부터 여러분이 궁금해할 그것을 말하려고 합니다. 16부 드라마《마인》을 통해 서브플롯의 기능을 들여다보고자 합니다. 가장 많은 드라마 길이인 16부 드라마는 보통 8부 내용이 메인플롯, 4부와 12부가 서브플롯을 담당합니다. 이 작품의 4, 8, 12부 끝을 보면 다음과 같습니다.

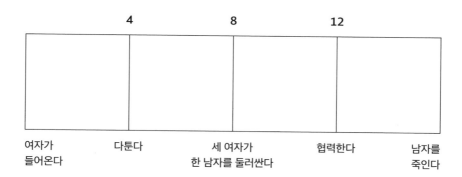

4부 끝 장면에서 강자경(옥자연 분)의 정체를 알게 된 서희수(이보영 분)는 자경을 집 밖으로 나가지 못하게 합니다. (둘은 적대 관계입니다.) 그리고 8부 끝 장면은 재벌가 남자 한지용(이현욱 분)을 세 명의 여성, 정서현(김서형 분)과 강자경과 서희수가 둘러쌉니다. 12부 끝 장면에서는 서희수가 강자경을 새로 온 튜터라고 소개하는데요. 4부에서 적대 관계였던 두 사람이 힘을 합치죠. 단순화하면 16부의 중간은 8부이니 《마인》의 메인플롯은 여자 세 명이 남자 한 명을 둘러싸는 거네요. 이 장면에 작가가 하고 싶은 이야기가 있고요. 제가 작가의 생각을 추론해서 정리한 《마인》의 메인플롯과 서브플롯은 이렇습니다.

메인플롯: 나는 여자 세 명이 재벌가 남자를 무너뜨리는 이야기를 할 것이다.

서브플롯: 그러기 위해서는 여자들끼리 다투면 안 되고, 서로 힘을 합쳐야 한다.

백미경 작가는 세 명의 여자가 연대하여 재벌가 남자를 굴복시키는 이야기를 펼치고 싶었을 겁니다. 창작 순서는 이렇겠죠.

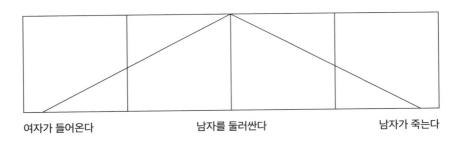

(어디까지나 저의 추측입니다.) 시작은 이랬을 겁니다. 이를 바탕으로 먼저 플롯

의 삼각형을 만들었을 테고요. 다음으로 세 명의 여자가 어떻게 행동해야 재벌가 남자를 무너뜨릴 수 있을까요? 또 한 번 추측해 보겠습니다.

- 혹시라도 지금껏 여성들이 구시대적 사고로 재벌가 여자가 되는 걸 목표로 행동했기에 항상 남자들에게 당한 건 아닐까?
- 그렇다면 여성 연대로 재벌가 남성을 무너뜨릴 수 있지 않을까?

《마인》에는 작가의 이런 생각이 담겨 있지 않을까요?

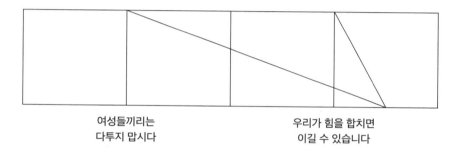

여성들끼리는   우리가 힘을 합치면
다투지 맙시다   이길 수 있습니다

이렇게 메인플롯에 관한 보충 설명을 넣어 서브플롯을 구축한 건 아닐까요?

저는 그렇게 생각합니다. 생각의 구조는 표면 위로 잘 드러나지 않습니다. 그리고 글을 쓸 때 치밀하게 계획을 세운 다음에 쓰는 작가도 드뭅니다. 그럼에도 메인과 서브 플롯을 제대로 설계하고 배치한다면 지금보다 훨씬 더 좋은 결과를 얻을 수 있습니다. 공모전에 당선된 작품은 당연히 메인플롯과 서브플롯이 각각의 기능과 위치에 맞게 정확하게 배치되어 있고요.

"지금 쓰고 있는 작품에 여러분의 생각은 어떤 형태로 반영되어 있

나요?"

당장 답하지 못해도 괜찮습니다. 그 방법을 알고자 이 책을 펼쳐 든 것일 테

니까요. 내가 하려는 이야기와 그에 대한 보충 설명을 정확하게 알고 배치

하여 쓰고 싶지 않나요? 다르게 말하면 '플롯의 삼각형'과 '서브플롯의 역

삼각형'의 조화가 드라마 창작의 핵심입니다.

❷ 서브플롯은 메인플롯과 연결된다

우리는 '스토리는 왼쪽에서 시작하여 오른쪽에서 끝나는 것으로 서술한다'

라고 알고 있는데요. 맞습니다. 1막에서 시작하여 3막에 도달하는 게 목표

이죠. 스토리의 구조도 그럴까요? 이야기의 설계도 왼쪽에서 시작하여 오

른쪽 끝으로 향할까요? 스토리의 구조 구축은 우리 상식과 달리 반드시 왼

쪽에서 오른쪽으로 향하지 않습니다.

제가 지금 플롯의 삼각형과 역삼각형을 이토록 자세하게 파고드는 것은 다

음의 이유 때문입니다.

사전에 이야기의 구조를 구축하지 않고 단순 서술하면 좋은 결과

를 얻을 수 없다.

저는 이야기의 '서술' 형태가 아니라 이야기의 구조 '구축'을 설명하려고 합니다. 이것은 메인플롯과 서브플롯의 설계와 연관성에 관한 이야기입니다. 그럼 메인플롯과 서브플롯은 어떤 형태로, 어떤 순서로 연결하면 좋을까요? 하나씩 보겠습니다.

① 서술 순서

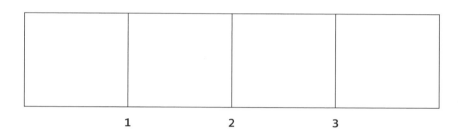

② 구조 구축 순서

이야기의 본질은 스토리의 중심(가운데)에 있습니다. (저는 그렇게 생각합니다.) 모든 근원적이고 본질적인 것은 중심에 있는 법이죠. 《오징어 게임》을 예로 들겠습니다.

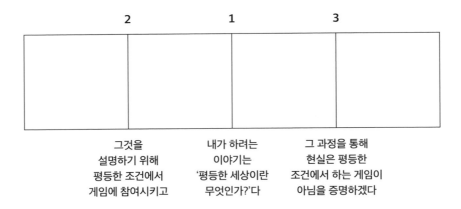

2	1	3
그것을 설명하기 위해 평등한 조건에서 게임에 참여시키고	내가 하려는 이야기는 '평등한 세상이란 무엇인가?'다	그 과정을 통해 현실은 평등한 조건에서 하는 게임이 아님을 증명하겠다

어떤가요, 저의 해석이. 일부는 동의하겠지만 일부는 동의하지 못하겠다고요? 여러분의 의견을 존중합니다. '드라마를 이렇게 해석할 수도 있구나!'라고만 여겨 준다면 더 바랄 게 없습니다. 드라마를 쓸 때 반드시 이렇게 구축해야 한다기보다는 여러분이 본격적인 집필에 앞서 생각을 정리하는지, 아니면 내키는 대로 쓰는지를 알고 있어야 한다는 뜻입니다.

잊지 마세요. 지금 우리는 서브플롯에 관해 이야기하고 있습니다. 그런데 왜 제가 플롯의 삼각형과 서브플롯을 세트로 엮었는지 궁금하지 않나요? 왜 서브플롯 설명을 플롯의 삼각형, 즉 '세상에 하고 싶은 이야기가 무엇인가요?'와 함께 엮은 걸까요? 간단합니다.

서브플롯은 메인플롯이 구축된 다음에 하는 보충 설명이다.

여러분은 취미가 있나요? 그게 무엇이든 취미가 직업보다 우선시되기는 힘들 겁니다. 일단 생계가 유지되어야 그다음이 가능할 테니까요. 서브플롯도 마찬가지입니다. 메인플롯이 선행된 다음에 설계할 수 있습니다. 즉 작가가 하고자 하는 이야기가 분명해야 명쾌한 서브플롯을 구축할 수 있습니다. 메인플롯이 불분명하다면요? 서브플롯은 자동으로 생성될 수 없습니다. 작가가 하고자 하는 이야기의 보충 설명이 서브플롯인데, 하고자 하는 이야기가 명쾌하지 않다면 서브플롯도 흐릿하게 구축될 수밖에 없겠죠? 그럼 내 글이 혼란스러운 이유는…. 그렇습니다. 여러분이 생각하는 바로 그 지점이 문제입니다.

❸ 서브플롯은 메인플롯을 위해 존재한다

이번에도 구조로 설명하겠습니다. 여러 마니아를 거느린 임상춘 작가의 《동백꽃 필 무렵》을 볼까요?

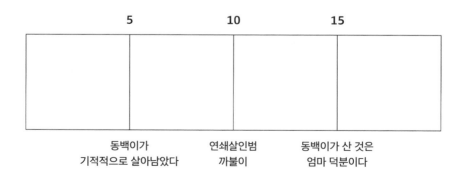

《동백꽃 필 무렵》은 '20부'라는 우리나라에서는 보기 드문 길이를 지녔습니다. (70분 기준으로 20부작입니다.) 또 멜로, 휴먼, 스릴러라는 세 장르가 담겨 있고요. 그중 스릴러만 보겠습니다. 우리 목적은 서브플롯의 존재 이유를 아는 것이니까요. 스릴러에서는 연쇄살인범 까불이가 적대자로 기능합니다. 10부에서 까불이는 동백이의 친구 향미(손담비 분)를 살해합니다. 또 까불이와 동백이의 관계가 서브플롯이 기능하는 지점인 5부와 15부에서 나오고요. 동백이는 연쇄 살인을 저질러 온 까불이에게서 살아남은 유일한 생존자인데, 15부에 이유가 나오죠. 까불이가 동백을 해코지하려던 날에, 동백이의 엄마가 동백이가 있는 피부관리실 밖에 있었기 때문입니다. 많이 부풀린 감이 있지만 이렇게까지도 해석해 볼 수 있습니다.

메인플롯: 나는 연쇄살인범을 잡는 여자의 이야기를 하고 싶다.

서브플롯: 그녀는 연쇄살인범에게 살아남은 유일한 생존자고, 살아남은 이유는 그녀의 어머니가 그녀를 구했기 때문이다.

위의 해석에 수긍이 간다면 다음의 해석도 눈여겨봐 주세요.

메인플롯: 나는 범죄에 노출된 여성의 이야기를 하고 싶다.

서브플롯: 그녀는 범죄자의 유일한 생존자였는데, 그녀의 어머니가 딸을 도왔기 때문이다.

기왕, 조금 더 부풀려 볼까요?

메인플롯: 나는 대한민국에서 범죄를 극복하고 살아남은 여자의 이야기를 하고 싶다.

서브플롯: 대한민국에서 여자들은 여성 연대를 통해야만 생존할 수 있다.

과도한 해석임을 잘 알기 때문에, 동의를 바라지는 않습니다. 다만 여러분의 글에는 작가의 생각이 이 비슷한 모습으로 존재해야 합니다.

여러분! 지금 여러분의 글은 어느 지점에 있나요? 혹시 1막 마무리 중인데 진전이 점점 늦어지고 있다면 이유는 1막과 2막 사이에 있지 않습니다. 2-1막과 2-2막 사이에 있을 확률이 높습니다. 스토리의 중심을 점검하세요. 내가 하고 싶은 이야기가 바로 거기에 있어야 하거든요. 이것이 흐릿하다면 2막 진입에 난관이 있을 수밖에 없습니다. 2막 진입의 필수 조건이 서브플롯의 존재 여부거든요. 중간 지점에서 작가가 하려고 하는 이야기가 명쾌하다면 자연스럽게 서브플롯이 생성될 겁니다. 하지만 중간 지점이 명확하지 않으면 서브플롯을 구축할 수 없고, 그로 인해 서브플롯의 시작 지점인 2막은 당연히 열리지 않습니다.

우리, 조금 더 노력해서 2막을 활짝 열어 보아요!

□ 지금 여러분이 쓰고 있는 글에 서브플롯이 있어야 다음에 다룰 '이미 시작된 스토리를 지속시키고 유지하는 방법'에 관한 내용이 유용할 것입니다. 행동의 척추 혹은 플롯의 척추로 불리는 부분을 다룰 예정이거든요. 다음 장으로 넘어가기 전에 꼭 점검해 주세요.

8

행동의 척추를 세워 쓴다

여러분은 플롯의 삼각형과 서브플롯의 역삼각형의 의미와 기능을 숙지했습니다. 그 외에도 알게 모르게 충분히 단막 한 편 정도는 쓸 수 있는 지식을 쌓았습니다. 반면에 아직 풀지 못한 숙제도 있죠. 늘 어려움을 겪는 2-1막 진입, 그리고 여전히 잘 모르겠는 3막으로의 연결입니다. 2-1막으로 진입해야 스토리가 전개되고, 3막으로 연결되어야 스토리를 끝낼 수 있습니다. 스토리를 어떻게 2막에 진입시키고, 2막 내내 유지하고, 3막으로 연결하는지 그 비밀을 알고 있나요? 이 과제를 해결하고자 저는 '행동의 척추' 혹은 '플롯의 척추'라는 개념을 만들었습니다. 행동의 척추는 이런 모습입니다.

맞습니다. 2막입니다.

"2막이 왜 행동의 척추죠?"

곧장 이런 의문이 튀어나올 겁니다. 우리는 1막에서 2막으로 진입하지 못하는 이유를 위치적으로 생각해 보고 그 내적 논리를 따져 가며 여기까지 왔습니다. 그리고 이 문제를 어느 정도 해결했고, 2막 진입을 위한 지식도 쌓았습니다. 그러나 실질적인 창작에 들어가면 열심히 공부한 이론을 제대로 적용할 수 없고, 문제가 해결될 기미가 없어 답답하기만 했습니다. 문제 해결을 위해, 스토리 전체 구조에 대한 깊은 이해를 위해, 시선을 달리하여 다시 보겠습니다.

"2막이 도대체 무엇이기에 쉽게 들어갈 수 없나요?"

맞습니다. 뭐가 그리 어렵기에 우리를 가로막는 걸까요? 발상의 전환! 그래서 1막에서 2막을 바라보는 게 아니라 2막에서 1막을 보겠습니다. 2막을 정확하게 파악하고 난 다음에 2막의 위치에서 1막을 바라보면서 묻는 거죠.
"제군, 2막에 들어올 준비가 되었나?"
2막을 속속들이 알아보겠습니다.

■ 2막은 스토리의 척추다

우리 몸에서 척추는 어떤 역할을 하나요?

■ 머리와 목과 몸통의 체중을 지지하고, 몸의 위아래를 연결하며, 체중을 분산하고 몸의 균형을 유지한다.

척추를 '2막'으로 바꿔 볼까요?

■ 1막에서 준비한 스토리의 무게를 지지하고, 1막과 3막을 연결하며, 전체
   스토리의 균형을 유지한다.

척추와 2막 모두 (각각 몸과 스토리의) 중간 부분을 차지하며 전체가 무너지지
않게 앞뒤를 연결하고 균형을 유지해 줍니다. 스토리도 사람의 몸처럼 뼈와
뼈가 연결되어 있다고 여기면 어떨까요? 우리가 모르는 어떤 연결로 스토
리가 유지되는 건 아닐까요? 저는 스토리에도 척추가 꼭 필요하다고 생각
합니다. 그래서 제가 날 생선을 조리하는 요리사가 되어 드라마라는 생선의
뼈들을 잘 발라 보여드리고자 합니다. 아무래도 스토리에는 우리가 미처 알
지 못했던 척추가 있는 듯하거든요. 맞는지 틀린지 보자고요.

DRAMA 《사랑의 불시착》

16부작 《사랑의 불시착》에서 행글라이더를 타다 난데없이 돌풍에 휘말려
북한에 떨어진 세리는 1막인 1부부터 4부까지 북한 마을에 적응하다 2막이

시작되는 5부부터 본격적으로 북한 탈출을 시도합니다. 우여곡절 끝에 남한에 돌아온 세리를 따라 남한에 온 정혁은 적대자인 철강을 처리하고 다시 북한으로 돌아가려고 고군분투합니다. 이 드라마의 중간 지점은 세리의 북한 탈출과 정혁의 남한 탈출이 지탱합니다. 이것이 스토리의 형태를 유지해 주고, 그 밑에서 두 사람은 사랑하고(멜로), 철강은 두 사람을 위협합니다(액션). 건물을 든든하게 지지하는 구조물이 있어 우리가 안전하게 생활하는 것처럼 스토리에도 스토리의 형태를 유지해 주는 안정된 구조물(스토리의 척추)이 필요합니다.

DRAMA 《오징어 게임》

9부작 《오징어 게임》의 2막은 3-7부입니다. 각자의 이유(의지)로 게임에 참여했던 인물들이 2부에서 게임의 잔혹성 때문에 현실로 돌아갑니다. 그러고 나서 곧 깨닫죠. 자신이 발 딛고 있는 현실이 얼마나 불평등한지를요. 그리고 3부에서 매우 잔인하지만 적어도 평등한 조건으로 진행되는 게임 세

160

계로 돌아옵니다. 플롯의 척추인 3부 달고나 게임부터 7부 유리다리 게임까지 각종 게임이 펼쳐지는데요. 여기가 《오징어 게임》의 플롯의 척추입니다. 매회 펼쳐지는 여러 게임이 스토리를 유지하는 기능을 합니다. 그리고 각각의 게임들 사이사이에 참가자들의 과거(왜 게임에 참여하게 되었는지)와 현재의 심리 상태(게임 참여를 후회하는지 등)를 보여 줌으로써 작가가 하고자 하는 이야기를 진행시킵니다. 생각해 보세요! 3-7부에 게임이 없다면 무엇으로 스토리를 유지할 수 있을까요? 이것이 스토리의 척추를 공부해야 하는 이유입니다. 스토리의 척추 구축 방법을 이해해야 스토리가 온전하게 성립할 수 있습니다.

DRAMA 《갯마을 차차차》

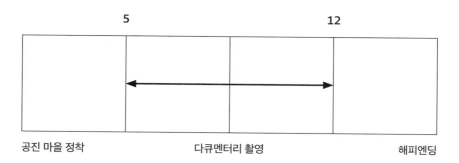

공진 마을 정착   다큐멘터리 촬영   해피엔딩

스토리를 향한 오랜 애정과 깊은 탐구를 해 오고 있는 여러분이 쓰고 있는, 쓰고 싶은 작품은 《갯마을 차차차》와 비슷하지 않을까 싶은데요. 저는 이 작품이 전통적인 한국 드라마의 형태와 가장 유사하다고 봅니다. 사람들의

이야기, 그들이 서로 사랑하는 이야기이거든요. 주인공 혜진은 서울을 떠나 공진이라는 바닷가 마을에 정착합니다. 이곳에서 홍반장을 만나 가까워지죠. 여기까지가 1-4부입니다. 안정적으로 4부를 끝낸 작가에게는 곧바로 5부부터 12부까지라는 긴 터널을 통과해야 한다는 과제가 주어집니다.

여러분은 드라마는 캐릭터와 캐릭터의 만남으로 파생되는 에피소드로 쓴다고 배웠나요? 이런 가르침에 따르자면 5-12부를 에피소드 나열로 채워야겠죠. 재능과 노력으로 어느 정도 분량을 메꿀 수는 있겠지만 7-8부에 다다르면 분명 한계에 봉착하게 됩니다. 거기까지가 재능과 노력의 마지노선이라서가 절대로 아닙니다.

2막을 지탱하는 척추가 없기 때문입니다. 에피소드로는 플롯을 만들 수 없다는 사실을 정확하게 알게 되는 지점이 8부거든요. 즉 에피소드만으로는 이야기의 중심인 8부까지 전진할 수 없습니다. 에피소드는 뼈가 아니라 살이니까요. 5부부터 12부까지를 지탱할 만한 단단한 행동의 척추가 있어야 이야기의 중심인 8부가 제대로 자리 잡을 수 있음을 숙지해야 합니다. 《갯마을 차차차》의 신하은 작가는 그 자리에 '다큐멘터리 촬영'을 넣었습니다. 이와 함께 혜진의 옛사랑인 (멜로의 적대자 역할을 하게 되는) 지성현 PD가 다큐멘터리 촬영을 위해 마을로 내려오죠. 그가 12부까지 촬영을 위해 마을에 상주하며 5-12부라는 긴 시간을 버텨 줍니다. 그 사이에 혜진과 홍반장이 사랑을 나누고, 마을 사람들의 이야기도 다양하게 보여 줍니다.

시간이 있다면 드라마를 다시 한번 보면서 다큐멘터리 촬영을 제외하고 무엇이 더 있는지 찾아보세요. 다큐멘터리 촬영이라는 중심축을 통해 자칫 지루해질 수 있는 혜진과 홍반장이 사랑하는 이야기와, 마을 사람들이 살아가는 이야기가 정당성을 갖게 됩니다. 덕분에 시청자는 재미있게 작품을 볼 수 있고요.

DRAMA 《그 해 우리는》

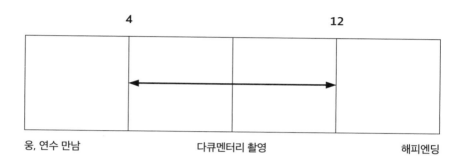

역시 16부작인 《그 해 우리는》(2021-2022)은 《갯마을 차차차》와 유사성이 있습니다. 두 작품을 함께 보며 어디가 비슷하고 어디가 다른지 비교하면 큰 도움이 될 겁니다. 《그 해 우리는》은 《갯마을 차차차》의 '마을 사람들'이라는 다채로운 조연 군단도 없고, 그로 인해 휴먼 분량이 상대적으로 낮습니다. 그 공백을 작가의 능력으로 채우는데, 이나은 작가는 국연수(김다미 분)와 최웅(최우식 분)에게 집중합니다. 그리고 남자 주인공인 웅과도 여자 주인공인 연수와도 깊은 관계를 맺고 있는 멜로의 적대자 김지웅(김성철 분)이 둘의 이야기를 촬영하면서 스토리의 중반부를 지탱하고요. 이 작품은 멜로의 비중이 높은 만큼 작가는 주인공들의 얽히고설킨 관계에 집중했습니다. 과거 작품들에서 멜로의 적대자는 무조건적인 훼방꾼이었다면 《그 해 우리는》을 비롯하여 요즘 멜로의 적대자는 시청자를 납득시킬 만한 이유가 있어야 합니다. 현재 멜로를 쓰고 있다면 참고할 지점이 많은 작품입니다.

12부 이상의 멜로에서는 두 사람이 만나고 키스하면 이상하게 더는 쓸 게 없다고 느껴질 수 있습니다. 2막의 부재 때문인데요. 여러분, 멜로는 두 사람이 사랑하는 이야기가 아닙니다. 두 사람이 무엇을 '같이 하면서' 사랑하는 이야기입니다. 따라서 멜로를 쓰다가 글이 막힌다면 두 사람이 함께 수행하는 무엇이 없어서 그렇습니다. 그때는 주인공들에게 함께 수행해야 하는 미션을 던져 주세요. 어려우면 어려울수록 좋겠죠. 그리고 꼭 두 사람 모두의 노력이 필요한 것이어야 합니다. 2막을 이렇게 설정하면 곧바로 글이 열리는 기적을 경험할 겁니다.

DRAMA 《스물다섯 스물하나》

《스물다섯 스물하나》(2022)의 나희도(김태리 분)는 4부까지 자신의 워너비이자 라이벌인 고유림(김지연 분)이 있는 학교로 전학 가고자 온갖 노력을 다합

164

니다. 결국 전학에 성공하고요. 동경하던 유림이 소속된 펜싱부에 들어간 희도는 5부부터 펜싱 대회에 참가합니다. 그리고 중간 지점이 끝나는 12부까지, 작가는 희도가 참가하는 여러 경기를 보여 줍니다. 마지막 경기가 끝남과 동시에 희도도 고등학교를 졸업하고요. 정리하면 희도의 대회 참가로 2막을 시작하고 (고등학생 자격으로 참가하는) 대회를 마무리하며 3막으로 진입합니다. 2막의 척추 안에서는 어떤 일들이 벌어지죠? 희도와 이진(남주혁 분)의 멜로, 희도와 유림의 우정과 애증, 희도와 엄마의 휴먼 스토리가 펼쳐집니다. 즉 작가는 2막을 관통하는 큰 줄기를 펜싱 대회 참가로 만들고 나서, 그 속에서 다른 이야기들을 영리하게 펼칩니다.

DRAMA 《재벌집 막내아들》

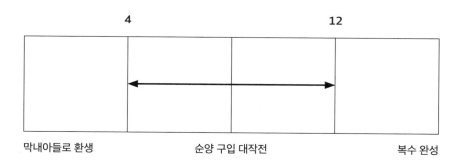

대한민국 굴지의 기업 순양의 후계자인 진성준(김남희 분)에게 죽임당한 순양의 충신 윤현우(송중기 분)는 순양가의 막내아들(창업주의 막내아들의 막내) 진도준으로 다시 태어납니다. 완전히 새로운 인생이 시작되었으니 새 환경에

적응하고, 또 (자신을 죽인 대상에게) 복수를 준비하는 시간이 필요하겠죠. 이 것이 1막에서 주인공이 해야 할 일들입니다. 2막에서는요? 제가 줄곧 주인 공이 1막에서 결심한 일을 2막에서부터 진행해야 한다고 외쳤는데요. 다시 태어난 도준이 할 일은 순양에 대한 복수입니다. 당연히 2막에서 방법이 나 와야 하고요.

《재벌집 막내아들》만이 아니라 복수를 다룬 드라마 대다수가 '복수 방법' 을 보여 줌으로써 2막을 유지합니다. 이것이 이야기의 척추입니다. 한마디 로 2막에서 복수의 형태와 방법과 진행 상황을 설계해야 합니다. 도준은 5부부터 순양의 자회사를 하나둘 사 모으면서 복수를 준비합니다. 그리고 2부가 끝나는 12부에서 순양 기업에서 너무나 중요한 순양자동차와 관련된 커다란 미션을 안고 3막인 13부로 진입합니다. 이 작품은 주인공의 복수에 중점을 두었고, 그래서 복수를 내·외부로 설계했습니다. 도준이 순양의 자 회사들을 사 모으는 것은 외부에서 진행하는 복수이고, 경쟁자들을 물리치 고 후계자로 인정받아 순양을 자신의 것으로 만드는 방법은 내부에서 진행 하는 복수입니다.

다만 산경 작가가 쓴 동명의 웹소설이 원작이라 처음부터 이렇게 구성했 다고 볼 수는 없겠습니다. 오리지널 드라마와 웹툰 혹은 웹소설을 각색해 서 만드는 드라마는 구성 방법이 같을 수 없습니다. 오리지널 작품은 드라 마 창작의 원칙에 기대 만들어야 하고요. 원작이 따로 있는 작품은 원작 아 이피에서 상당 부분을 가져오고, 그 나머지를 창작합니다. 어떤 부분에서는 원작에서 이미 정해져 있는 것을 고민 없이 따르면 되지만 원작의 매력은 살리면서도 또 다른 재미를 주어야 한다는 부담이 있죠.

166

공모전은 어떨까요? 공모전은 오리지널 작품만 제출합니다. 여러분이 드라마 창작의 원칙을 공부하는 이유이기도 하고요. 공모전을 통해 프로 작가가 되기를 희망한다면, 가능한 한 오리지널 드라마 작품을 많이 보고 분석하기를 권합니다. 결국 우리가 쓰고 싶은 건 오리지널 작품이니까요. (각색도 엄청난 노력이 필요합니다. 또 각색 작품은 질이 떨어진다는 의미도 아닙니다. 다만 본디 '작가'란 자신의 오리지널 메시지를 세상에 알리고 싶어 하는 본능을 가지고 있다는 말을 전합니다.)

DRAMA 《더 글로리》

대한민국 시청자는 유독 복수를 다룬 이야기를 좋아하는 듯합니다. 그만큼 많은 작품이 나왔고요. 그래도 이 작품이 가장 유명하지 않을까요? 한동안은 그럴듯합니다. 어느새 내 친구처럼 여겨지는 문동은의 복수극, 《더 글로리》입니다. 고등학교 시절에 연진 무리에게 당한 고통으로 극단적인 선택까지 생각하던 동은은 죽음 대신 복수를 결심합니다. 1막인 1-4부에서 동은이 당한 끔찍한 일들과 복수의 준비 과정이 나오죠. 마침내 1막의 마지막인 4부에서 연진의 딸 예솔이의 담임으로 부임하고, 연진의 남편과는 바둑 파트너가 됩니다. 《재벌집 막내아들》처럼 5부부터 본격적인 복수를 시작하고요. 2막 마지막인 12부에는 어떤 사건이 나왔나요? 동은은 인터넷에 '기상 캐스터 A씨의 학교폭력을 고발합니다'라는 글을 올려 연진의 핸드폰이 뜨거워지게 만듭니다. 3막인 13-16부에 복수를 마무리하고요.

《재벌집 막내아들》과 《더 글로리》를 통해 알 수 있듯이 복수 플롯을 지닌 작품 대부분은 1막에서 주인공이 피해를 입고, 복수를 결심하고, 복수를 준비합니다. 그리고 2막 전체에 걸쳐 복수의 실행 과정을 보여 주면서 스토리를 유지하고요. 2막의 끝인 12부에서 가장 큰 복수의 변곡점을 만들어 두고는 3막인 13부로 진입해 복수를 마무리합니다. 작품 하나만 더 볼까요?

DRAMA 《퀸메이커》

서울시장 선거

11부작 《퀸메이커》(2023)의 설정은 《재벌집 막내아들》과 여러 면에서 닮았습니다. 재벌가의 충실한 일꾼이었던 황도희(김희애 분)는 그들에게 버림받고, 자신을 내친 은성그룹과 싸웁니다.《재벌집 막내아들》이 '환생'이라는 판타지적 요소를 사용했다면《퀸메이커》는 '서울시장 선거'를 통해 복수합니다. 2막이 무엇으로 채워졌을지 감이 오죠? 맞습니다.《퀸메이커》의 2막은 서울시장 경선으로 채워져 있습니다. 이것이 전체 스토리를 유지하고요.

8개 작품을 통해 드라마의 '척추'인 2막을 살펴봤습니다. 이제 스토리에도 사람의 몸처럼 척추가 있다는 데 동의할 수 있나요? 앞으로는 글을 쓸 때 내 이야기의 척추가 무엇인지 생각해 보고, 전체 구성을 설계하세요.

② 척추가 스토리의 본질이다

모든 인간은 타의로 세상에 태어나 각자 자신의 삶을 살아 냅니다. 어떻게 보면 같은 조건인데도 왜 어떤 사람은 비범한 위인이 되고, 또 어떤 사람은 평범한 시민이 되는 걸까요? 제 생각에는 그에게 뚜렷한 삶의 이야기(척추)가 있으면 위인, 없으면 일반인인 듯합니다. 위인의 기준은 저마다 다르겠지만 저는 자신의 뚜렷한 삶의 이야기가 있다면 위인이라고 생각해요. 그들은 자신을 위해, 사회를 위해 어떤 일을 합니다. 예를 들어 이순신 장군은 임진왜란 때 왜군과 싸웠고, 김좌진 장군은 일제강점기 때 일본군이랑 싸웠습니다. 이때 일반인은 무엇을 했나요? 그저 시대를 살았습니다. 누구는 잘했고, 누구는 부끄럽다는 이야기를 하려는 게 아닙니다. 하지만 작가인 우리는 누구를 내 작품의 주인공으로 내세울지 고민해야 하겠죠. 전자를 주인

169

공으로 삼기를 권합니다. 주인공은 무언가를 하는 사람이니까요.

《이상한 변호사 우영우》(2022)의 주인공 우영우(박은빈 분)는 자폐 스펙트럼이 있지만 누구보다 멋지게 사건을 변론하고, 《퀸메이커》의 황도희는 재벌가에게 버림받았지만 서울시장 선거를 주도할 정도의 능력자입니다. 비범한 주인공들의 특별함이 드러나는 2막을, 현재 우리의 시청자는 사랑합니다.

1막에서 사건을 등장시켜 이야기를 시작하고 2막에서 에피소드를 반복하면서 스토리를 진행하는 게 20세기 방법이었다면, 21세기의 드라마 창작에서는 전체의 절반을 차지하는 2막을 먼저 만들어야 합니다. 3막 구조 이론안에서 다시 생각해 봅시다. 어쩌면 스토리란 2막이라는 긴 척추를 지탱하고 유지하기 위해 1막과 3막을 구성하는 것일 수 있습니다.

스토리의 본질은 2막이다.

생선을 손질할 때도 그렇잖아요. 잔가시를 먼저 처리하고 등뼈를 가르지 않습니다. 등뼈를 먼저 가르고 잔가시들은 나중에 제거합니다. 드라마도 척추가 있어야 머리와 손과 발이 거기 딸려 존재할 수 있습니다.

❸ 척추는 스토리의 동작이다

'이야기가 흐물거린다!' 이런 느낌을 받을 때가 있죠. 간담이 서늘, 머리카락이 쭈뼛 섭니다. 무엇이 문제일까요? 이번에도 재능 부족, 노력 부족 때문은 아니고요. 이야기의 척추가 이야기를 지탱할 만큼 단단하지 못해서 그렇습니다. 그럼 이야기 지탱이 왜 이렇게 힘드냐는 의문이 들 텐데요. 비밀이 하나 숨어 있습니다.

생각은 동작이 아니다.

학창 시절에 '성적을 올려야겠어!'라고 결심해도 번번이 실패했던 이유는 생각만 하고 행동을 하지 않아서라고 했습니다. 행동은 곧 동작이고요. 그런데 생각은 동작이 아니잖아요. 생각이 동작이 아닌 이유를 조금 더 상세하게 들여다보겠습니다.

사전에서 찾아보면 다음과 같습니다.

생각 1. 사물을 헤아리고 판단하는 작용.

2. 어떤 사람이나 일 따위에 대한 기억.

3. 어떤 일을 하고 싶어 하거나 관심을 가짐. 또는 그런 일.

아무리 봐도 생각은 '작용', '기억', '관심'의 역할을 하는 단어입니다. 그것만으로 이루어지는 일은 없는 명사입니다. 따라서 성적을 올려야겠다는 '생각'이 아니라 성적을 올릴 수 있는 '행동'을 해야 성적이 올라갑니다. 책상에 앉아 생각만 하지 않고, 학원을 가고 자습을 하고 선생님에게 질문 공세를 한 친구는 성적이 올랐을 테지요.

여러분이 쓰고 있는 이야기의 척추를 다시 보세요. 생각인가요, 행동인가요? 예를 들어 볼까요. 스토리를 쓸 때 가장 많이 선택하지만 좋은 결과를 얻기가 너무나 힘든 표현이 있습니다. '사랑하다'인데요. 왜 이 문장은 그토록 풀리지 않는 거죠? 의문을 풀기 위해 역시 사전을 먼저 찾아봤습니다.

사랑하다 　1. 어떤 사람이나 존재를 몹시 아끼고 귀중히 여기다.

　　　　　 2. 어떤 사물이나 대상을 아끼고 소중히 여기거나 즐기다.

　　　　　 3. 남을 이해하고 돕다.

분명 품사는 동사인데 뜻을 하나하나 곱씹어도 '동작'이 안 보이는 건 저만일까요? 그렇습니다. '사랑하다'라는 동사로는 스토리를 지지하고 지탱할 수 있는 척추를 만들기 힘듭니다. 그 자체가 구체적인 동작이 없는 동사니까요. 사랑하다에서 이야기를 든든하게 버텨 줄 만한 이야기의 척추를 찾기 힘들었던 이유를 이제 알았습니다.

동사는 동작이 아니다.

여러분은 내 이야기에 적합한 동사를 찾았고, 그것으로 이야기를 지탱할 수 있다고 여기고는 자신의 글에 적용했을 겁니다. 가이드에 따라 동사를 선택하고 적용했으니 당연히 구동될 거라 믿었겠고요. 그런데 글은 움직이지 않았습니다. 이유는 이것입니다.

내가 택한 동사가 품사만 동사는 아니었는지 확인해야 한다.

다음의 아이템을 보면서 조금 더 정리해 보죠. '청와대 경호실에서 일하는 남자와 청와대 비서실에서 일하는 여자의 사랑 이야기'입니다. 아이템이 정해졌으니 설계도부터 만들어야겠죠?

만난다   사랑한다   해피엔딩

세밀한 구성을 세워 볼까요? 1막의 두 사람의 만남에 관해서는 여러 아이디어가 떠오를 테니 곧장 2막으로 들어가요. 이야기의 척추는 '사랑하다'입니다.

"어떤 동작이 떠오르나요?"

1막과 달리 왜 동작이 떠오르지… 않는 걸까요? 이유가 뭘까요? 앞에서 이야기했습니다. '사랑하다'에는 구체적인 동작이 없다고 말이에요.

"그럼 세상의 수많은 멜로는 어떻게 존재하는 건가요?"

여러분이 이 질문을 해 주기를 기다렸습니다. 그럼 제가 '청와대 경호실에서 일하는 남자와 청와대 비서실에서 일하는 여자의 사랑 이야기' 1-2-3막을 구성해 보겠습니다. 이렇게요.

① 1막

- 대통령이 지역 시찰을 나갔을 때 총격 사건이 발생한다.
- 경호원인 남자 주인공의 임기응변으로 일단락된다.
- 경호실과 비서실 사이에 누구의 책임인가를 두고 다툼이 벌어진다.
- 두 팀의 대면 자리에서 남녀 주인공이 처음 만난다.

② 2막

- 얼마 후, 오래전부터 예정된 대통령의 해외 순방으로 두 사람이 함께 출장을 가야 한다.
- 두 사람은 해외 순방 사전 답사, 계획 설정, 일정 수행, 귀국 등의 과정을 함께한다. 이 과정에서 사랑이 싹튼다.
- 순방이 마무리될 즈음 다른 사건이 터지고 이 일로 남자 주인공이 경호실을 떠난다.

③ 3막

- 서로를 그리워하던 두 사람은 이별의 후유증으로 힘든 시간을 겪는다.
- 어느 날, 갑작스러운 대통령 일정이 생겨 경호실 인력 보충이 필요해진다. 남자 주인공이 임시 경호원으로 온다.
- 이때 다시 총격이 벌어지고 남자 주인공이 대통령과 여자 주인공을 구하면서 해피엔딩을 맞이한다.

'사랑하다'로는 이어지지 않았던 이야기가 구체적인 동작(액션)을 넣으니 이어지는 게 보이죠? 이야기가 매력적인가는 차치하고, 이야기가 '이어지는가'에 주목해 주세요. 앞으로는 구체적인 동작이 없는 개념 문장으로 스토리를 구성하지 마세요. 구체적인 동작을 넣는다면 아래 표 같은 풍성한 스토리를 이어 나갈 수 있습니다.

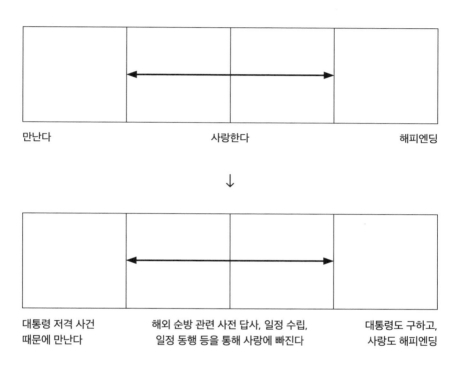

동작이 없는 동사로는 움직이지 않던 스토리가 구체적인 동작(액션)을 대입하니 움직였습니다.

생각은 동작이 아니다. 또한 모든 동사가 동작을 갖는 건 아니다.

175

'무엇을 하려고 실행하는 동작이 스토리'임을 거듭 확인했습니다. 2막이 잘 풀리지 않을 때는 스스로에게 이런 질문을 던져 보세요. "내가 생각한 스토리는 생각인가, 동작인가?" "동작이라면 개념 동작인가, 실제로 촬영할 수 있는 구체적인 동작인가?"

글이 꽉 막혔다고 답답해하는 이들에게 저는 묻습니다.

"지금 생각하고 있는 동작은 이야기의 척추 기능을 할 만한 동작입니까?"

지금도 꽤 많은 작가가 '평화를 추구하다', '정의를 구현하다', '진실을 밝히다' 같은, 동작이 없는 개념을 가지고 짧게는 몇 달에서 길게는 몇 년을 고생하고 있거든요. 과거의 저도 마찬가지였습니다. 그래서 여러분은 부디 이런 비효율적인 과정을 겪지 않았으면 합니다.

❹ 척추가 있어야 스토리가 완성된다

우리 몸에 척추가 없으면 어떻게 될까요? 무척 힘들 겁니다. 몸이 주저앉겠죠. 그럼 인간의 삶에 있어 2막은 언제일까요? 대부분 30대에서부터 50대까지라고 답할 듯합니다. 이 시기는 여러 면에서 성취와 성장의 기간이라고 할 수 있습니다.

스토리도 그렇습니다. 척추가 없으면 제대로 된 서사 전진이 힘듭니다. 여전히 에피소드로 전진할 수 있다고 강경하게 주장하는 이들도 있겠지만, 개인적으로 스토리의 척추 없이는 더 이상 쓰지 못한다고 생각합니다. 다소 시간이 걸려도 제대로 된 척추를 설정해서 안정감 있게 써야 합니다.

익히 알고 있듯이 2막은 스토리 전체의 절반입니다. 그래서 2막이 제대로 존재하지 않고서는 스토리가 완성되기 힘듭니다. 30-50대를 흥청망청 보낸 사람이 노년에 완숙미를 뽐낼 수 없는 것처럼요. 사실 스토리의 기초를 학습할 때는 1막이 가장 중요하게 느껴집니다. 매력적인 캐릭터와 에피소드만 있다면 금방 완성에 이를 거라 자신하고요. 중급 단계는 3막의 가치를 아는 단계입니다. 우리는 완성된 스토리를 스토리라고 부르지, 쓰다가 만 글에는 어떤 이름도 붙여 주지 않거든요. 또한 공모전에 한두 번 응모하는 시기이기도 하고요. 이 책을 읽고 있는 여러분은 초급, 중급, 고급 중 어느 단계에 있건 이야기를 지탱하는 2막의 중요성에 공감하리라 믿습니다.

이렇게 정리할 수 있겠네요.

고급

초급   중급

초급 때는 1막이 제일 중요하게 느껴집니다. 스토리를 어떻게 열고, 캐릭터를 어떻게 구축하는지가 가장 궁금하지요. '캐릭터 구축'의 시기입니다. 중

급은 끝점의 중요성을 아는 시기입니다. 결국 이런 결말을 위해서 저렇게 스토리를 시작하는구나를 깨닫죠. '플롯 완성'의 시기입니다. 고급에 들어가면 스토리가 무엇인지 이제야 조금 알겠다는 느낌이 옵니다. 내가 이런 이야기를 하고자 저렇게 시작하고 요렇게 끝내야 하겠구나를 깨닫죠. '본격 드라마 창작'의 시기입니다. 다른 말로 아이템을 들었을 때 끝낼 수 있는지 없는지를 알게 되는 시점입니다.

여러분, 차례차례 과정을 밟다 보면 지금까지의 고뇌가 끝나고, 즐거움을 안고 본격적으로 드라마를 써 나갈 수 있는 순간이 옵니다. 글쓰기의 쾌감을 느끼고 좋은 결과도 얻을 것입니다. 초급에서 시작하여 중급을 지나 고급으로 가는 과정은 결국 다음과 같은 깨달음을 얻는 과정입니다.

1막(시작)은 결국 3막(끝)을 위해 존재한다.

우리는 목적지에 도달하기 위해 자동차, 버스, 기차, 배, 비행기를 타잖아요. 출발의 목적은 도착 아닌가요? 초급 과정에서는 캐릭터만 가지고 생각합니다. 온전히 1막에 집중하여 스토리의 출발에만 관심을 둡니다. 단막 드라마 한 편이라도 완성이 중요하다고 여기고요. 중급 과정에 이르러 슬슬 완결을 고민합니다. 3막의 중요성을 깨달았거든요. 1막의 시작과 동시에 3막의 완결을 생각하고, 1막과 2막은 결국 3막을 위해 존재한다는 사실을 알게 됩니다. 이 시기에 보통 단막 세 편 정도를 완성하고, 진지하게 '공모전 당선'이라는 목표도 세우죠. 마지막 고급 과정! 이 시기에 드라마 창작의 시선이 드디어 중간 지점에 놓입니다. 시작과 끝의 의미는 당연히 깨우쳤고

178

요. 단막은 마음먹으면 완성할 수 있고 그걸 넘어 좋은 드라마와 평범한 드라마를 구분할 줄 압니다. 드라마의 척추를 어떻게 설정할지를 고민하는 경지에 다다랐으니까요. 내가 쓰고 있는 글이 좋은 글인지 나쁜 글인지 알고, 주인공도 중요하지만 적대자가 더 중요하다는 말의 의미도 이해합니다.

드라마를 공부하는 모든 사람이 이 과정을 겪습니다. 지금 여러분의 시선은 어디 놓여 있나요? 그 시선이 닿는 지점이 현재 여러분의 드라마 창작 단계일 겁니다.

출발과 도착은 모두가 한다. 과정이 중요하다.

저는 누구나 쓰지만 모두가 당선되는 건 아니라는 사실을 깨닫는 시기가 창작의 고급 단계라고 생각합니다. 어떤 글이 당선되는지, 왜 내 글은 뽑히지 않는지를 어렴풋하게나마 인지하는 단계이죠. 그리고 비로소 작가 지망생(아마추어)이 될 것이냐 작가(프로)가 될 것이냐가 결정되는 순간이 찾아옵니다. 평범한 드라마를 완성하는 것보다는 특별한 드라마를 완결해 내는 이가 작가가 됩니다. 잊지 마세요.

아무나 글을 시작하지만, 누구나 도착하는 것은 아니다.

'아무나'나 '누구나'가 아닌 특별한 작가가 되려면 어떻게 해야 할까요? 내 글을 아름답게 시작하고 타당하게 완결하기 위해서는요? 제가 제시하는 답은 지금 우리가 고민하고 해결하려고 고심하는 그 지점, 스토리의 척추인 2

막의 설계입니다. 주위를 둘러보세요. 한 달 안에 단막 한두 편은 너끈히 쓸
수 있는 작가가 3천 명 정도 있을 거예요. 그들보다 조금은 더 특별한 드라
마를 써야 합니다. 내 글을 객관적으로 보세요. 공모전 당선작 2막과 내 글
의 2막을 비교해 보세요. 거기에 문제를 풀 실마리가 있습니다.

척추가 있어야 스토리가 끝난다고 했습니다. 여기에는 중의적인 의미가 있
습니다. 표면적으로는 말 그대로 제대로 된 척추가 있어야 대본이 끝난다는
뜻입니다. 이 문장의 밑에 한 가지 의미가 더 숨어 있는데요. 저는 그것을
심층 서사라고도 부릅니다. 모두가 아는 표면 서사 밑에 숨어 있는, 소수만
이해하는 고급 영역이 심층 서사입니다.

1천 편의 공모전 응모작은 전부 완성된 작품입니다. 그들 중 5편이 당선된
다고 했습니다. 이 5편은 왜 995편보다 좋은 평가를 받을까요? 상대적으로
뛰어나서겠죠. 그렇다면 왜 심사위원들은 그 작품들을 다른 작품들보다 더
뛰어나다고 판단하는 걸까요?

당선작들은 조금 더 재미있습니다. 조금 더 명확한 주제를 가지고 있습니
다. 조금 더 제작할 만한 가치가 있습니다. 그럼 조금 더 재미있고, 조금 더
명확한 주제를 가지고 있고, 조금 더 제작할 만한 가치가 있는 드라마를 쓰
는 게 우리의 목표입니다. 고급 단계는 그런 작품을 쓸 수 있는 단계입니다.
그것을 정확하고 정교하게 배치하는 지점이 2막입니다. 스토리의 중간 지
점입니다. 지금 그 목표를 위해 달려가고 있고요.

아름다운 2막이 있어야 내 글이 선택받는다.

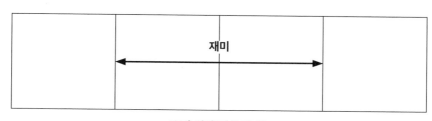

표면 서사(기초 단계)
2막의 척추를 어떻게 세워 1막과 3막을 연결할 것인가?

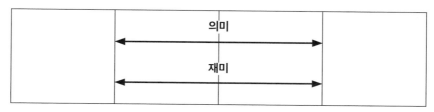

심층 서사(고급 단계)
내가 생각하는 주제를 표현하기에 적절한 2막은 무엇인가?

드라마 창작의 고급 단계를 결정하는 2막에 대한 긴 설명이었습니다. 2막은 스토리의 척추를 놓아 1막과 3막을 연결하는 지점이고, 2막의 중간인 미드 포인트는 주인공과 적대자가 대치하는 지점입니다. 그곳에 주제 혹은 가치 혹은 의미를 설계해 두어야 합니다. 어렵지 않아요. 스스로에게 물어보면 됩니다. "내가 쓴 이 작품은 다른 작품들보다 무엇이 더 특별한가?"

아름다운 이야기의 중심을 설계할 수 있는 작가만이 공모전에 당선되고, 그 작품은 끝내 제작될 것입니다. 이 전부를 2막이 결정합니다. 그러니 2막 꼭, 아름답게 만들어 주세요.

드라마 공모전 당선의
10가지 원칙

9

장르의
규칙에
맞게
쓴다

장르란, 일종의 글쓰기 규칙입니다. 같은 결의 글을 쓰기로 한 사람들의 약
속이라고 할까요? 시청자가 바라는 드라마의 종류일 수도 있습니다. 다만
드라마(16부를 기준으로 하겠습니다)라는 존재의 특성상 한 가지 장르만 등장할
수 없기에 장르의 형식보다는 장르의 본질, 그리고 그것의 본질을 해치지
않고 창작하는 법이 중요합니다. 지금부터 장르의 핵심을 차례대로 하나씩
살펴보겠습니다.

▌1▐ 멜로

한때 대한민국의 (거의) 모든 드라마 장르는 멜로였습니다. 멜로의 힘은 여
전히 막강합니다. 매우 간략하게 말해 멜로란 두 사람이 만나 사랑을 하는
장르입니다. 멜로는 어떤 구조와 특성을 지녔을까요?
멜로 드라마는 다음과 같은 특성을 지닙니다.

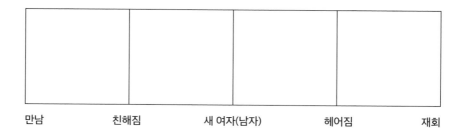

| 만남 | 친해짐 | 새 여자(남자) | 헤어짐 | 재회 |

16부로 쪼개서 들여다보겠습니다.

1부: 남자 주인공과 여자 주인공이 처음 만난다.

2부: 이들이 다시 만난다.

3부: 두 사람의 공동 미션이 생긴다.

4부: 이것을 준비하는 과정에서 감정이 생기고 스킨십도 한다.

5부: 본격적으로 일을 함께하면서 사랑이 깊어진다.

8부: 멜로의 적대자(두 사람의 사랑을 방해하는 그 여자 혹은 그 남자 혹은 어떤 요소)가 본

격적으로 적대자로서의 역할을 수행하기 시작한다.

13부: 두 주인공은 어떤 오해나 어려움으로 이별한다.

14부: 비록 헤어졌지만 서로를 그리워한다.

15-16부: 다시 만난 두 사람은 해피엔딩을 맞는다.

> ☐ 보통 4부 끝에서 두 주인공이 키스하는 장면이 많이 나와 이 지점을 저는
> '키스 포인트'라고 부르는데요. 김은숙 작가가 《더 글로리》 인터뷰에서 "진
> 짜 감독님이 안 말렸으면 4부 엔딩은 키스 신이었다. 그게 멜로의 국룰이
> 다"라고 했습니다. 절대 사수해야 하는 규칙은 아닐지 몰라도 프로 작가들
> 은 멜로 4부 엔딩에 무엇이 나와야 하는지 정확히 알고 있습니다.

이것이 보통의 멜로 드라마 구성입니다. 멜로의 구조는 반드시 이렇다, 혹
은 멜로를 쓰려면 꼭 이렇게 써야 한다는 뜻은 아닙니다. 다만 특성은 알아
두는 게 좋겠습니다. 시행착오를 줄이기 위해서입니다. 이론을 제시했으니
점검이 필요하겠죠? 우리가 재미있게 봤던 작품들이 정말 이런 구조인지
확인해 볼까요?

DRAMA 《사랑의 불시착》

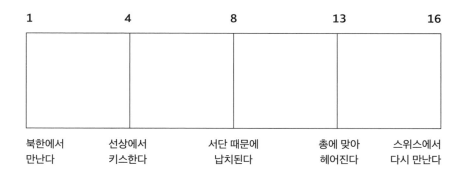

1	4	8	13	16
북한에서 만난다	선상에서 키스한다	서단 때문에 납치된다	총에 맞아 헤어진다	스위스에서 다시 만난다

앞에서 다룬 작품이니 멜로 장르의 중요 지점만 보겠습니다.

1부: 남한 재벌 윤세리와 북한군 리정혁이 비무장지대에서 만난다.

2부: 정혁의 집에서 다시 만난 두 사람이 같이 살게 된다.

4부: 선상에서 키스한다.

8부: 정혁의 약혼녀인 서단의 훼방으로 세리가 납치당한다.

13부: 세리가 조철강의 총에 맞고, 두 사람은 이별한다.

16부: 스위스에서 재회한다.

유심히 봐야 할 부분은 1부의 두 사람이 처음 만나는 장면과 16부의 스위스에서 이루어진 재회 장면의 유사성입니다. 장소만 다르지 몹시 비슷한데요. 드라마 창작에서 수미상관의 법칙을 반드시 따라야 하는 건 아니나, 처음과 끝의 연결성과 통일성을 유지하는 경우가 많습니다. 당장 김은숙 작가의 《도깨비》가 떠오르네요. 1부에서 은탁과 신이 한국에서 문을 열고 나가면 바로 퀘벡입니다. 그리고 16부, 퀘벡에서 두 사람이 재회하며 해피엔딩을 맞이합니다.

멜로 드라마를 구상 중인가요? 1부에서 두 주인공의 첫 만남을 쓸 때, 끝 장면과 유사한 상황을 만들어 줄 수 있는지 고민하면 좋겠습니다. 억지로 할 건 아니고요. 그래도 유명 작가들이 많이 쓰는 데는 분명 이유가 있겠죠?

DRAMA 《갯마을 차차차》

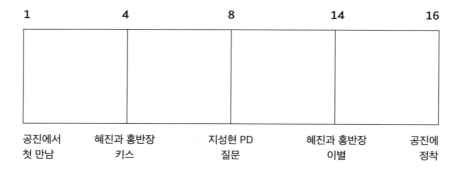

1부: 서울에서 공진으로 온 윤혜진이 홍반장과 만난다.

2부: 공진에서 병원 개원을 결심한 혜진이 홍반장과 재회한다. 둘은 함께 개원을 준비하며 조금씩 친밀해진다.

4부: 혜진은 "뜨겁다, 너무"라고 말하는 홍반장과 키스한다. (키스 장면은 직접 나오지 않고, 5부에서 두 사람이 키스했음을 알려 준다.)

8부: 대학 시절 혜진의 짝사랑 상대인 지성현 PD가 공진으로 온다. 8부에서 그가 홍반장에게 "혜진이, 사귀는 남자 없지?" 물으며 적대자로 역할을 다한다.

14부: 13부에서 홍반장의 진심이 무엇인지 고민하던 혜진이 14부에서 "우리 헤어져"라고 말하면서 두 사람이 이별한다. (마을 사람들 분량이 많아 이별 장면은 13부에서 조금 밀려 14부에 나온다.)

15부: 서로를 그리워하던 두 사람이 15부 엔딩 장면에서 다시 만난다.

16부: 두 사람이 공진에 정착하여 마을 사람들과 살아갈 것임을 보여 준다.

정리하니 더욱 확실해졌죠? 이번에는 전체 구조는 같지만 디테일이 조금 다른 작품으로 휴먼 드라마적 시선에서 멜로의 구성은 어떤지를 보겠습니다.

DRAMA 《나의 해방일지》

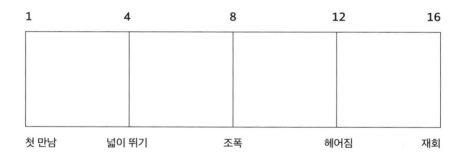

《나의 해방일지》에서 염미정(김지원 분)과 구씨(손석구 분)의 멜로는 은근하게 시작되고, 느긋하게 진행됩니다. 짚고 싶은 곳은 '넓이 뛰기'라고 표기한 부분과 미드 포인트(중간 지점)의 '조폭'이라고 표기한 부분입니다. 많은 멜로 드라마가 1막 끝부분을 키스나 포옹 같은 스킨십으로 채웁니다. 가장 효과

적이니까요. 하지만 박해영 작가는 직접적인 표현 대신 구씨가 이쪽 길에 있다 염미정의 모자가 떨어진 저쪽 편으로 뛰어가 모자를 줍는 장면을 넣었습니다. (이쪽에서 저쪽으로 넓게 뛴다고 하여 넓이 뛰기라고 제가 이름 지었습니다.) 이렇게 사랑을 은유적으로 표현할 수도 있습니다.

《스물다섯 스물하나》의 권도은 작가도 비슷한 선택을 했습니다. 4부 끝에서 희도는 자신이 좋아하는 이진과 함께 펜싱 연습실에 있습니다. 두 사람은 펜싱 검으로 서로의 몸을 툭툭 찔러 봅니다. 이로써 시청자는 희도의 사랑이 일방적이지 않음을 알게 됩니다. 아직 희도는 고등학생이고, 이진은 성인이라 직접적인 표현보다는 은유적으로 마음을 표현하지 않았을까 추측해 봅니다.

다시 《나의 해방일지》로 돌아와 16부의 중간 지점인 8부를 보겠습니다. 멜로의 대표 적대자인 주인공의 옛 연인 혹은 자식의 연애를 탐탁지 않아 하는 한쪽 부모가 아니라, 드라마 내내 본명도 제대로 안 나오는 미스터리에 싸인 구씨의 과거를 알고 있고 계속 그를 찾던 조폭들이 등장하여 적대자 역할을 충실히 수행합니다. 비로소 구씨의 과거가 밝혀지죠. 이것이 앞으로 커다란 장애로 작용할 거라는 암시도요.

여기서 잠깐! 여러분은 멜로 드라마에 반드시 등장하는 적대자의 역사와 형태와 계보가 궁금하지 않나요? 20세기로 거슬러 올라가 멜로 1세대의 적대자들은 재벌 2세인 남자 주인공의 어머니가 많았습니다. 두툼한 흰색 봉투를 여자 주인공에게 건네며 둘 사이를 갈라놓죠. 간혹 화를 이기지 못해 여자 주인공에게 물을 뿌리거나 "감히 네가 내 아들을 넘봐?" 같은 날 선 말을 던졌습니다. 또 남자 주인공의 어머니는 여자 주인공의 집에 굳이 찾아

와서는 "이런 곳에도 사람이 사나?" 같은 말 같지도 않은 말을 아무렇지 않게 하죠. 2세대도 크게 다르지 않습니다. 1세대와 차이가 있다면 남자 주인공의 (집안에서 정한) 약혼녀가 더 강력하게 행동한다는 점입니다. 요즘에 이런 적대자를 배치하면 절대 시청자를 사로잡을 수 없습니다. 부모가 반대한다고 사랑을 포기할 사람이 얼마나 될까요? 재벌 2세의 약혼녀(약혼자)도 재벌일 텐데 뭐가 아쉬워서 약혼자만 바라볼까요? 세상살이가 변화한 만큼 요즘에는 멜로의 적대자가 다양해졌습니다. 계속되는 취업 실패, 성 정체성, 분단된 조국 등 기상천외합니다. 신선한 적대자는 존재만으로도 이목을 사로잡습니다. 새로운 멜로를 쓰고 싶다면 신선한 적대자를 찾아내는 것도 중요합니다.

멜로 드라마의 내적 구조를 알았으니 다음은 장르의 특성을 들여다볼 차례입니다. 그에 앞서 스스로에게 이 질문을 던져 보세요.

"이 사랑은 왜 하는 건가요?"

시청자가 보고 싶어 하는 멜로를 쓰려면 이 질문에서 시작해야 합니다. 과거에는 사랑, 그 자체로 가치가 있었습니다. 요즘에는 순한 사랑 이야기라면 굳이 보고 싶어 하지 않습니다. 왜일까요?

사랑의 가치가 많이 달라졌습니다. 예전에는 두 사람의 감정이 오가는 정적이고 작은 동작으로도 감정이 충분히 전달되었다면 지금은 어쩌면 내 인생에서는 일어나지 않을 색다른 사랑을 보고 싶어 하는 듯합니다. 평범한 두 주인공의 특별할 것 없는 사랑에는 흥미가 없어 보입니다. 그러니 멜로를 쓴다면 새로운 사랑, 독특한 시간과 장소에서 벌어지는 사랑을 쓰세요.

"이 사랑은 어떤 가치가 있나요?"

나만의 답을 완성하세요. 누구라도 꿈꿀 만한 가치가 있는 사랑을 쓰세요.

② 휴먼

모든 스토리는 사실 휴먼 드라마입니다. 어느 날, 주인공에게 극적인 사건이 벌어진다는 게 휴먼 드라마의 본질이니까요. 멜로 장르에서는 그것이 두 주인공의 만남, 스릴러에서는 살인 사건, 액션에서는 무조건 싸워야 하는 상황이고요. 이처럼 휴먼 드라마는 세상을 담는 근본적인 장르여서 설명이 까다롭습니다. 제가 휴먼 드라마를 장르의 처음이 아닌 두 번째에 배치한 데는 이유가 있습니다.

"'어느 날, 주인공에게 극적인 사건이 벌어진다'에 형식과 규칙이 있을까요?"

휴먼 드라마에도 멜로처럼 나름의 내적 규칙이 존재합니다. 다만 복잡하고 변별력도 크지 않아 간단히 설명하기가 참으로 어렵습니다. 그래도 이렇게 정리할 수 있습니다.

사건 발생	재미 보충 1	근본 문제(의미)	재미 보충 2	사건 정리

일목요연하게 와닿지는 않죠? 아무 설명 없이 도표 하나만 주고 "이것이 휴먼 드라마입니다!"라고 한다면 누가 이해할 수 있겠어요? 하지만 멜로 장르를 훑어보고 난 다음이라 조금이나마 추측은 할 수 있지 않나요? 이것이 제가 공식과 과정이 쉬운 멜로를 먼저 설명한 이유입니다.

다음의 드라마들을 통해 휴먼 드라마의 내적 규칙에 대한 단서를 찾아보겠습니다.

DRAMA 《사랑의 불시착》

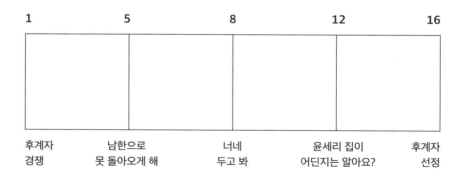

1	5	8	12	16
후계자 경쟁	남한으로 못 돌아오게 해	너네 두고 봐	윤세리 집이 어딘지는 알아요?	후계자 선정

이 작품의 휴먼 장르 부분만 보겠습니다.

1부: 《사랑의 불시착》의 여러 장르 중 휴먼을 책임지는 건 북한으로 넘어가기 전부터 벌어지던 후계자 경쟁이다. 세리와 작은오빠 윤세형(박형수 분)은 갈등 관계에 있다.

5부: 세리의 전 남자친구(현재는 원수) 구승준(김정현 분)은 세리가 북한에 있다는 걸 알고 세형과 통화한다. 이때 세형이 승준에게 말한다. "세리, 남한으로 못 돌아오게 해."

8부: 세리의 부하 직원들이 세리가 살아 있다는 소식을 전하러 세리의 아버지를 찾아온다. 그때 세형이 외친다. "너네 두고 봐."

12부: 정혁을 따라 남한으로 온 철강이 세형 부부를 만난다. 서로의 목적이 같음을 알게 된 세형의 아내 고상아(윤지민 분)는 자기 대신 세리를 없애 달라는 의미로 철강에게 "윤세리 집이 어딘지는 알아요?"라고 묻는다.

16부: 세리가 후계자 경쟁에서 승리한다.

《사랑의 불시착》은 멜로와 액션 장르의 영역이 강해 휴먼 드라마 영역은 자세하게 분석해 보지 않았을 수 있습니다. 모든 드라마의 기본은 휴먼임을 잊지 마세요. 휴먼이 단단하게 중심축을 잡아 주었기에 강렬한 멜로와 강력한 액션이 가능했습니다.

"세리가 북한으로 간 것도 여자 주인공에게 '어느 날 발생한 극적인 사건' 이니 이것 역시 휴먼 드라마 라인 아닌가요?"

맞습니다. 이렇게 표현할 수 있습니다.

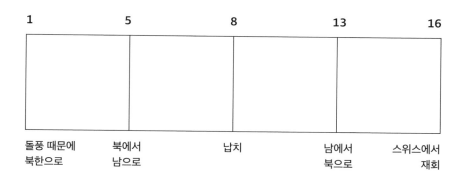

1	5	8	13	16
돌풍 때문에 북한으로	북에서 남으로	납치	남에서 북으로	스위스에서 재회

"멜로 드라마 라인과 큰 차이가 없는데요?"

그렇습니다. 사실 별 차이가 없어요. 그러나 제가 세리가 남에서 북으로 넘어간 큰 휴먼 드라마 라인과 오빠들과의 후계자 경쟁이라는 작은 휴먼 드라마 라인을 구분한 데는 그만한 이유가 있습니다. 16부라는 거대한 스토리의 바다에는 장르 해류가 여럿 흐릅니다. 보통 3개 이상이 공존하는데요. 휴먼과 멜로 라인이 동시에 흘러가는 경우도 많다는 점을 여러분에게 알려드리고 싶었습니다.

《사랑의 불시착》을 한마디로 정의하면 이렇게 말할 수 있습니다. '돌풍에 휘말려 북한으로 간 윤세리가 리정혁을 만나 사랑을 하는 드라마.' 여기서 '돌풍에 휘말려 북한으로 간'이 큰 휴먼 드라마 영역입니다. 그리고 '리정혁을 만나 사랑을 하는'은 멜로 드라마 영역이고요. 이 둘 사이에 '후계자 경쟁'이라는 작은 휴먼 드라마 라인이 들어갑니다. 16부라는 커다란 스토리를 창작할 때 사전에 여러 장르를 정교하게 설계할 필요가 있다는 점만 알면 됩니다. 《사랑의 불시착》에는 멜로와 휴먼 말고 또 다른 라인이 하나 더 있는데, 액션과 복합 장르에서 다시 다루겠습니다.

휴먼은 어떤 사람에게 무슨 일이 발생하는 드라마다.

휴먼 드라마를 이렇게 정리했습니다. 한데 휴먼 드라마의 내적 구조는 아직 정확하게 이해하지 못했습니다. 다시 말하지만 휴먼 드라마는 어려워요. 뭔가 찝찝하고 이게 맞나 싶은 그 느낌, 그게 맞습니다. 그러다 어느 순간 감 잡을 거예요. 제 설명도 아직 많이 남아 있으니 일단 전진해 봐요.

멜로에서는 "이 사랑은 왜 하는 건가요?"라고 물어야 한다고 했는데요. 휴먼 드라마에서도 해야 할 질문이 있습니다.

"'나에게 이런 일이 일어난다면' 어떨 것 같나요?"

그리고 이런 대답이 나와야 합니다.

"나에게 이런 일이 일어난다고요? '대박!'"

살면서 발생하는 일에는 여러 가지가 있죠. 매일 식사 메뉴를 정하고, 회사 원이든 학생이든 프리랜서든 일정 내 끝내야 하는 업무가 있습니다. 이런 일들을 두고 "나한테 이런 일이 일어난다고?" 하며 놀라지 않을 겁니다. 모두에게 있는 일인걸요. 우리가 놀라는 일은 무엇인가요? 바로 '사건'입니다. 엄청난 사건이 발생해야 합니다. 여러분은 태어난 날로부터 오늘에 이르기까지 사건이라 부를 만한 경험이 있나요? 별로 없을 겁니다. 누구에게나 일어나면 애초에 사건이라고 부르지 않을 테니까요. 사건까지는 아닌데 일상과는 다른, 그런 일들은 있습니다. 저는 '상황'이라 부르고, '사건'과는 구별합니다.

지금 여러분은 당황하고 있을 수 있습니다. 왜냐고요? 여러분이 휴먼 드라마로 여기고 쓴(쓰고 있는) 글들이 '사건'이 아닌 '상황'을 다루었을 확률이 높기 때문이죠. '모녀 사이에 오해가 생겼는데 함께 여행하면서 풀렸다', '부부 사이가 소원해졌는데 부부에게 생긴 다른 공동의 어려움을 해결하는 과정에서 관계가 개선되었다' 같은 부류의 드라마입니다. 예전에는 이와 같은 스타일의 휴먼 드라마가 참 많았죠. 요즘에는 보기 드뭅니다. 오늘날의 시청자는 드라마에서 '상황'이 아니라 '사건' 보기를 선호하기 때문입니다. 상황은 일상은 아니지만 시청자가 경험해 봤을 수도 있죠. 하지만 사건은 일생에 한 번 만날까 말까 하거나 아예 만나지 못하는 일입니다. 굳이 따지면 일상의 영역과 겹칠 수 있는 상황은 쓰지 말고, 일상과의 접점이 거의 없는 사건을 쓰는 것이 좋습니다. 사회가 각박해지고 사는 게 고달프면 사람들은 일상을 벗어나고 싶어 합니다. 정리하면 "나한테 이런 일이 일어난다고?"의 '이런 일'은 상황이 아니라 사건이어야 합니다. 어떤 사건이냐 하면 듣자마자 황당하고 놀랄 정도의 사건이 좋습니다. 《오징어 게임》을 통해 더 자세히 보겠습니다.

"'평범하다 못해 루저로 살아가던 기훈에게 오징어 게임 참여라는 기회가 온다.' 이것은 상황일까요, 아니면 사건일까요?"

초등학교 가을 운동회에서 하는 게임과 《오징어 게임》에서 하는 게임은 같나요? 하나뿐인 목숨을 걸고 하는 《오징어 게임》의 게임이 일상의 영역일 리 없습니다. 가을 운동회는 상황이고, 《오징어 게임》은 사건입니다. 이처럼 강력한 '계기적 사건'을 1막에서 잘 설계해 두어야 분명한 끝을 맺을 수 있습니다. '분명한 끝.' 모든 작가가 바라는 이 얼마나 듣기만 해도 가슴이 뛰는 단어입니까?

그다음으로 휴먼 드라마의 양쪽 날개 부분을 보겠습니다. 서브플롯의 역삼 각형을 설명할 때 나왔죠? 2-1막의 시작부터 2-2막의 끝까지가 이 부분입 니다.

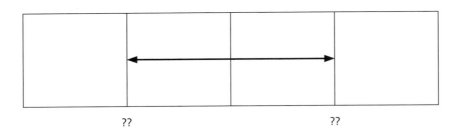

??   ??

스토리의 척추에서 아주아주 강조했던 바로 그 부분입니다. 휴먼 드라마란 작가가 시청자에게 어떤 사건(계기적 사건)을 보여 주면서 "이런 일이 발생했 을 때 당신은 어떻게 하겠습니까?"라는 질문을 던지는 장르입니다. 그래서 휴먼 장르의 본질은 '의미'입니다. 그렇다고 재미를 놓칠 수는 없죠. 장르를 불문하고 재미가 없다면 시청자가 등을 돌릴 테니까요.

그래서 휴먼 드라마의 1막과 3막은 의미를 책임져야 하고, 2막은 재미를 책 임져야 합니다.

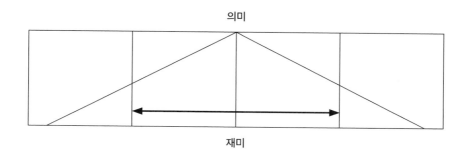

이것이 휴먼 드라마의 본질입니다. 보통 플롯의 삼각형은 의미를 책임지고, 서브플롯의 역삼각형은 재미를 책임집니다. 쉽게 풀면 휴먼 드라마를 쓰는 작가는 재미 뒤에다 자신이 던지고 싶은 의미를 숨겨 글을 설명합니다. 의미가 중요하지만 재미를 앞세워 시청자를 설득해야 하기에 저는 기획서를 쓸 때도 2막의 재미를 많이 부각하기를 추천합니다. 대표적인 예가 《사랑의 불시착》입니다.

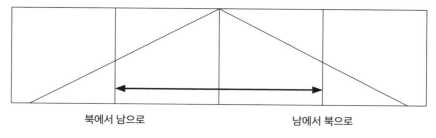

《사랑의 불시착》 가운데 대중에게 가장 잘 이해되고 또 재미있는 요소는 남한의 잘나가는 CEO 윤세리가 돌풍에 휘말려 북으로 갔다는 것입니다. 전 세계에서 오직 대한민국에서만 가능한 이야기죠. 박지은 작가는 "이런 일

이 발생했을 때 당신은 어떻게 하겠습니까"라고 질문했고, 시청자는 크게 "대박!"이라고 답했습니다.

일단 플롯의 삼각형이 완성되었으면, 다음 단계는 서브플롯의 역삼각형입니다. 재미를 추가해야 하고, 실행 계획이 있어야 드라마를 쓸 수 있으니까요. 플롯의 척추를 설명할 때 드라마는 플롯의 삼각형만으로는 쓰기 힘들다고 했는데요. 《사랑의 불시착》 역시 메인 2-1막에서는 세리가 북에서 남으로 탈출하는 스토리 위주로 설계하고, 2-2막에서는 세리를 따라 남으로 내려온 정혁이 빨리 사건을 해결하고 북으로 가는 스토리 위주로 설계했습니다. 다시 말해 작가가 하고 싶은 이야기를 실제로 실행시키는 부분이 2막입니다. 창작의 영역에서 다시 정리하면 이렇습니다.

휴먼 드라마는 2막이 매우 중요한 장르다.
2막 설계가 휴먼 드라마 장르의 본질이다.

휴먼 드라마 장르에서 2막의 중요성을 강조하는 이유는 다음과 같습니다.

첫째, 많은 작가가 휴먼 드라마 작품을 설계할 때 자신이 1막에서 어떤 일을 설계했다고 합니다. 그런데 막상 들여다보면 구체적인 사건도 아니고 일시적인 상황이라고도 할 수 없는, 단순한 관계에 대한 이야기인 경우가 너무 많습니다. 부부 관계, 연인 관계, 친구 관계 등. 관계로 시작하면 2막을 채우기 힘듭니다. 관계는 동작이 아니니까요. 그런데도 "나는 예전부터 사람 사이의 관계에 관심이 많았다"라면서 진행시키죠. 창작에 '반드시 쓰지 말아야 할 것'은 없지만 지금 글이 막혀 고민이라면 관계가 문제일 수 있습니다.

관계에서 시선을 떼고 행동으로 옮겨 주인공이 주도적으로 행동하는 2막을 새로 설계해 보세요.

둘째, 2막의 중요성을 다르게 해석하는 이들이 많습니다. 관계로 이야기를 시작한 이들은 관계로, 아이러니로 시작한 이들은 아이러니로, 개념으로 시작한 이들은 개념으로 2막을 채우려고 노력합니다. 이로 인해 여러 번 실패했음에도 계속 관계, 아이러니, 개념을 표현하고자 많은 노력을 하고 있습니다. 조심스럽게 제안합니다. 역시 '반드시 쓰지 말아야 할 것'은 아니나 너무 지치고 힘들다면 관계, 아이러니, 개념을 버리고 행동적인 2막을 설계해 보세요. 어디선가 스토리를 결말로 이끌어 줄 빛이 보일 거예요.

《오징어 게임》을 다시 보겠습니다. 휴먼 드라마의 특성을 설명하기 가장 적절한 작품이거든요. 의미와 재미가 이상적으로 설계된, 휴먼 드라마의 정석이기 때문이죠. 작가가 하고자 하는 이야기(의미)와 재미가 2막에 이상적으로 결합되어 있습니다.

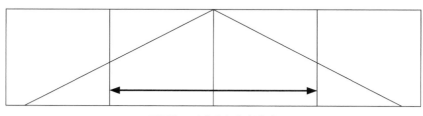

이 세상은 평등한가?(의미)

평등한 조건에서의 게임(재미)

어느 날, 기훈(이정재 분)에게 오징어 게임에 참여할 수 있는 기회가 생깁니다. 이 사건이 드라마의 처음, 중간, 끝을 책임집니다. 황동혁 작가는 왜 기훈에게 이런 기회를 주었을까요? 그냥, 단순하게, 어쩌다 보니 작가가 만들고 쓰는 게 아닙니다. 분명한 의도가 있습니다. '현재 우리가 사는 세상은 평등한가?' 작가는 이 질문을 던지기 위해 기훈에게 오징어 게임 참여라는 사건을 만들어 주었습니다. 그런데 질문이 너무 무겁죠? 무거운 질문(의미)을 풀어 줄 가벼움(재미)이 필요합니다. 모든 드라마는 시청자에게 보이기 위해 만들어지고, 시청자가 제일 중요하게 여기는 요소는 '재미'이니까요. 그래서 456명이 456억 원을 걸고 다양한 게임을 하게 만들었습니다. 《오징어 게임》 2막에서 게임 참가자들이 게임을 하는 이유가 이것이고요. 덕분에 시청자는 2막을 보며 재미를 느낍니다.

시청자 대부분은 여기서 만족합니다. 그리고 소수의 시청자와 평론가와 동료 창작자는 작가가 재미 속에 숨겨 놓은 의미를 찾으려 노력하고요. 드라마 대본을 쓰는 작가는 자신이 세상에 말하고자 하는 의미를 먼저 설계하고 재미를 나중에 투입하거나, 재미있는 상황을 먼저 떠올리고 그다음에 의미를 가져다 붙이거나 둘 중 하나의 경우로 글을 씁니다. 순서는 상관없습니다만 어떤 경우건 작가는 자기 글의 의미, 구성의 재미를 모두 잘 알고 있어야 합니다. 작가가 내 글에 담긴 의미와 재미를 모르고 쓴다면 그것은 원칙 없이 그냥, 아무렇게나, 될 대로 쓰는 글일 테니까요. 설령 처음엔 의식의 흐름대로 쓰기 시작했더라도 어느 순간 내가 왜 이 글을 쓰는지 그 의미를 깨우쳐야만 합니다. 그리고 시청자가 재미있게 보려면 어떤 요소를 추가해야 하는지도요. 그것이 작가의 필수이자 기본 능력입니다.

휴먼 드라마는 쉽게 쓸 수 있을 듯하여 접근했다가 쓰기가 쉽지 않음을 깨닫는 장르 같습니다. 내 글을 잘 알고, 내가 쓰려는 글의 의미를 알고, 재미를 보강하는 방법을 알아야만 쓸 수 있다고 생각합니다. 휴먼 드라마를 쓰고 싶다면 주인공과 그에게 일어난 사건으로 나는 세상에 어떤 이야기를 던질 건지 먼저 고민하세요!

《오징어 게임》의 황동혁 작가는 이런 고민을 하지 않았을까요?

나는 세상이 평등한지에 관한 이야기를 하려고 해. 그런데 주제가 너무 무거워.

↓

그래서 내가 하고자 하는 이야기를 쉽게 전달하기 위해 주인공을 456억 원이 걸린 게임에 참여시킬 거야.

↓

구성이 모두 끝난 뒤, 나는 마지막으로 사람들에게 물을 거야. "제가 쓴 드라마는 주인공이 456억 원이 걸린 게임에 참여하는 이야기입니다. 어때요, 재미있을까요?"

이제 여러분이 쓴 이야기를 이런 식으로 설명할 수 있는지 확인해 보세요. 제대로 설명할 수 없다면 가능해질 때까지 글의 의미와 재미에 대해 고민하길 권합니다. 그것이 휴먼 드라마 창작의 기본 원칙이니까요.

드라마 창작의 기본이 되는 휴먼 드라마 곳곳을 살펴봤습니다. 의미와 재미를 제대로 설계하지 않으면 쉽게 성취하기 힘든, 어렵고 까다로운 장르입니다. 그러니 작품을 쓰기 전에 그 점을 깊이 여러 번 고민하세요. 의미와 재미가 잘 섞인 휴먼 드라마를, 시청자는 기다리고 있습니다.

❸ 스릴러

"이 사건으로 어떤 이야기를 하고 싶나요?"

스릴러는 이 질문으로 시작해야 합니다. 멜로는 사랑, 휴먼 드라마는 (일상에서 벌어지나 일상을 벗어난) 사건을 다룬다면, 스릴러는 범죄를 다룹니다. 연쇄 살인을 벌이는 살인마를 잡거나 하루아침에 사라진 사람을 찾습니다. 잘 만든 스릴러는 세상의 이면을 발가벗겨 세상에 사회의 민낯을 알립니다. 그래서 잘 만든 스릴러 드라마는 기본적으로 수준이 높고, 스릴러를 잘 쓰면 상을 탈 확률이 높아집니다. 《시그널》(2016)의 김은희 작가는 2016년 제52회 백상예술대상 극본상, 《동백꽃 필 무렵》의 임상춘 작가는 2020년 제56회 백상예술대상 극본상, 《괴물》(2021)의 김수진 작가는 2021년 제57회 백상예술대상 극본상을 받았습니다.

시청자를 사로잡는 스릴러를 쓰는 게 목표인가요? 스릴러의 내부 구조부터 보죠.

범인은 누구인가?(진실은 무엇인가?)

| 사건 발생 | 단서 1
용의자 1 | 단서 2
용의자 2 | 단서 3
용의자 3 | 범인 검거 |

스릴러는 보통 이런 형태로 쓰입니다. 사건이 발생하고 형사(범인을 쫓는 사람)가 사건의 실체를 쫓습니다. 그리고 단서 혹은 용의자들을 통해 진실을 추적한 끝에 범인을 찾아 복수하거나 법의 심판대에 세우면서 끝납니다. 이 과정에서 시청자는 시대의 이면이나 사회의 구조적 문제점을 깨닫는데요. 작가는 단순한 하나의 사건을 다루는 게 아니라 특정 사건을 통해 자신이 세상에 하고자 하는 이야기를 해야 합니다. 이것이 스릴러의 특징이자 또한 스릴러를 쓰는 이유입니다.

DRAMA 《괴물》

| 사건 발생 | 이동식 | 강진묵 | 박정제 | 범인 검거 |

《괴물》은 스릴러의 본질을 설명하기 좋은 작품인데요. 주인공 이동식(신하균 분)이 동생 이유연(문주연 분)의 죽음에 얽힌 진실을 밝히는 내용입니다. 스릴러 장르의 특성에 맞게 작가는 이야기의 고비에 세 명의 용의자를 설정하고 스토리를 전개합니다. 16부작인 《괴물》에서 4부까지는 이동식, 8부에서는 강진묵(이규회 분), 12부에서는 (자수하는) 박정제(최대훈 분)가 용의자 혹은 단서 역할을 하는데요. 이것이 드라마 전체를 지탱합니다.

스릴러 장르가 용의자 혹은 단서로 스토리를 구성하는 이유는 뭘까요?

사건 발생   범인 추적 과정   범인 검거

스릴러의 구성은 위와 같습니다. 시작은 사건 발생, 중간은 범인을 추적하는 과정, 마지막은 범인 검거입니다. 사건 발생, 범인 추적, 범인 검거라는 단순한 구성이 전부입니다. 2막의 범인을 추적하는 과정으로 스토리를 유지해야 하기에 작가는 용의자 혹은 단서로 스토리를 구성할 수밖에 없습니다. 스릴러를 쓰고자 한다면 스토리를 사건 발생, 범인 추적, 범인 검거의 세 단계로 설계해 보세요.

제가 《괴물》을 추천하는 이유는 작가가 16부를 정교하게 설계하여 구성에 빈틈이 없다는 점도 있지만 한 가지 이유가 더 있습니다. 대본에 스릴러 장르를 공부하는 데 있어 유의미한 부분이 있기 때문입니다. 아래 왼쪽은 《괴물》의 소제목들입니다. 그리고 오른쪽은 소제목들을 스릴러 장르의 특성에 맞춰 제가 임의로 만든 문장입니다.

1화: 나타나다. —————— 사건이 **나타난다.**

2화: 사라지다. —————— 단서가 **사라진다.**

3화: 웃다. —————— 작은 단서에 형사가 **웃는다.**

4화: 울다. ——— 그 단서가 거짓인 걸 발견하고 형사가 **운다.**

5화: 속다. ——— 첫 번째 단서에 **속다.**

6화: 속이다. ——— 알고 보니 그 단서는 범인이 형사를 **속인 것이다.**

7화: 낚다. ——— 새로운 단서를 형사가 **낚다.**

8화: 낚이다. ——— 그 단서도 범인이 형사를 **낚은 것이다.**

9화: 떠오르다. ——— 사건의 본질이 **떠오른다.**

10화: 가라앉다. ——— 그 본질 때문에 형사가 **가라앉는다.**

11화: 조이다. ——— 다시 힘을 얻어 단서를 **조인다.**

12화: 풀다. ——— 결국 형사가 한 가지 단서를 **풀어낸다.**

13화: 묻다. ——— 스쳐 지나가는 범인에게 **묻다.**

14화: 답하다. ——— 범인이 단서로 **답한다.**

15화: 놓다. ——— 형사가 범인을 **놓친다.**

16화: 잡다. ——— 마침내 범인을 **잡는다.**

자의적인 해석임을 다시 한번 밝힙니다. 그러나 이 소제목들이 스릴러 드라마의 정확한 가이드 중 하나인 건 분명합니다. 정답이 아닐 수는 있겠으나 이대로 쓴다면 적어도 큰 실패는 없을 겁니다. 《괴물》의 1-16화 소제목들이 스릴러 장르의 본질이니까요. 본질을 살리는 대본은 당연히 좋은 대본이지 않을까요? 스릴러 드라마 창작의 본질에 대해 하나 더 말하고 싶습니다.

> **"스릴러 장르는 주인공 중심의 글쓰기일까요, 아니면 적대자 중심의 글쓰기일까요?"**

이미 답을 알려드렸습니다. 스릴러 창작의 본질을 떠올려 보세요. 형사를 중심으로 써야 할까요, 범죄자를 중심으로 써야 할까요? 대부분이 사건의 실체를 쫓는 형사 중심으로 쓸 겁니다. 그런데요. 스릴러는 처음에 사건이 발생하고 중간에 범인의 윤곽을 알게 되고 마지막에 범인을 잡습니다. 스토리를 여는 사람은 누구인가요? 처음에 누가 사건을 만듭니까? 형사인가요, 범인인가요? 문득 머릿속에 날카로운 깨달음이 지나간다면 여러분은 좋은 스릴러를 쓸 수 있을 겁니다. 다시 질문합니다. 스릴러는 형사를 중심으로 써야 할까요? 범인을 중심으로 써야 할까요?

스릴러의 본질은 범인이다.

범인이 처음에 사건을 일으키고, 중간에 형사에게 단서를 던지면서 도망가다 마지막에 잡히는 게 스릴러입니다. 형사는 조연입니다. 그는 사건을 만들 수 없고, 따라서 단서를 흘릴 수도 없습니다. 창작의 주체가 아니니까요. 여기까지 따라왔다면 이제 두 번째 깨달음을 얻을 순서입니다.

"과연 범인은 누굴까요?"

스릴러 장르의 범인은 바로 여러분입니다! 즉, 범인은 작가입니다. 여러분이 사건을 만들고, 단서를 흘리고, 형사가 범인을 잡게 하잖아요. 스릴러의 본질이 이러한데도 스토리 창작의 주체가 아닌 형사를 중심으로 스릴러를 쓸 건가요? 이로 인해 글이 막혀 버리는 힘든 시간을 겪을 건가요? 제가 드리는 스릴러 가이드를 다시 봐 주길 바랍니다. 저의 가이드는 이렇습니다.

1화: 작가가 범인을 통해 사건을 일으킨다.

2화: 작가가 형사에게 아무런 단서도 주지 않는다.

3화: 작가가 형사에게 그럴듯한 단서를 흘려 희망을 갖게 한다.

4화: 작가가 그 단서가 사건과 관련 없음을 깨닫게 해 형사를 울린다.

5화: 작가가 첫 번째 용의자나 관련 단서 하나를 흘려 형사를 속인다.

6화: 작가가 첫 번째 용의자나 관련 단서로 형사를 막다른 곳으로 보내 힘들게 한다.

7화: 작가가 두 번째 용의자나 관련 단서로 형사를 낚는다.

8화: 작가가 두 번째 용의자나 관련 단서를 막다른 곳으로 보내 형사를 좌절하게 한다.

9화: 작가가 형사에게 범인의 윤곽을 던지고, 사건의 본질의 절반 정도를 알게 한다.

10화: 작가가 사건의 본질이 아닌 다른 면을 보여 주어 형사를 가라앉게 한다.

11화: 작가가 좌절한 형사에게 세 번째 용의자나 관련 단서를 주어 형사를 움직이게 한다.

12화: 작가가 형사에게 사건의 본질과 범인의 윤곽의 3/4을 준다.

13화: 작가가 형사와 범인을 스쳐 지나가게 하고, 결국 범인을 놓치게 만든다.

14화: 작가가 형사에게 결정적인 단서를 주어야 할 때가 왔다.

15화: 작가가 형사를 범인 앞에 오게 한다. 그러나 범인을 놓치게 한다.

16화: 작가가 지금까지의 모든 정보를 형사에게 주고 범인을 잡게 한다.

이것이 제가 드리는 회차별 스릴러 창작 구성 가이드입니다. 제가 스릴러를 쓴다 해도 여기 맞춰 쓸 것입니다. 물론 이것은 저, 오기환의 가이드이니 참고만 하고 각자 자신이 생각하는 방식으로 쓰면 됩니다. 스릴러를 바라보는 시청자와 작가의 시선이 크게 다르다는 점은 반드시 인지하세요.

스릴러 장르의 시청자는 형사를 따라 범인을 찾아간다.
스릴러 장르의 작가는 범인을 통해 형사가 찾아오게 만들어야 한다.

스릴러 시청의 본질은 미스터리 추적이고, 스릴러 창작의 본질은 범인을 통해 형사 유혹하기입니다. 이 원칙만 잘 지켜도 제대로 된 작품을 만들 수 있습니다.

스릴러는 복잡한 세상과 얽히고설킨 사건을 풀어냅니다. 정교하게 얽힌 사건의 실타래를 오랜 시간에 걸쳐 파헤치는 집요함이 필요한 장르죠. 사실 스릴러 드라마의 수는 아주 많지 않습니다. 본질적으로 무거울 수밖에 없기 때문입니다. 집중해서 봐야 하고, 보고 나서도 찜찜함이 남습니다. 무엇보다 작가의 많은 내공이 필요한 장르입니다. 이 장르를 좋아하는 시청자의 수준이 높기 때문입니다. 따라서 시청자의 높고 넓은 기대를 충족하기란 여간 어려운 일이 아닙니다. 그럼에도 이 세상에는 인간이 세상을 사는 이유와 존재의 의미를 탐구하면서 스릴러를 쓰는 작가들이 존재하고, 그 어려운 드라마를 보면서 자신이 세상을 살아가는 이유를 찾는 많은 시청자가 있습니다. 스릴러는 그들을 위한 장르가 아닐까 합니다. 그래서 진심으로 스릴러를 쓰는 모든 작가를 존경하고 스릴러를 좋아하는 시청자를 존중합니다.

마지막으로 스릴러 드라마를 창작하기 전에, 혹은 창작하면서 이 한 가지는 반드시 확인했으면 합니다.

"이 사건으로 어떤 이야기를 하고 싶은 건가요?"

4 액션

미사일이 '슝' 날아가서는 고층 빌딩을 맞추고 폭발합니다. 무너지는 빌딩에서 뛰어내린 주인공은 간신히 구조 헬리콥터의 디딤판을 잡았습니다. 숨 돌릴 틈도 없이 곧장 옆 건물 옥상으로 뛰어내린 주인공. 이번에는 멋지게 총을 쏘며 적들을 무찌릅니다. 이런 드라마를 쓰고 싶나요? 호쾌한 액션은 우리의 심장을 뜨겁게 달굽니다. 물론 제 심장도요. 하지만 '이게 드라마 대본이라고? 영화 시나리오가 아니라…?'라고 여길 수도 있을 겁니다. 한편에서는 '빨리 영화 같은 드라마를 써야지!'라고 의욕에 불탈 수도 있고요. 모든 선택을 존중합니다. 그런데 시청자는 어떨까요? 액션이 가득 담긴 재미있는 드라마를 좋아할까요, 아니면 액션은 없지만 의미 가득한 드라마를 좋아할까요?

저는 액션 혹은 액션 요소가 많은 드라마가 점점 더 많아지리라 예상합니다. 액션 영화는 극장가의 최대 성수기라고 하는 여름방학 기간에 주로 개

봉합니다. 전 세계인이 큰 호불호 없이 좋아하는 영화 장르도 액션입니다. 단순하게 말해 사람들은 기본적으로 액션을 좋아합니다. 왜일까요? 어쩌면 인간은 태생적으로 '동물(動物)'이라서가 아닐까요? 존재 자체가 움직이는 물체인 인간은 본능적으로 움직임을 좋아합니다. 영화건 드라마건 주인공이 적을 무찌르기 위해 자동차를 몰고 질주하고 주인공과 적대자가 뒤엉켜 싸우면, 시청자의 심장 박동은 빨라집니다. 움직임이 격렬하면 격렬할수록 재미도 커집니다. 액션 장르를 크게 좋아하지 않는 사람도 액션 장면을 보면 본능적으로 흥분합니다. 그래서 액션 장르에서는 주인공과 적대자를 깊숙이 충돌하게 하고, 둘 사이에 돌이킬 수 없는(화해가 불가능한) 갈등을 만들죠. 이것이 우리가 액션 장르를 좋아하고, 만드는 이유입니다.

'드라마'와 '액션'의 조합이 낯설게 느껴진다고요? 영화 시나리오 수업 때 해야 하는 거 아니냐고요? 일리가 있습니다. 현재는 본격 액션 드라마라고 부를 만한 작품 수가 많지 않습니다. 《사냥개들》(2023) 정도를 꼽을 수 있네요. 자신 있게 내세울 작품이 거의 없음에도 제가 이 장르를 따로 설명하는 이유는 앞으로 편수가 늘 것이라 예상해서입니다. 왜 이렇게 자신만만하냐고요? 그건 말이죠. 인간은 본능적으로 액션을 좋아하기 때문입니다.

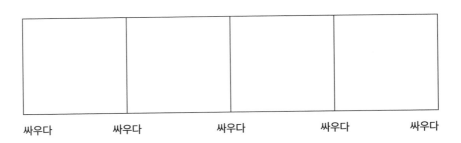

| 싸우다 | 싸우다 | 싸우다 | 싸우다 | 싸우다 |

자, 이것이 액션 드라마의 내적 규칙입니다. 이게 뭐냐고 따지기 전에 영화 배트맨 시리즈를 떠올려 보세요. 금방 이해할 수 있습니다. 액션 드라마 제작 편수가 많지 않아 부득이 영화로 설명하는 점 양해 부탁드립니다. 영화에서 배트맨과 조커는 매 순간 싸웁니다. 히어로가 등장하는 영화들이 대부분 그렇습니다. 다만 드라마는 영화의 몇 배에 달하는 러닝타임을 가지고 있으니 모든 포인트를 육체적·물리적 충돌로 채우기는 힘듭니다. 따라서 어느 부분에서는 주인공과 적대자가 대치하거나, 노려보거나, 다음 싸움을 위한 단서를 찾거나 하는 등으로 스토리를 채울 수 있습니다. 모든 포인트를 주인공과 적대자의 물리적 충돌로 채울 수 있다면야 긴장도가 훨씬 높아질 테지만요.

액션 장르의 디테일은《사랑의 불시착》과《빈센조》로 설명하겠습니다. 먼저《사랑의 불시착》을 볼까요?

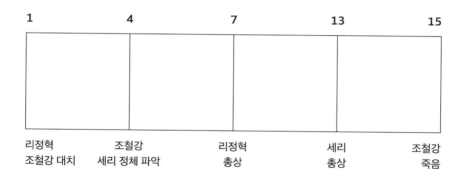

1	4	7	13	15
리정혁 조철강 대치	조철강 세리 정체 파악	리정혁 총상	세리 총상	조철강 죽음

대부분은《사랑의 불시착》을 잘 만든 멜로라고 합니다. 그것도 맞지만 효율적인 액션 장르이기도 합니다. 적대자 조철강이 액션 부분을 책임져 마지막까지 극적 긴장감을 잘 유지했기 때문에(튼튼한 뼈대가 되어 주었기 때문에) 그 사

이사이 세리와 정혁의 멜로와 세리 가족의 휴먼 드라마가 잘 스며들 수 있었습니다. 《사랑의 불시착》의 성공 요인을 두고 여러 시선과 각자의 이론이 있겠지만, 제가 분석하고 정리한 바에 따르면 액션 플롯을 효과적으로 잘 사용한 게 제일 큰 성공 요인이 아닐까 싶습니다. 1부에서부터 적대자로 등장한 조철강이 드라마 내내 세리와 정혁을 제대로 공격하면서 긴장감을 잘 살렸습니다. 그리고 종영을 한 회 앞둔 15부에야 그가 정혁의 총에 맞아 사망하면서 자칫 무너지기 쉬운 스토리의 후반부를 단단하게 잡아 주었습니다. 조철강이 강한 적대자였기에 시청자는 《사랑의 불시착》이라는 드라마를 처음부터 끝까지 재미있게 볼 수 있었던 거죠.

표를 봐도 알 수 있듯 이 작품의 내부 구조에는 액션 요소가 적절하게 배치되어 있습니다. 또한 각각의 액션 신도 기존의 한국 드라마에서는 볼 수 없던 장면이 많아 볼거리를 충분히 충족시켰습니다.

액션 장르는 1차적으로는 주인공과 적대자의 충돌이 중요합니다. 주인공과 적대자의 물리적 충돌이 가장 큰 특징일 수 있습니다. 그래서 액션 플롯을 창작할 때 눈여겨봐야 할 것은 적대자의 크기와 위험성입니다. 배트맨과 조커, 타노스와 어벤져스처럼 액션의 플롯은 적대자의 크기와 위험성으로 그 단단함이 결정됩니다. 조철강이 2막 중간에 제압당했다면 어땠을까요? 아마도 시청률이 급격하게 떨어졌을 겁니다. 지금 액션 플롯을 준비 중이라면 주인공의 역할과 기능 못지않게 적대자의 크기와 위험성도 깊이 고려해 주세요.

DRAMA 《빈센조》

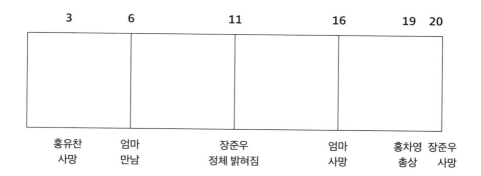

20부작인 《빈센조》의 액션 요소를 모아 봤습니다. 유의미하게 볼 부분은 드라마가 본격적으로 시작되는 계기적 사건인 3부의 홍유찬(유재명 분) 변호사의 사망과 19부의 홍차영(전여빈 분) 변호사가 총상을 입는 장면입니다. 아버지의 죽음으로 시작하여 딸의 위기로 마무리되죠. 이 모든 사건을 실행하는 사람은 누구인가요? 네, 적대자입니다. 장준우(옥택연 분)의 강력한 힘이 우리가 드라마 《빈센조》를 시청하게 만들었습니다. 주인공 빈센조(송중기 분)는 6부에서 자신을 버린 어머니와 만납니다. 모자 관계가 개선되고, 오해가 풀릴 즈음인 16부에 괴한들이 그녀를 죽입니다. 누가 했나요? 역시 장준우입니다.

《사랑의 불시착》의 조철강과 《빈센조》의 장준우는 드라마 전체를 지탱합니다. 적대자의 힘이 강하면 강할수록 주인공과 그의 조력자들은 고군분투할 것이고, 시청자는 여기서 재미를 느낍니다. 액션 드라마를 쓰고 싶다면 작품 전체를 지배할 만큼 강력한 적대자를 설계하세요.

드라마의 미래는 액션이다.

부분적으로나마 액션 드라마를 살펴봤는데요. 다른 장르보다 분량이 적습니다. 아직은 (이 장르가 가진 가능성에 비해) 참고로 삼을 만한 작품 수가 부족하기 때문입니다. 예로 든《사랑의 불시착》이나《빈센조》역시 액션 장르가 스토리를 가득 채우지는 않습니다. 어디까지나 부분적 요소입니다. 전체 분량을 액션 요소로만 구성한 작품은 매우 드뭅니다.

그렇지만 저는 앞으로 액션 드라마 작품이 많아지리라 예상합니다. 스토리의 경향이 점점 정적인 것에서 동적인 것으로 변하고 있으니까요. 여기에 제일 부합하는 장르가 액션 드라마임을 누구도 부정할 수 없겠죠. 여러분 가운데 아직 쓰고 싶은 장르를 정하지 못했는데, 평소 액션 영화 팬이라면 액션 드라마가 기회가 될 수 있습니다. 시작과 함께 격렬하게 폭발하고, 격정적으로 싸워 보세요. 여러분의 글이 열리는 순간 시청자의 반응도 폭발할 테니까요.

5 복합 장르

장르에 관한 기본 요소들을 공부한 다음 본격적으로 드라마를 쓰면 처음에는 "왜 나는 지금까지 이걸 몰랐지?" 하면서 즐겁게 쓰지만 이내 몇 가지 어려움을 접하고 맙니다. 세상의 모든 드라마가 단막 드라마가 아니기 때문입니다. 단막 35페이지는 한 장르로 충분합니다. 하지만 여러분이 결국 쓰고 싶은 건 단막이 아닌 8부, 10부, 12부, 16부 아닌가요? 여기서 문제가 발생합니다. 기본 과정에서 심화 과정으로 넘어갈 때 분야를 막론하고 발생하는 문제이기도 합니다. 즉, 여러분이 중급 이상으로 넘어가면 한 가지 장르만으로 글을 쓰기 힘들고, 그에 따른 준비가 필요하다고 이해하면 될 듯합니다.

이제 어떻게 하냐고요? 당연히 해결법이 있습니다. 단막과 달리 8부부터 16부까지의 장편은 드라마의 길이로만 따져도 단막의 8에서 16배이니 구조가 같을 수 없겠죠? 지금부터 공부하면 됩니다. 긴 드라마를 지탱하는 힘! 그 힘의 원천인 구조를 파헤쳐 보겠습니다.

긴 드라마를 지탱하는 비밀은 '복합 장르'입니다. 말 그대로 장르가 여럿 섞여 있는 거죠. 쉽게 말하면 하나의 작품에 여러 장르가 담겨 있는 겁니다.

"단막 하나도 쓰기 힘든데, 길고 복잡한 드라마를 어떻게 쓰나요?"

힘은 들지만 어느새 단막 드라마를 완성할 수 있게 되었잖아요? 당연히 장편도 쓸 수 있습니다. 걱정하지 마세요.

《사랑의 불시착》으로 살펴보고자 하는데요. 이 말인즉슨 《사랑의 불시착》에 세 장르가 다 있다는 뜻이겠죠. 그리고 복합 장르에서 다루기 위해 저는 멜로, 휴먼, 액션 장르 설명마다 이 작품을 심어 두었습니다. 이미 눈치챘다고요? 나누어 봤을 때와 복합적으로 적용되는 건 다른 이야기잖아요. 그래서 각 장르별 구조를 모아서 보려고 합니다.

① 휴먼 1

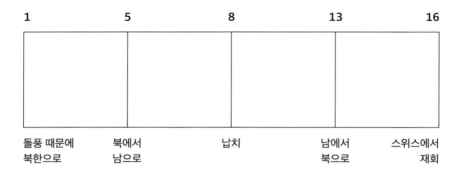

② 휴먼 2

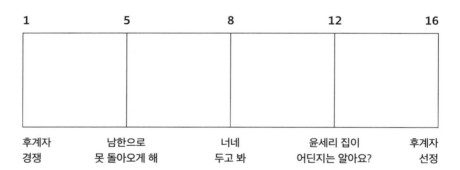

③ 멜로

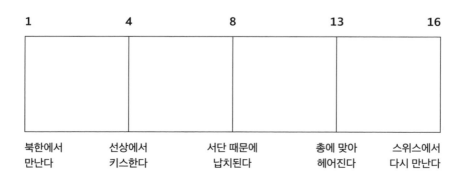

④ 액션

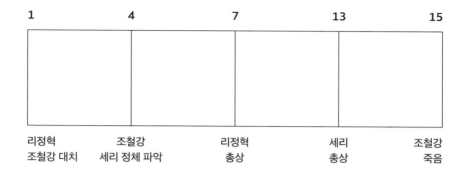

| 1 | 4 | 7 | 13 | 15 |

| 리정혁 | 조철강 | 리정혁 | 세리 | 조철강 |
| 조철강 대치 | 세리 정체 파악 | 총상 | 총상 | 죽음 |

**"한데 모아 보니 《사랑의 불시착》의 구조가 한눈에 쏙 들어오지
않나요?"**

전혀 아니라고요? 지금 드라마를 완성하고자 드라마 작법을 공부하는 중인
데, 왜 자꾸 플롯에 관한 그림만 그리냐고요? 여러분의 혼란을, 제가 왜 모
르겠습니까. 저도 똑같은 과정을 거쳤습니다. 그리고 힘겨운 시간을 보냈고
요. 물론 지금도 머리가 아프고 힘들어요. 하지만 해결해야죠. 글에 관련된
모든 문제를 해결하는 사람이 작가니까요.

지금 조금 더 시간이 걸리더라도 확실히 이해해야 내 작품을 쓸 수 있습니
다. 이것이 여러분이 이 책을 읽고 있는 진짜 이유이기도 하니까요. 그래서
보다 확실한 이해를 위해 20부 드라마인 《동백꽃 필 무렵》을 같이 보겠습
니다. 이 작품 역시 스릴러, 멜로, 휴먼의 세 장르 장르가 섞여 있는 복합 장
르 드라마입니다.

① 스릴러

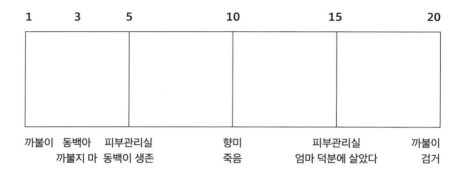

| 1 | 3 | 5 | 10 | 15 | 20 |

까불이 동백아   피부관리실   향미   피부관리실   까불이
까불지 마 동백이 생존   죽음   엄마 덕분에 살았다   검거

저는 《동백꽃 필 무렵》의 전체 스토리를 지배하는 건, 다시 말해 메인 장르는 스릴러라고 생각합니다. 따라서 주인공 동백이의 가장 큰 적대자는 '까불이'로 불리는 연쇄살인범이 됩니다. 드라마에서 동백이는 그가 저지른 여러 범죄의 유일한 생존자입니다. 작가는 5부에서 그 상황을 보여 주고, 15부에서 동백이가 살 수 있었던 것은 까불이가 동백이를 해치려고 했을 때 동백의 엄마가 까불이가 범행을 저지르려고 하는 피부관리실에 있었기 때문이라는 정보를 줍니다. 한쪽에서는 경찰이자 동백이를 사랑하는 용식(강하늘 분)도 (드라마 내내) 까불이를 검거하기 위해 노력합니다.

이렇게 스릴러라는 메인 장르가 탄탄하게 놓여 있고, 까불이라는 강력한 적대자(스릴러 장르의 적대자인 범인)가 있었기에 20부라는 긴 드라마가 안정적으로 운용될 수 있었습니다. 그 안에서 멜로와 휴먼 장르가 운용되고요.

《동백꽃 필 무렵》의 가장 큰 스토리, 즉 중심축을 봤습니다. 다음으로 작은 스토리들을 만나 볼까요?

② 멜로

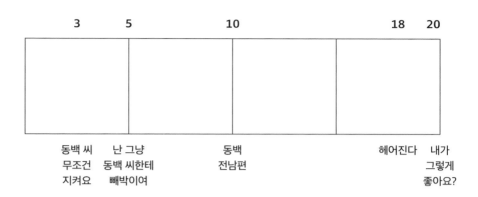

스릴러라는 장르와 까불이라는 적대자가 드라마를 든든하게 받쳐 주니 동백과 용식의 멜로가 안정적으로 펼쳐질 수 있습니다. 두 사람은 1부 용식의 "저 내일도 와도 돼요?"로 멜로의 첫 만남을 시작합니다. 본격적으로는 3부 끝 용식의 "내가 동백 씨 무조건 지켜요"라는 대사에서부터인데요. 용식이 동백의 가게에서 '동백아 너도 까불지 마 2013.7.9.'라는 테이블 밑 낙서를 발견하면서 동백이를 지켜 주겠다고 하죠. 이때부터 스릴러와 멜로가 동시에 본격적으로 움직입니다. 정리하면 까불이가 스릴러의 적대자로서 멜로의 근거를 마련해 주었기에 용식이가 적대자로부터 동백이를 지킨다는 명분이 생겨 멜로를 진전시킬 수 있게 됩니다.

5부도 마찬가지입니다. 두 사람이 사랑을 확인하는 1막의 끝인 5부에서 용식은 자신의 어머니에게 "난 그냥 동백 씨한테 빼박이여"라고는 동백의 집으로 향하는데, 이 지점에서 까불이로 추정되는 누군가의 시선과 27년 만에 나타난 동백의 엄마까지 등장하여 '스릴러', '멜로', '휴먼'의 세 장르를 교차시킵니다. 이 장면이야말로 복합 장르의 묘미를 마음껏 보여 준 장면이라고 하겠습니다. 시청자로서도 그렇지만 동료 작가로서도 너무 잘 써 짜릿한 쾌감마저 들었습니다.

멜로의 중간점은 적대자가 등장해서 주인공들의 관계를 어긋나게 하는 곳인데요. 10부에 동백의 전남편 종렬(김지석 분)이 등장해서 그 역할을 합니다. 멜로의 공식대로 이후에는 잠시의 이별이 나와야겠죠. 18부에서 동백은 용식에게 아들 필구의 엄마로 있고 싶다며 이별을 고합니다. 그러고 나서 20부 마지막에 "내가 그렇게 좋아요?"라는 동백의 질문에 용식이 "환장해요"라고 답하며 해피엔딩을 맞습니다.

이렇게 놓고 보니 멜로의 공식대로 전개됨을 알 수 있죠. 한 가지 유의해서 볼 점은 《동백꽃 필 무렵》은 멜로가 어느 지점에서는 메인 장르인 스릴러와 함께 전개되기도 하지만 메인 장르를 피해서 위치한다는 것입니다. 즉 메인과 서브 장르의 역할값에 따릅니다.

③ 휴먼

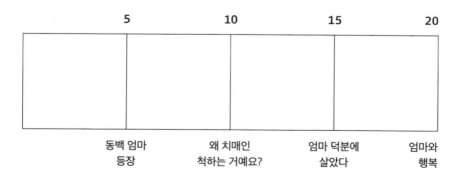

5	10	15	20
동백 엄마 등장	왜 치매인 척하는 거예요?	엄마 덕분에 살았다	엄마와 행복

27년 전에 딸을 버리고 떠났던 동백의 엄마는 5부에서 본격적으로 등장합니다. 죽음을 앞둔 그녀는 딸에게 보험금을 주려고 나타난 건데요. 긴 세월의 공백 때문에 딸에게 접근할 기회를 찾던 엄마는 결정적인 순간에 까불이로부터 딸을 구합니다. 동백이가 유일한 생존자가 될 수 있던 이유죠. 그리고 중간 지점인 10부에서 동백의 친구 향미와 만난 그녀는 자신이 다시 나타난 이유를 간접적으로 말해 줍니다. "나 동백이 위해서 뭐든 하나는 한다고…." 이어 향미의 왜 치매인 척하냐는 질문을 통해 동백의 엄마가 자신의 존재를 숨기고 있음을 시청자에게 알려 줍니다. 전남편과 만나는 동백을 마냥 기다리는 용식을 "지키는 놈, 쳐들어오는 놈 못 이겨"라고 하며 두 사람의 사랑에 조력자 역할도 톡톡히 하고요. 작가는 2막 끝인 15부에 동백이 살아남은 것은 엄마 때문이라는 정보를 주고, 까불이로 추정되는 흥식에게 엄마를 보내 경고도 날립니다.

모녀 관계에서 엄마만 움직여서는 감정이 고조되지 않겠죠? 16부에 드디어 동백이도 움직이기 시작합니다. 엄마를 꽃뱀이라고 하자 화를 내며 '우리 엄마'라고 말하죠. 이로써 엄마와도 화해하는 해피엔딩! 20부작의 5, 10, 15부에 활약하는 동백의 엄마는 확실하게 휴먼 장르의 요소로 기능합니다. 부차적으로 스릴러와 멜로의 조연으로도 활약하고요. (둘 다 주인공의 조력자 역할입니다.)

복합 장르란 몇 개의 개별 장르가 제각각 존재하는 게 아니라 스토리 전체에 걸친 하나의 목적을 이루기 위해 협업해야 합니다. 복합 장르를 준비할 때는 메인 장르를 분명히 정하고 서브 장르와 메인 장르가 어느 지점에서 어떤 장르와 어떻게 접점을 가지고 협력할지 준비해야 합니다.

잘 만든 복합 장르 드라마인 《사랑의 불시착》과 《동백꽃 필 무렵》의 내적 구조를 들여다보니 지금까지는 잘 안 보였던 장르의 연결이 눈에 들어옵니다. 작가인 여러분은 앞으로 각 장르를 제대로 섞어야겠구나 하는 생각이 절로 들 겁니다. 물론 어렵죠. 그래서 이 지점에서 우리가 추가로 공부해야 할 것이 '장르 배열의 규칙'입니다. 그래서 제안합니다.

"제가 도표를 하나 더 그려도 될까요?"

안 그래도 머리가 복잡한데 또?, 라고 여길 수도 있겠지만 약속할게요. 이 도표가 책에 나오는 마지막 도표입니다. 냉큼 그려 보겠습니다.

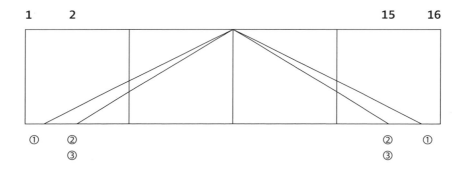

완전히 생소하지는 않죠? 사각형은 익숙할 겁니다. 삼각형 2개는 뭘까요. 숫자들도 괜히 신경 쓰이고요. 이들의 정체를 밝히기 전에 다시 한번 《사랑의 불시착》으로 장르의 배열을 보겠습니다.

《사랑의 불시착》의 이야기의 근본부터 보겠습니다. 이 작품은 어떤 계기적 사건에서 시작하나요? 돌풍 때문에 세리가 북으로 가면서입니다. 그럼 이 계기적 사건은 몇 부에 나오나요? 그럼요, 당연히 1부에 등장합니다. 그렇다면 1부의 기능은 계기적 사건을 발생시키는 데 있겠죠. 다음으로 2부에서는 어떤 일이 발생하나요? 세리와 정혁이 정혁의 집에서 동거를 시작합니다. 2부 끝에 숙박 검열을 나온 철강이 "문 까라!"라고 말하며 위기가 시작되고요. 여기서 질문! 2부의 기능은 무엇일까요? 세리와 정혁이 동거를 시작함으로써 본격적인 멜로가 시작되고, 액션의 적대자를 담당할 철강이 전면에 등장하면서 위기와 긴장이 첨가됩니다.

① 휴먼: 세리가 돌풍에 휘말려 북으로 넘어가면서 사건이 발생한다.
② 멜로: 세리가 정혁의 집에 살게 되면서 멜로가 시작된다.
③ 액션: 적대자인 철강이 정혁의 집을 점검한다.

1부와 2부의 기능을 정리해 보면 숫자의 의미를 알 수 있죠? 아직 잘 모르겠다고요? 당연히 그럴 수 있습니다. 사실 설명도 남아 있거든요. 즉, 제 이야기를 조금 더 들어 주세요.

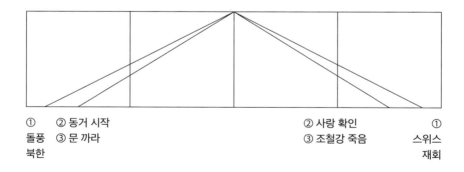

① 돌풍 북한
② 동거 시작
③ 문 까라
② 사랑 확인
③ 조철강 죽음
① 스위스 재회

조금 더 설명이 필요하다고요? 물론입니다. 삼각형 3개와 그 아래 숫자를 반복해서 보다 보면 어느 순간 이런 깨달음이 올 거예요.

'16부 안에 3개의 플롯이 저렇게 들어 있는 거구나!'

먼저 1부, 8부, 16부로 연결되는 삼각형이 하나 있고요. 그다음에 2부, 8부, 15부로 연결되는 삼각형이 두 개 있습니다. (1개로 보이지만 2개입니다. 장르가 2개라서요. 겹쳐 있어서 그런 거니 혼동하지 마세요!) 그래서 16부 드라마 안에는 총 3개의 삼각형이 있습니다. 저는 이것을 '큰 삼각형'과 '작은 삼각형'으로 부르기도 하고, '설정 삼각형'과 '실행 삼각형'이라고 부르기도 합니다.

큰 삼각형(설정 삼각형)은 이야기의 계기적 사건을 담당하면서 전체를 지배합니다. 당연히 여기에 가장 큰 이야기가 배치되겠죠. 1부에서 시작하고 16부에서 마무리되는 이야기를 관통하는 제일 큰 설정, 즉 배경을 담당합니다. 《사랑의 불시착》은 윤세리가 북한으로 넘어가면서 스토리가 시작됩니다. 따라서 휴먼 드라마가 가장 큰 이야기, 가장 큰 장르입니다.

작은 삼각형(실행 삼각형)이라고 부르는, 보통 2부에서 시작되는 2개의 삼각형은 1부에서 설정되는 큰 이야기에 맞춰 실행되는 작은 이야기들입니다. 쉽게 작은 장르라고 여기면 됩니다. 이때 영리한 작가는 작은 삼각형을 큰 삼각형에 어울리는 이야기로 배치합니다. 《사랑의 불시착》에서는 북한으로 넘어간 남한 여자가 겪는 휴먼 드라마에 어울리는, 북한 남자와 남한 여자의 사랑을 넣었습니다. 또 세리가 북한으로 넘어갔기 때문에 적대자도 북한에 있습니다. 남에서 북으로 갔으니 남쪽 남자와 사랑할 수 없고, 남쪽의

224

인물들이 강력한 적대자로 기능할 수는 없는 것입니다. 조철강과 세리의 오빠들 가운데 누가 큰 적대자인지를 생각해 보면 되겠죠.

이 부분에서 '그럼 8부의 기능은 뭐지?'라고 의구심이 든다면, 당신은 스토리 전문가입니다. 앞서 스토리의 중심은 미드 포인트(중간 지점)가 잡는다고 했는데요. 드라마 안에 3개의 삼각형이 존재한다면 중심에서 이 3개 장르를 단단히 잡아 주어야겠죠. 그래야 16부라는 긴 여정을 완주해야 하는 드라마가 가다가 휘거나 뒤틀리지 않을 테니까요. 미드 포인트에서 서로 다른 세 장르를 고정해야 할까요? 여러분은 답을 알고 있습니다.

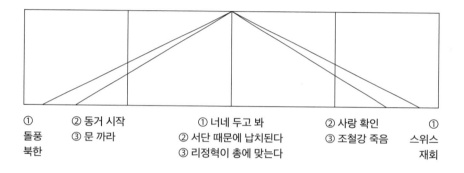

| ①
돌풍
북한 | ② 동거 시작
③ 문 까라 | ① 너네 두고 봐
② 서단 때문에 납치된다
③ 리정혁이 총에 맞는다 | ② 사랑 확인
③ 조철강 죽음 | ①
스위스
재회 |

3개 장르에서 활약하는 각각의 적대자를 보겠습니다.

① 휴먼: 8부에서 세리의 부하 직원들이 세리의 아버지에게 가 세리가 살아 있음을 알리려 하자 세리의 오빠가 "너네 두고 봐"라고 경고한다.

② 멜로: 8부에서 정혁의 약혼녀 서단이 정혁의 아버지에게 부탁했기 때문에 세리가 납치당한다.

③ 액션: 7부에서 정혁이 철강 부하들의 총에 맞는다.

이처럼 하나의 작품 안에 각각의 장르 특성과 공식에 맞는 적대자와 적대적 상황이 효율적으로 배치되어 있습니다. 이로써 스토리가 흔들리지 않고요. 지금까지 스토리의 시작, 끝, 그리고 중간을 파헤쳐 봤습니다. 그리고 그 내용을 각각의 장르별 삼각형으로 배치해 봤습니다. 결론적으로《사랑의 불시착》은 이렇게 구성되어 있습니다

① 휴먼: ① 돌풍으로 북한　① 너네 두고 봐　① 스위스에서 재회
② 멜로: ② 동거 시작　② 서단 때문에 납치된다　② 사랑 확인
③ 액션: ③ 문 까라　③ 리정혁이 총에 맞는다　③ 조철강 죽음

이로써 여러분은 8부 이상의 장편을 어떻게 구성할지에 대한 단서를 갖게 되었습니다. 여기서 '복합 장르의 구성 원칙'을 생각해 보겠습니다. 3개의 장르를 도표에 그대로 단순 배치만 하면 완성될까요? 당연히 아닙니다. 복합 장르의 구성 원칙은 다음과 같아야 합니다.

복합 장르는 정확한 설계와 배열이 필요하다.

내가 하고 싶은 이야기를 효율적으로 전달하기 위해 먼저 작가 자신이 가장 중요하게 생각하는 이야기를 밑바탕에 설계하세요. 그것이 큰 삼각형이고 첫 번째 장르입니다. 그 위에 본격적으로 주인공들을 움직일 수 있는 장르 2개를 올려, 시청자가 풍성한 이야기를 즐길 수 있게 하세요. 이것이 작은 삼각형이고, 서브 장르 2개입니다. 코스 요리를 내놓는 것과 비슷합니다. 1부

는 2부에 나올 메인 요리를 맛있게 먹기 위한 전채 요리라고 생각할 수 있다는 뜻입니다. 드라마의 셰프인 작가는 오늘의 메인 요리를 내놓기 전에 각 코스의 궁합을 고려할 것입니다. 지금부터 다음 세 가지를 곰곰이 생각해 보세요.

STEP 1 장르 선택: 내가 선택한 3개 장르가 내가 생각한 스토리를 가장 효율적으로 연결할 수 있는 장르인가, 다른 장르로 바꿀 수 있는가를 진지하게 묻고 확인한다.

여러 번 반복하지만 절대 성급하게 쓰지 마세요. 우리가 쓰려는 글은 단시간 안에 결과가 나오지 않습니다. 시청자는 편하게 누워서 드라마를 보지만 작가는 짧아도 2-3년의 긴 시간을 힘들게 앉아서 작업해야 합니다. 작가가 처음 생각했던 아이템에서 완고까지는 최저 2년 이상의 시간이 필요함을 알아야 합니다. 그러니 사전 준비가 철저하고 꼼꼼할수록 아름다운 창작 여행을 할 수 있습니다. 내가 하려는 이야기가 정확하게 무슨 장르인지, 그 장르의 원칙은 무엇인지, 그 장르가 진정 내가 하는 이야기를 제대로 담을 수 있는 그릇인지, 내 이야기는 몇 가지 장르로 설계해야 온전하게 시청자에게 전달할 수 있는지 충분히 여러 번 반복해서 고민할 필요가 있습니다.

STEP 2 장르 순서: 이야기를 시작하는 장르(큰 삼각형 1개)와 이야기를 여는 장르(작은 삼각형 2개)가 효율적으로 연결되어 있는지 점검한다.

작가는 크게 설정하는 장르와 작게 설계해야 하는 장르의 차이를 알아야 합니다. 전체를 여는 장르의 특성과 그에 맞춰 연동되는 이야기의 특성을 알아야 합니다. 《사랑의 불시착》에서는 북한으로 넘어가는 상황이 스토리 전체를 책임지고, 그 안에 세리와 정혁의 멜로와 세리와 철강의 액션 요소가 있죠. 《동백꽃 필 무렵》에서는 까불이로 여는 스릴러가 전체를 책임지고, 그 안에 동백과 용식의 멜로와 동백과 엄마의 휴먼 드라마가 펼쳐집니다. 이처럼 전체 드라마를 여는 이야기와 그 안에서 함께하는 이야기의 특성을 잘 알아야 합니다. 처음에는 쉽지 않겠죠. 그럴 때는 참고로 삼는 드라마를 열어서 그 내부 구조의 특성을 파악하고 학습하기 바랍니다.

STEP 3 장르 배치: 이야기 내부에 3개 장르 요소를 어떻게 배치하는 게 가장 효율적인지 생각한다.

전체 구성이 끝나면 회별로 각각의 장르 요소들을 배치합니다. 처음 하는 작업(대부분이 그럴 겁니다)이라고 겁먹지 마세요. 기존 드라마의 회별로 시작, 중간, 끝 지점을 파악하고 분석해서 드라마의 회별 구성 원리를 하나씩 알아 나가면 됩니다. 아무 원칙 없이 연결된 것 같았던 작품들이 구성 원리를 알게 되는 순간에 이렇게 촘촘하게 연결되어 있구나, 하고 깨달을 겁니다. 드라마는 아름다운 생명체입니다. 각 부분이 유기적으로 연결되어 있습니다. 그걸 깨우치고 여러분의 작품에 반영하세요.

장편 드라마는 고층 건물과 같습니다. 땅을 다지고 뼈대를 올리는 데 가장 긴 시간이 소요되죠. 그러니 조급해하지 마세요. 잘 짜인 설계도만 있으면 금방 올라갈 테니까요. 아름다운 설계를 '설정'하고, 즐거운 시공을 '실행' 해 보자고요.

우리는 스토리 이론과 장르의 규칙에 관한 전부를 알게 되었습니다. 지금 곧바로 창작에 들어가도 좋습니다. 마지막으로 한 가지만 더 알아 가면 좋 겠습니다. 실제 드라마의 형태들입니다. 이론을 학습했으니 그것이 실제로 는 어떻게 반영되는지 궁금하지 않나요? 이른바 돌다리 점검 단계입니다. 바로 달려가 봐요.

드라마 공모전 당선의
10가지 원칙

10

내
이야기에
맞는
구조로
쓴다

단막부터 20부 장편까지 드라마의 내부는 어떻게 생겼는지, 세밀하게 들여다보겠습니다. 함께 찬찬히 살펴봐요. 이것을 기준으로 앞으로 내가 쓰려는 드라마는 어떤 길이와 형태가 적정한지를 점검해 보기 바랍니다. 세상에 나와 있는 여러 드라마가 우리의 참고서가 되어 줄 것입니다. 기존 작품들을 보면 내가 쓰려는 드라마의 모습이 보일 겁니다. 이전까지는 내(가 쓰려는) 드라마의 모습을 모른 채 글을 썼을 수 있습니다. 지금부터는 내(가 쓰려는) 드라마의 모습을 잘 알고 쓰게 될 거예요.

"이 책의 목적은 드라마 분석인가요, 아니면 드라마 창작인가요?"

네, 맞습니다. 기존 드라마를 잘 분석하는 데도 일정 부분 목적이 있겠지만 가장 중요한 목표는 드라마 대본을 잘 쓰는 데 유용한 가이드로서의 기능입니다. 이 책의 존재 이유가 그것입니다. 『드라마: 공모전에 당선되는 글쓰기』는 드라마 창작 작법서입니다. 그리고 지금 드라마 공모전에 당선되는 열 가지 원칙 가운데 마지막인 열 번째 원칙을 이야기하고 있고요. 그런데 왜 제목이 '내 이야기에 맞는 구조로 쓴다'냐고요?

그 막연함을 다음과 같이 풀어 보겠습니다. 열 번째 원칙인 드라마의 구조를 알아야 하는 이유는 이렇습니다.

- 공모전에 당선되기 위해서는(드라마 창작을 잘하기 위해서는) 기존 드라마의 구조를 잘 알아야 한다.
- 이를 위해 기존 드라마 작품의 모든 특장점과 형식을 분석한다.

■ 오기환의 정리와 원칙을 참고하여, 내 작품에 응용한다.

앞에서 드라마의 기본 구조를 어느 정도 설명했으니 이번에는 독특한 구성을 지닌 드라마나 함께 분석해 볼 만한 가치가 있는 드라마 위주로 보겠습니다. 제가 예로 든 작품들과 현재 여러분이 구상 중인 드라마, 창작하려는 드라마의 구성과 형태를 잘 비교해 보세요. 내가 쓰고 싶은 이야기가 있고, 쓰고 싶은 이야기의 구조를 안다면 못 쓸 작품이 없잖아요?

드라마 공모전에 당선되는 글쓰기의 마지막 원칙인 '내 이야기에 맞는 구조로 쓴다'는 프로 작가 데뷔의 교두보가 되는 공모전 당선을 위해 꼭 지켜야 합니다. 여러분의 단막을 공모전에 당선시키고, 이후 6부 이상의 장편을 쓸 수 있게 하는 창작의 예비 단계이자 프로 작가가 되어서도 꼭 기억해야 할 필수 단계입니다.

1 단막

공모전을 위해 반드시 알아야 하는 드라마 형태이지만 아직 그 내부 구조를 제대로 설명한 사람은 없습니다. 그만큼 초보 작가들이 어려움을 겪는 구간이고요. 저는 누구보다 단막 드라마의 내부를 잘 알고 있다고 자부합니다. 제가 알고 있는 모든 것을 여러분에게 알려드리겠습니다. 우리 목표는 '공모전 당선'이니 공모전 당선작을 살펴보는 게 제일 효율적이겠죠?

현재 대다수의 대한민국 드라마 공모전은 단막을 제출하게 되어 있습니다. 분량으로는 35페이지 내외, 시간으로는 70분이 기준입니다. 사실상 거의 모든 공모전이 이 규정을 따릅니다. 공모전에서 단막 부문을 운영하는 이유 는 분명합니다. 모든 드라마는 결국 '단막'과 '단막 변형'의 두 가지이기 때 문입니다. 단막 8개가 모이면 8부작이 되고, 16개가 모이면 16부작이 됩니 다. 우리 모두가 드라마의 최소단위가 단막임을 인지하고 있어 단막을 잘 쓰는 작가를 발굴하려는 것입니다. 따라서 단막 드라마의 내적 구성 원리를 제대로 이해한다면 이는 '드라마 창작의 모든 것'을 이해했다고 해도 과언 이 아닙니다.

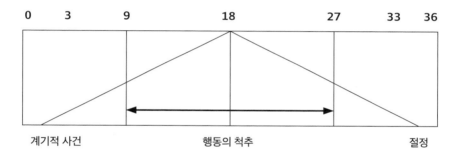

단막 드라마는 총 36페이지 스토리 구조입니다. 3-5페이지에서 계기적 사 건이 발생해야 합니다. 그리고 스토리의 중심, 9-18페이지에는 이 스토리 의 행동의 척추라고 할 만한 동작이 있어야 하고요. 33페이지 전후에 절정 의 순간이 오고, 35페이지 혹은 36페이지로 마무리되어야 합니다. 다 아는 내용이라고요? 맞습니다. 그럼 이 형식에 맞춰 쓰기만 하면 됩니다.

지금부터 이와 같은 구성 원리에 맞춰 공모전 단막 당선작들을 분석해 보고자 하는데요. 이 과정에서 제가 설명한 이론이 실제 작품에 적용됨을 증명해 보이겠습니다. 눈 부릅뜨고 지켜봐 주세요.

다만, 요즘은 단막이 잘 만들어지지 않고 또 볼 수 있는 플랫폼도 적어 대본으로 비교·분석하는 점은 양해 부탁드립니다.

현재 시행 중인 공모전 가운데 가장 유의미한 공모전 중 하나가 2017년에 시작된 ㈜씨제이이엔엠이 주관하는 오펜(O'PEN) 공모전이 아닐까 합니다. 그래서 오펜 공모전에 당선된 3개의 작품을 보려고 합니다. 모든 작품은 오펜 홈페이지에 있습니다.

DRAMA 《문집》

외할머니의 부고를 듣고 미국에서 돌아온 소이는 외갓집을 찾는다. 그곳은 소이가 열여섯, 봄과 여름 사이 잠시 머물렀던 작은 시골마을이다. 결혼을 앞둔 소이는 그곳에서 첫사랑 진현으로부터 뜻밖의 편지를 받는다.

늦었지만, 내 문집을 돌려줘.

문집을 펼치며 시간여행을 떠나는 소이, 그녀의 열여섯은 쓸쓸하기 짝이 없다. 재혼해 미국으로 떠난 엄마의 데리러 온다는 약속은 기약이 없고 온통 질리도록 초록색뿐인 마을에서 그녀는 스스로 왕따를 자처하는데… 반장 진현이 전학 온 지 며칠밖에 안 된 소이더러 학급문집을 만들자고 한다. 절대 안 한다고 삐팅겨 보지만, 이상하게도 자꾸만 추억이 생겨난다.

그러니까 이 문집을 네가 열여섯 살이었다는 증거라고 생각해.

자신도 모르게 점차 진현에 대한 마음을 키워 가는 소이. 그러나 진현의 장래희망이 **신부님**이라는 사실을 알게 되고 낙담하는데. 엎친 데 덮친 격으로 청천벽력 같은 두 가지 소식마저 듣게 된다.

하나는, 선생님의 부탁으로 진현이 소이와 문집을 만들기로 했다는 것. 둘째는, 엄마가 소이를 데리러 오지 않을 거라는 것이다.

배신감에 치를 떠는 소이, 진현의 손을 뿌리치고 가출을 감행하는데… 여름비가 억수같이 내리는 가운데 소이는 진현의 숨겨진 상처를 알게 된다. 우여곡절 끝에 문집이 완성되던 날… 진현이 사라진다. 진현의 집이 마을 사람들의 돈을 모두 떼먹고 야반도주했던 것이다. 슬픔에 잠긴 소이에게 진현의 전화가 걸려 오고, 비밀리에 만나기로 약속하지만… 미국에서 엄마가 소이를 데리러 오면서, 두 사람은 엇갈리고 마는데.

소이 앞에 놓인 열여섯 여름의 갈림길은 그렇게 슬프고, 잔인했다.

15년이 흘러 서른한 살이 된 소이는 진현이 쪽지에 남긴 주소로 향한다. 어느덧 어른이 되어 버린 소년과 소녀, 아직 끝나지 않은 첫사랑에 말줄임표 대신 마침표를 찍을 수 있을까.

《문집》(2018)은 《갯마을 차차차》로 유명한 신하은 작가의 작품입니다. 유명 작가의 초기작을 가져온 이유, 오리지널 대본의 줄거리로 내용을 대신한 데에는 이유가 있습니다. 이 짧막한 줄거리가 3막 구조를 정확하게 반영하고 있기 때문입니다.

앞으로 공모전에 제출할 대본의 줄거리는 이 형식을 잘 차용해 보세요. 도표로 보여드리겠습니다.

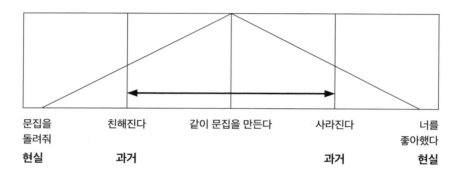

문집을 돌려줘	친해진다	같이 문집을 만든다	사라진다	너를 좋아했다
현실	**과거**		**과거**	**현실**

《문집》은 액자 구조입니다. 《사랑의 불시착》의 주인공 세리가 어느 날 돌풍이라는 계기적 사건을 통해 북한으로 날아갔다면, 《문집》은 고등학교 동창 진현이 어느 날 문집을 돌려 달라고 연락하는 바람에 주인공 소이가 과거 회상에 나섭니다. 과거에서 소이는 첫사랑 진현을 만나고, 같이 문집을 만들고, 헤어지고, 그리고 현실로 돌아옵니다. 이처럼 《문집》은 문집 만들기를 둘러싼 휴먼 드라마와 첫사랑 진현과의 멜로 드라마가 동시에 진행됩니다. 각각의 구성은 다음과 같습니다.

① 휴먼
- 문집을 돌려줘.
- 학창 시절 진현의 요청으로 같이 문집을 만들었다.

- 사실 진현의 요청은 선생님의 부탁이었다.

- 문집 만들기가 끝날 때쯤 진현이 사라졌다.

- 진현은 죽었고, 추억만 남았다.

② 멜로

- 전학 가서 진현을 만났다.

- 서로 친해졌다.

- 진현은 신부가 될 사람이다.

- 진현이 사라졌다.

- 진현이 "그때 널 좋아했다"고 고백한다.

단막에도 휴먼과 멜로의 공존이 가능하다는 사실을 말하고 싶었습니다. 제가 《문집》을 고른 이유이기도 합니다. 복합 장르란 단순하게 두 장르를 섞는 게 아니라 정확하게 설계해서 배열해야 한다고 여러 번 강조했는데요. 여러분이 공모전 제출을 위해 쓰고 있는 단막이 《문집》과 공통점(휴먼과 멜로 장르의 혼합)이 있다면 적극적으로 이 작품의 구조를 참고해 보세요. 하나 더. 《사랑의 불시착》의 휴먼-멜로 구조와 《문집》의 휴먼-멜로 구조의 유사성은 무엇일까요?

휴먼이 설정 삼각형(큰 삼각형), **멜로가 실행 삼각형**(작은 삼각형)**의 역할을 합니다.**

휴먼과 멜로가 동시에 진행될 때, 대개 휴먼의 바탕 위에 멜로가 얹어집니다. 즉, 어떤 상황이 있고 그 안에서 사랑을 합니다.《사랑의 불시착》도 주인공 세리가 북한으로 간 휴머니즘적 상황에서 사랑을 했죠.《동백꽃 필 무렵》도 스릴러라는 큰 삼각형 안에서 사랑이 진행됩니다. 다시 말해 멜로는 큰 삼각형보다는 작은 삼각형의 기본값입니다. 여러분이 판타지 멜로를 준비 중이라면 높은 확률로 판타지가 큰 설정, 멜로가 작은 설정이어야 합니다.《문집》의 구성을 참고하세요. 공모전 당선작들을 하나하나 분석해 보면서, 각각의 구성과 창작의 디테일을 알아낸다면 금방 좋은 결과를 얻을 것입니다.

신하은 작가의《문집》

작품을 더 자세히 보고 싶다면 오른쪽 링크를 열어 주세요.

DRAMA《대리인간》

"바쁜 당신에게 필요한 대리인간. 불필요한 감정 소비를 대신해드립니다."

멀지 않은 미래, 첨단 기술은 점차 발전하게 되고 삶은 더 편리해져 갔다. 하지만 혼자 사는 사람은 늘어났고, 더욱 바빠졌으며 다른 사람들과 얼굴을 마주하는 일은 어려워졌다. 그리고 그 한가운데 대리인간이 생겨났다. 암암리에 이루어지는 대리인간 서비스를 위해 회사는 길거리에 있는 노숙자들을 뽑아 이용한다. 24시간 관리당하는 대리인간들은 의뢰인의 얼굴을 하고, 기억칩을 인식한 채 의뢰인을 대신해 효도, 이별, 사과 등을 한다.

"새로 살 수 있는 기회를 줄게요. 다른 사람으로 살 기회."

부모님이 떠넘긴 빚을 갚지 못해 노숙자로 살다가 대리인간이 된 영. 영의 의뢰인 중 한 사람인 서림은 잘나가는 로펌의 변호사다. 영은 서림의 애인인 재호를 만나 결혼 준비도 하고, 사랑한다는 말을 듣는다. 영은 의뢰 수행 중 불쑥불쑥 튀어나오는 자신의 기억 때문에 재호를 좋아하는 마음이 자신의 마음인지 서림의 마음인지 헷갈리기 시작한다. 시간이 지날수록 재호에 대한 마음이 점점 깊어지기 시작한 영은 결국 함께 하룻밤을 보내게 된다.

"당신이 가졌다고 생각하는 그 기억은 당신 게 아니야. 평생 가질 수 없어 그건. 내가 되지 않는 이상."

영은 회사에서 쫓겨나지 않기 위해 재호와의 하룻밤이 담겨 있는 기억칩을 숨기지만 모든 사실이 발각되고 쫓겨날 위기에 처한다. 서림은 자신의 얼굴로 재호와 하룻밤을 보낸 사실에 대해 분노하고, 영은 빈털터리로 회사에서 쫓겨날 위기에 처한다. 재호와 함께한 기억을 모두 부정당한 영은 진짜 서림이 되기로 결심하는데….

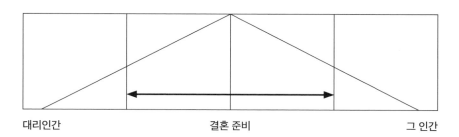

대리인간　　　　　　　결혼 준비　　　　　　　그 인간

사람 냄새 폴폴 나는 《문집》에 비해 《대리인간》(2021)의 정서는 차갑습니다. 드라마에서 '대리인간' 역할을 하는 주인공 영은 마지막에 자신이 대리했던 서림을 없애고 서림의 대리인간이 아니라 서림이 됩니다. 어딘지 소설 『화차』가 떠오르죠?

《문집》으로 단막도 복합 구성이 가능함을 보았는데요. 《대리인간》으로는 로그라인과 로그라인에 따른 창작법을 보겠습니다. 《대리인간》의 로그라인은 '대리인간이 자신이 대리한 인간이 되다'입니다. 사실 이 로그라인만으로는 쉽게 글을 써 나가기 힘듭니다. 앞에서 여러 번 다루었듯 '되다'에는 구체적인 동작이 없기 때문이죠.

"그럼에도 《대리인간》이 완성되고, 공모전 수상까지 가능했던 이유는 무엇일까요?"

이에 관한 답이 《대리인간》 분석의 목적입니다. 저는 여기에 두 가지 이유가 있다고 봅니다. 제 설명을 의심하면서 들어 주세요.

먼저 《대리인간》의 척추를 보겠습니다. 주인공 영은 서림의 대리인간이 되어 서림의 약혼자 재호와 결혼 준비를 합니다. 로그라인의 '되다'에 이어 '결혼 준비'에도 큰 동작이 없습니다. 다만 결혼 준비에는 두 사람이 함께할 수 있고, 작가가 쓸 수 있는 기본 동작은 있습니다. (물론 큰 동작은 아닙니다.) 둘은 드레스를 보고, 예물을 삽니다. 소소하지만 작가가 쓸 만한 동작과 과정이죠. 결혼에 이르는 과정 사이에 영의 고용인 서림과 서림의 약혼자인 재호에 관한 이야기도 보여 줄 수 있습니다. 영은 재호가 서림이 다른 남자랑 같이 있는 것을 못 보게 하고자 재호와 키스하고, 결국 그와 하룻밤을 보내는데요. 여기까지가 2막의 끝입니다.

이와 같은 스토리의 척추가 있었기에 즉, 작은 동작이나마 실행되었기 때문에 스토리를 완성할 수 있었죠. 이 뼈대에 맞춰 스토리를 진행함으로써 주인공의 감정도 싹트고, 사랑도 꽃폈던 것입니다. '35페이지를 채우는 게 왜 이렇게 힘들지?' 하고 좌절했다면 단막이든 장편이든 스토리의 척추에서 동작이 실행되어야 함을 다시 강조합니다. 《대리인간》의 결혼 준비 과정처럼 소소하고 작은 동작이라도 있어야 합니다. 단막이라면 플롯의 척추가 아주 크지 않아도 되기 때문에 충분히 완성할 수 있습니다.

다음으로, 눈여겨보지 않으면 눈치채기 힘든 요소가 하나 더 있습니다. 스토리의 기본 문장을 설명할 때 '무엇이 되다'라는 동사는 쓰기 어려운 동사라고 했는데요. 영어의 be 동사와 같습니다. 그런데 《대리인간》의 로그라인 속 '되다'에는 숨겨진 동작이 있습니다. 눈치챘나요? 주인공 영이 자신의 고용인인 서림이 됩니다. '어떻게?' 지문에 답이 있습니다. 영은 서림을 죽이고, 서림이 됩니다. '무엇이 되다'라는 로그라인에는 동작값이 없다고 볼 수 있지만 '누군가를 죽여서 그 사람이 되다'에는 '죽이다'라는 큰 동작, 게다가 일상을 뛰어넘는 동작이 있습니다. 여기에 드라마 창작의 작지만 큰 비밀이 숨어 있습니다.

- 누군가가 되다.
- 누군가를 죽여 그 사람이 되다.

둘은 전혀 다른 문장입니다. 여러분의 로그라인을 보세요. 거기 공모전 당선의 비밀이 있습니다. 내 글이 동기들의 글, 다른 작가들의 글보다 저평가되는 것 같아 고민이었다면, 공모전 당선작과 내 글이 큰 차이가 없는데 왜 내 작품만 번번이 떨어지는지 이유를 모르겠다면, 로그라인을 비교해 보세요. 거기 답이 있습니다. 여러분은 이 책을 통해, 우리가 함께한 과정을 통해 그동안 인지하지 못했던 부분들을 깨달을 겁니다.

《대리인간》을 통해 우리는 로그라인을 정확하게 분석하고 설계하는 작업이 필요함을 알았습니다. 이후로는 본격적인 단막 창작에 앞서 정확한 로그라인을 설계하세요.

차이한 작가의 《대리인간》

작품을 더 자세히 보고 싶다면 오른쪽 링크를 열어 주세요.

DRAMA 《박성실 씨의 사(死)차 산업혁명》

일하지 않는 자 먹지도 마라

2025년 9월 30일. 불에 타서 잿더미가 된 집 앞에서 가족사진 찍는 꿈을 꾸다가 잠에서 깬 박성실 씨. 현실처럼 생생한 꿈에 소름이 돋지만, 그녀의 현실은 아들 유치원 보내고 출근하는 일이다. 후다닥 바쁜 아침을 보내고 출근길 지하철 안에서 꿈 해몽을 검색해 보니 웬걸? 길몽이란다. 지각 한 번 해본 적 없고 요행도 꿈꾸어 본 적 없는 그녀지만 오늘은 지각을 무릅쓰고 출근길에 로또 복권을 산다. 허나 그녀에게 찾아온 소식은 AI상담시스템 도입으로 상담원 90퍼센트를 해고한다는 통보. 다행히 이번에는 살아남았지만, 삼 개월 동안의 평가 후 VIP 고객을 담당할 소수의 상담사만 남기고 모두 해고한다는데….

노조가 터미네이터냐? 기계랑 싸우게…

힘든 하루를 보내고 집에 온 성실 씨. 야간에 트럭 운전하는 남편이 출근도 안 하고 술을 마시고 있다. 깜짝 놀란 성실 씨를 더 놀라게 만든 남편의 대답. 자율주행 도입으로 짤렸단다. 노조에서도 파업, 연대, 투쟁, 이런 거 없단다. 먹지도, 쉬지도, 자지도, 거기에 월급마저 달라고 안 하는 기계 대신 어떻게 우리를 써 달라고 하겠느냐…. 술에 취해서 한탄하듯 말하는 남편을 보며 성실 씨는 소소하지만 평온한 일상이 조금씩 무너지는 불안감을 느낀다.

인간은 답을 찾을 것이다. 늘 그랬듯이

요즘 정신 줄을 놓고 사는 성실 씨가 고객 응대 중 권장 화법을 벗어난 실수를 한다. 긴장한 성실 씨와 다르게 크게 웃고는 칭찬 콜까지 해 주는 고객. 번쩍! 하고 AI상담원을 이길 수 있는 아이디어가 떠오른 성실 씨. 동료인 혜영, 미연에게 새로운 고객 응대법을 제안. 결과는 대박! 고객들의 칭찬 콜 덕분에 10월과 11월 최우수 상담원으로 뽑힌 세 사람. 드디어 VIP 상담사 발표 날, 세 사람은 1차 해고 발표일과는 다르게 희망에 가득 차서 발표를 기다리는데….

소문만 무성한 AI 시대

아직도 '설마 그렇게 되겠어?'라고 생각하는, 당신의 일자리는 과연 안전할까요?

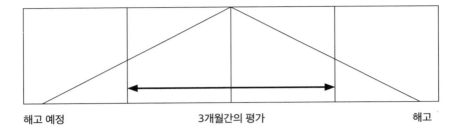

《박성실 씨의 사(死)차 산업혁명》(2021)은《대리인간》처럼 근미래를 그립니다. 인간과 AI의 경쟁을 담고 있죠. 3개월이라는 인간 사원 평가 기간이 이야기의 중심부에 자리 잡아 전체 스토리의 균형을 잡아 줍니다.《박성실 씨의 사(死)차 산업혁명》에서는 이야기의 중심을 살펴보고자 합니다. 이야기의 근본인 적대자에 관한 이야기이기도 하고, 드라마의 주제에 관한 이야기이기도 합니다. 신 48을 같이 볼까요?

#48. 과거. 도로(밤)

몇 시간 전. 운행 중인 수백운수 자율주행트럭 블랙박스 영상.

무언가 확 도로로 뛰어들고. 사고 직전 급정지. 블랙박스에서 일반 시점으로 전환.

술에 만취한 남편이 소주병을 들고 차 앞을 막고 있다.

차량음성 장애물 발견. 장애물 발견.

남편 (소주 꿀꺽꿀꺽 마시고) 장애물? 내가 장애물이냐?

차량음성 비켜 주십시오.

남편 너나 비켜.

차량음성 운행에 지장을 주면 법적 처벌을 받을 수 있습니다.

남편 처벌 같은 소리 하네. 철수 없이 일에만 직진하면서 살아온 이 인간 박철수를 빠꾸시킨… (울컥) 네가 누굴 처벌해!

차량음성 정당한 사유 없이 운행을 방해하면 신설된 자율주행운행법에 따라 처벌받을 수 있습니다. 즉시 비켜 주십시오.

남은 소주를 마시고 빈 병을 땅에 내던지는 남편.

남편 싫어! 너나 비켜! (피가 흐르도록 오른손 주먹으로 차량을 치며) 너나 비키라고! 너나… 내 인생에서 비키라고!!!

그때 교통경찰 두 명이 달려와서 남편을 제지하지만 남편은 이미 이성을 잃었다. 오열하며 주먹으로 자동차를 치고 있다.

남편 나도 좀 살자! 나도 좀 살게 네가 좀 비켜 주라…. 처자식 먹여 살리면서 나도 쪼옴….

힘껏 버둥거리지만 경찰들에게 힘없이 제압되는 남편.

수갑을 찬 채 땅바닥에 고꾸라져 펑펑 운다.

남편 좀 살자…. 나도 좀 살려… (버럭) 줘!!!!

땅에 고꾸라져 있는 남편의 시각으로 보면 수백운수의 '수백'이 '백수'로 보인다.

여러분은 《박성실 씨의 사(死)차 산업혁명》 줄거리를 읽었고, 도표를 통해 구조도 알고 있습니다. 만약 아무 정보 없이 신 48을 읽었다면 어떤 느낌을 받았을까요? 처절하고, 극적인 아픔을 느꼈을 겁니다. 직관적으로 커다란 이야기가 담겨 있음을 알 수 있죠. 이 작품의 주인공은 박성실입니다. 주된 사건은 아내에게 일어납니다. 개인의 미시적 사건이죠. 하지만 작가가 정말 하고 싶은 이야기는 인간과 AI의 대결인 듯합니다. 모든 인간에 공통으로 적용되는 거시적 사건입니다. 이 시선에서 《박성실 씨의 사(死)차 산업혁명》의 로그라인을 해석해 보겠습니다.

한 인간이 기계 때문에 해고 예정 통보를 받는다.
그가 기계에 대고 "나도 좀 살자!"라고 소리친다.
하지만 기계 때문에 결국 일자리를 잃고 해고당한다.

어떤가요? 나아가 여러분이 쓰고 있는 스토리는 이처럼 세 문장으로 깔끔하게 정리할 수 있나요? 세 문장으로 정리할 수 있다면 그 스토리는 명확하고 잘 정리된 이야기일 겁니다. 정리가 안 된다면 세 문장으로 말끔하게 정리할 수 있도록 다듬어 보세요. 잘 정리되는 스토리는 타인에게 설명하기 쉽고(피칭하기 좋고), 설명하기 쉬운 스토리는 좋은 스토리일 확률이 높고, 좋은 스토리는 당연히 공모전 당선 가능성이 높습니다. 세 문장으로 정리가 안 된다면 하고자 하는 이야기가 없고, 하고자 하는 이야기가 분명하지 않으니 글이 제대로 전진하지 않을 테고요.

《박성실 씨의 사(死)차 산업혁명》을 통해 제가 하고 싶은 이야기가 이것입니다. 이 작품은 표면적으로는 새로운 시스템 도입으로 인간이 해고되는 이야기입니다. 따라서 이야기의 중심에 새로운 시스템 혹은 그것을 상징할 무엇(적대자)이 필요합니다. 한데 새로운 시스템(적대자)이 동작 혹은 사물이 아니라 개념입니다. 소설이라면 이대로 가능하겠지만 드라마를 쓰는 우리는 개념을 동작 혹은 사물로 치환해야 합니다. 그래서 작가는 자율주행 트럭을 배치했습니다. 이 사물의 운영 시스템이 주인공의 남편을 장애물로 대하면서 인간의 적대자로 제 역할을 다합니다. 이로 인해 우리는 《박성실 씨의 사(死)차 산업혁명》을 좋은 작품이라고 인식할 수 있게 되고요. 물론 주인공은 박성실이기 때문에 그녀의 적대자만 설정해도 괜찮습니다. 그럼에도 작가는 남편마저 AI에 의해 해고당하는 상황으로 그렸습니다.

- 아내가 자동 응답 시스템 때문에 해고당한다.
- 아내가 자동 응답 시스템 때문에 해고당한다. 남편은 자율주행 트럭 때문에 해고당한다.

첫 번째 문장은 한 개인의 해고로 느껴집니다. 반면에 두 번째 문장은 한 가족의 해고로 느껴집니다. 무엇이 공감의 폭이 더 넓을까요? 우리가 쓰려는 드라마에는 한 개인의 공감만 있으면 될까요, 한 사회의 공감이 필요할까요? 어떤 공감을 주는 드라마가 공모전 당선 확률이 높을까요? 저는 단막에도 주제를 대변하는 적대자가 필요하고, 그를 통해 작가가 전달하려는 메시지를 확장할수록 좋다고 믿습니다. 그래서 《박성실 씨의 사(死)차 산업혁명》이라는 좋은 단막의 미드 포인트를 보면서 적대자의 위치와 기능에 대해 짚어 봤습니다. 곧장 여러분이 쓰고 있는 드라마의 미드 포인트로 가 《박성실 씨의 사(死)차 산업혁명》보다 강력한 적대자가 존재하는지, 그가 주제를 제대로 대변하면서 기능하는지 확인하세요.

송영준 작가의 《박성실 씨의 사(死)차 산업혁명》

작품을 더 자세히 보고 싶다면 오른쪽 링크를 열어 주세요.

이로써 공모전 당선 단막 드라마 세 편을 모두 살펴봤습니다. 《문집》을 통해서는 단막의 복합 장르 설계를, 《대리인간》을 통해서는 단막의 척추 설계와 로그라인 설정을, 그리고 《박성실 씨의 사(死)차 산업혁명》을 통해서는 적대자를 통한 미드 포인트 설계를 들여다봤습니다. 이 세 가지가 단막 드라마 집필에서 가장 어려운 부분이라고 하겠습니다. 반대로 이 세 가지를 해결할 수 있다면 여러분이 쓰는 이야기의 완성도가 높아지고 그만큼 당선 확률이 올라갑니다.

제가 곧바로 드라마 창작으로 가는 대신 드라마의 구조를 다양한 시선에서 세세하게 살펴보고자 하는 이유입니다.

드라마 창작은 이론을 안다고, 잘 쓰는 게 아닙니다.

머리가 아는 것은 오래 못 갑니다. 심장이 이해해야 진짜 이해하는 겁니다. 한 번이라도 단막을 써 본 경험이 있다면 동의할 겁니다. 한 번도 안 써 봤다면 어떤 이야기라도 당장 쓸 수 있다고 자신할 수도 있죠. 여러분의 기운을 꺾을 마음은 없습니다만 쓰기 전에 조금이라도 더 준비해서 창작 과정이 순탄했으면 하는 게 제 바람입니다.

지금부터는 조금 더 호흡이 긴 드라마를 알아보겠습니다. 6부부터 그 이상의 길이를 가진 드라마의 특성을 보겠습니다. 단편, 장편 가리지 않고 여러 형태의 드라마들을 살피다 보면 머리로 배웠던 이론을 심장으로 체화하는 기적을 경험할 수 있을 겁니다. 벌써 두근거린다고요?

② 장편 1: 6부-12부

넷플릭스를 필두로 OTT가 드라마 플랫폼을 지배하면서 많은 변화가 있었습니다. 기존의 70분 16부 외에도 다양한 형식과 시리즈가 제작되고 있습니다.

"지금 여러분이 구상하는 스토리는 몇 부작인가요?"

다양한 드라마 구조를 예로 드는 이유가 이것입니다. 예상외로 내가 쓰려는 이야기가 정확하게 몇 부작인지 모르는 작가가 많거든요. 어떻게 계산해야 하는지도요. 한 가지 목적이 더 있는데, 바로 세상의 변화입니다. 16부를 흔히 '미니 시리즈'라고 하지만 절대 짧지 않습니다. 명확하게 시기를 구분할 수는 없지만 16부작이 자리 잡은 것은 대략 2001년 전후입니다. '대하드라마'를 기억하나요? 과거에는 50부, 100부작도 많았죠. 이런 작품들이 사라지고 16부작만 남는 과정에서, '미니' 타이틀만 남아 현재는 16부가 드라마의 원형처럼 인식됩니다. 그간 제작사와 방송국도 여기 맞춰 편성했고, 광고를 배정했고요.

OTT의 등장으로 더는 날짜와 요일에 맞춰 드라마를 편성할 필요가 없어지면서 형식이 다양해졌습니다. 이는 누구보다 드라마 창작자인 우리에게 커다란 영향을 미치고 있습니다.

"여러분이 공모전에 제출할 미니 드라마는 몇 부작인가요?"

제작사와 계약할 때 몇 부로 계약하고 작업하게 될까요? 계약서 분량대로 제작될 수 있을까요? 늘어날까요, 아니면 줄어들까요? 솔직히 말해 작가는 알 수 없습니다. 예상은 할 수 있죠. 여러분의 작품은 6부작이 될 수도, 12부작이 될 수도 있습니다. 현재 우리가 일하는 업계가 그러합니다. 이를 위해 6부부터 12부까지, 여러 작품을 보고 그 원리를 알아야 합니다.

① 6부

《D.P.》(시즌 1 2021/시즌 2 2023)와 《지옥》(시즌 1 2021/시즌 2 2024)은 한 시즌별로 6부작입니다. 그리고 넷플릭스에서 방영되었다는 점 외에도 다음의 두 가지 공통점이 있습니다.

- 원작이 존재한다.

  《D.P.》 원작은 웹툰 《D.P 개의날》(김보통)이고, 《지옥》 원작은 웹툰 《지옥-두 개의 삶》(스토리 연상호, 작화 최규석)이다.

- 영화감독 출신이 연출했고, 극본도 썼다.

  《D.P.》 연출은 한준희, 극본은 한준희, 김보통이고, 《지옥》 연출은 연상호, 극본은 연상호, 최규석이다.

- 처음부터 시즌 2를 염두에 두고 제작되었다.

  □　《지옥》 웹툰은 연상호 감독이 만든 동명의 단편 애니메이션을 원작으로 한다. 단편 애니메이션 → 웹툰 → 드라마 순서로 제작되었다.

반대로 원작이 없고, 영화감독이 연출과 극본을 맡지 않고, 다음 시즌을 염두에 두지 않았다면 6부 형태는 처음부터 만들어지지 않았을 수도 있었다는 말이 됩니다. 이 생각을 이어가 보면 두 작품은 12부를 6부씩 나누어 2개 시즌으로 제작하는 새로운 형태의 드라마 형식이라고 볼 수 있습니다. OTT 등장 이후 우리나라에도 이런 형식이 점차 증가 중이고요. 12부작을 설명하면서 다시 논의하겠지만 먼저 6개로 나뉜 시즌 1, 2의 구조적 특성을 살피고자 합니다. 12부작을 시즌 1과 2로 나누었다는 것은 각각 종결 가능한 스토리가 있다는 뜻이거든요. 구조적으로도 문제없어야 하고요. 《D.P.》는 제목 그대로 탈영병을 잡는 D.P. 요원들이 탈영병을 잡는 스토리입니다. 중점적으로 들여다볼 부분은 12부를 어떻게 시즌 1과 2로 나누었는가죠. 그래서 둘을 나누어 보겠습니다. 먼저 시즌 1은 이렇게 구성되어 있습니다.

DRAMA 《D.P.》(시즌 1)

안준호 입대   조석봉 자살

원작에서는 일병이던 안준호(정해인 분)가 드라마에서는 이병으로 입대합니다. 이유를 알겠나요? 기억하세요, 스토리의 시작 지점은 항상 스토리의 끝 지점으로 연결되어야 합니다. '입대'로 시작한다는 것은 '제대'로 끝내겠다는 작가의 계획이라고 볼 수 있습니다. 시즌 1에서 군대라는 조직에 신병으로 들어온 (주인공을 포함한) 무리는 필연적으로 고통을 겪고 그로 인해 시련을 맞이합니다. 그리고 무리 중 한 명(조석봉)이 죽으면서 시즌 1이 끝나고요.

《D.P.》를 시즌 1과 2로 나누지 않고 12부로 보자면 시즌 1의 4부부터 시즌 2의 3부까지를 이야기의 척추로 봐야 하고, 체포조가 탈영병을 잡는 이야기로 채워야 합니다. 시즌 2에서 이 이야기가 이어져야 드라마의 척추가 지속되기에 시즌 2는 이렇게 시작됩니다.

DRAMA 《D.P.》(시즌 2)

김루리 이탈   한호열 제대

시즌 1과 2가 이어지는 게 왜 자연스러운 연결인지 의아할 수도 있습니다. 시즌 1과 2를 잇는 등장인물들을 각각의 이름 대신 '군인'이라는 존재로 바꾼 다음 전체를 보면 이렇습니다.

신병 입대   자살   제대

《D.P.》를 단순화하면 '입대', '복무 중 자살', '제대'의 플롯으로 설계되어 있는데요. 이 때문에 원작에서 일병이었던 주인공의 계급을 드라마에서는 이병으로 바꿨습니다. 여기에는 다음과 같은 깊은 의미가 숨어 있습니다.

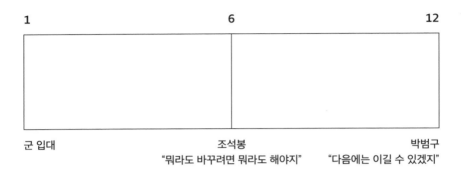

남자들은 평생 군대 이야기를 한다잖아요. 세대를 막론하고 군 복무 기간을 아름답게 기억하는 사람은 거의 없습니다. 저마다 고통받는 이유는 여럿이지만 모두가 힘겨움을 토로함에도 크게 바뀐 건 없습니다. 정말 작가가 하고 싶은 이야기는 이것 아닐까요? "아무도 바꾸지 않는 것이 문제다." 그래서 드라마의 중심에서 조석봉(조현철 분)을 죽이면서 군대라는 조직을 바꿀 것을 말하고, 마지막에 박범구(김성균 분)의 입을 빌려 당장은 못 바꾸더라도 미래에는 바꿀 수 있으리라는 여운을 주고요.

스토리의 중심인 6부와 끝인 12부를 연결하는 또 다른 라인이 있습니다. 시즌 1의 6부 마지막에 조석봉은 자살하기 전 가해자인 황장수(신승호 분)를 인질로 붙잡는데요. 12부 끝에는 안준호가 버스 안에 앉아 버스 밖에서 평범하게 살아가는 황장수를 바라봅니다. 황장수가 군에서는 잔인한 가해자였지만 사회에서는 지극히 평범한 20대 남자임을 보여 주는 거죠. 자, 그럼 진정한 가해자는 누구일까요? 황장수는 이런 말을 내뱉습니다. "그냥 그래도 되는 줄 알았어." 누가 평범한 대학생을 가해자로 변모시킨 거죠?

작가가 생각하는 진짜 적대자는 사람이 아니라, 군대라는 조직 혹은 병영 시스템일 겁니다. 징병제가 존재하는 대한민국에서만 가능한 드라마라고도 볼 수 있겠네요. 대다수의 대한민국 남성은 의무적으로 군에 입대하여 세상의 변화와 동떨어진 군의 낡고 부조리한 시스템을 겪습니다. 그래서 이 드라마에 깊이 공감하고요. 시즌 1의 4부에 한 탈영병의 어머니가 이렇게 말합니다.

"나라를 지키라고 보낸 군대에서 애를 때리고 괴롭혀서, 그래서 탈영을 했던 건데 어떻게 아무도 책임지는 사람이 없나요."

《D.P.》가 하고자 하는 이야기가 이 대사에 모두 담겨 있습니다.

DRAMA 《지옥》(시즌 1)

1	3	6

고지   이유가 있어야 돼요   인간 세상은 인간들이 알아서 해야죠

《지옥》은 시즌 1의 6부만 보겠습니다. (이 책이 나오는 2024년 4월 기준으로 아직 시즌 2가 방영되지 않았기 때문입니다.)

어느 날 갑자기 사람들이 지옥의 사자들에게 지옥행을 선고받습니다. 동시에 초자연적인 현상이 발생하며 세상은 대혼란에 빠지죠. 이때를 틈타 부흥한 사이비 종교 단체와 사건의 실체를 밝히려는 이들이 얽힙니다. 스토리의 중심인 3부와 6부 끝을 보면서 구성의 실마리를 찾아보겠습니다.

지옥의 사자가 찾아오는 현상이 신의 계시라 주장하는 신흥 종교 단체인 새진리회의 수장 정진수(유아인 분)는 3부 끝에서 말합니다. "신이 왜 그런 기묘한 일을 벌이는 걸까요? 저는 10년이 넘는 시간 동안 생각하고 또 생각했어요. 그런데 그걸 알 수가 없었어요. 이런 기괴한 일이 벌어지는데 그걸 알 수가 없으면 사람들이 버틸 수 있을까요? 아마 엄청난 폭동과 정신적인 공황이 찾아올 거예요. 이유가 있어야 돼요. 이런 기괴한 일이 더 나은 세상을 만들기 위해 벌어지고 있다, 정의를 실현시키기 위해 일어나고 있다는 그런 믿음이 있어야 돼요. 그래서 확실한 악인이 지옥에 가는 것처럼 만들어야 했어요. (중략) 저는 말이에요. 예언을 들은 후로 지금까지 계속 공포에 시달려 왔어요. 20년 동안 이어진 그 공포가 어떤 공포인지 알아요? 끊임없는 공포예요. 죄를 지을지도 모른다는 공포, 타인의 죄를 방치할 수도 있다는 공포, 끔찍한 고통에 대한 공포, 나는 그 고통 속에서 20년을 살았어요. 근데 그 공포 때문에 나는 더 바르게 살 수 있었어요. 신이 어떤 이유로 이런 일을 벌이는지 모르지만 나는 세상 모든 사람들에게 내가 느낀 공포를 선사하고 싶어요. 그리고 그 공포는 세상을 전보다 훨씬 더 정의롭게 만들 거예요. 그 공포가 세상 사람들을 죄에서부터 해방시킬 거예요." 이 대사 이후

그는 곧바로 시연(지옥 간접 경험)을 당하며 사라집니다.

이어서 6부 끝을 보죠. 송소현(원진아 분)의 아기를 안고 도망가는 민혜진(김현주 분)이 택시를 타는데, 기사가 말합니다. "저는 신이 어떤 놈인지도 잘 모르고 관심도 없어요. 제가 확실히 아는 건 여기는 인간들의 세상이라는 겁니다. 인간들의 세상은 인간들이 알아서 해야죠. 안 그렇습니까? 변호사님."

3부와 6부의 대사 중 무엇이 《지옥》의 주제에 더 가까운지 생각해 볼 필요가 있습니다. 다시 읽어 보세요. 3부 정진수의 대사는 고지와 시연의 메커니즘에 관련된 이야기 같습니다. 6부 택시기사의 대사는 '인간들 세상은 인간들이 알아서 해야 한다'라는 주장을 담고 있는 듯하고요. 고지와 시연에 관련된 이야기와 인간들의 세상은 인간들이 알아서 해야 한다는 주장 가운데 무엇이 더 작품의 주제에 가까울까요?

대부분 택시 기사의 말을 선택할 텐데요. 그렇다면 《지옥》의 내부는 이렇게 구성되었다고 하겠습니다.

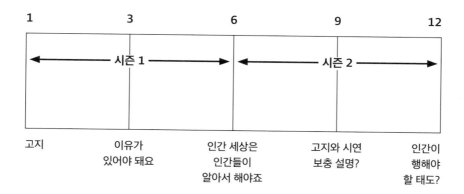

시즌 2 부분은 어디까지나 저의 예상입니다. 내부 구조를 설명하기 위한 예시라고 여겨 주세요. 작가가 총 12화를 염두에 두었으니 중간인 6화에 중심 메시지가 자리 잡았고요. 서브플롯을 담당하는 3부와, 시즌 2에 나올 듯한 고지와 시연에 관련된 내용이 연결되어 시즌 1과 시즌 2가 매끄럽게 이어지리라 추측합니다.

두 작품으로 6부작을 살펴봤습니다. 앞으로는 단독 6부작도 얼마든지 제작될 것입니다. 이러한 6부 드라마는 어떻게 구성해야 할까요?

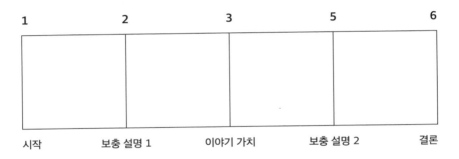

아마도 이런 구성이어야 할 겁니다. 그냥 보기만 해서는 내 것이 될 수 없습니다. 구조를 확실한 내 것으로 만들기 위해서 '결혼보다 동거가 좋다'는 스토리로 6부를 만들어 볼까요? 그런데 동거는 개념이라 동작을 찾기 힘듭니다. 그래서 어느 부부의 이혼 과정이라는 동작을 넣겠습니다. 즉, 이혼을 통해 헤어졌다 (결혼은 하지 않고) 다시 살게 되는 이야기입니다. 설명을 위한 스토리니 질은 따지지 말자고요.

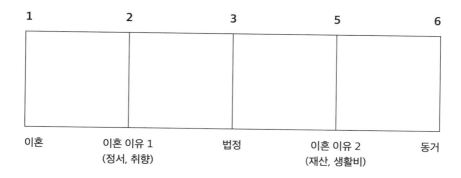

| 1 | 2 | 3 | 5 | 6 |

이혼   이혼 이유 1   법정   이혼 이유 2   동거
        (정서, 취향)   (재산, 생활비)

1부: 두 사람이 헤어지기로 한다.

2-5부: 이혼 과정(행동의 척추)이 나온다. 2부에서 변호사 상담 등을 통해 두 사람의 정서적인 취향 혹은 생활 습관이 얼마나 다른지 보여 준다. 3부에서 법정에서 주제 혹은 가치를 논한다. 결혼 제도의 불합리성, 주인공에게 이 제도가 맞지 않음을 논하며 이혼하고 동거할 것을 선언한다. 5부에서 결혼이 아닌 동거를 선택하는 합리적인 이유를 제시한다.

6부: 이혼하고 따로 또 같이 살면서 만족해하는 해피엔딩을 맞는다.

상세 내용은 작가의 성향에 따라 다를 수 있겠지만 앞과 뒤, 그리고 행동의 척추에 나오는 것들은 제가 단순하게나마 제시한 구성에 맞추어 써야 하겠습니다.

오늘날의 시청자는 드라마의 형식보다는 내용의 쫀쫀함을 우위에 둡니다. 따라서 내가 하고자 하는 내용에 맞게 어떠한 형식이라도 선택할 수 있습니다. 4부, 6부, 8부 다 좋습니다. 8부에 적당한 내용을 굳이 16부로 만들 필요가 없어졌습니다. 일반적으로 드라마 구성은 이야기 구조의 원형이라고 하는 3막 구조에 맞춰 4, 8, 12, 16, 20부로 진행됩니다. 언제나 예외도 존재하죠. 독특하게 7부로 제작된 작품을 보면서 플롯 설계에 어떤 예외적인 상황이 존재하는지 보겠습니다.

② 7부

1960년대는 좋은 남자를 만나 시집가고, 아이를 잘 키우는 게 여성의 삶의 목표인 시대였습니다. 이것이 그녀의 삶이 성공했는지를 말해 주었죠. 그만큼 커리어적 성취는 지극히 제한되어 있었습니다. 이 시대에 엘리자베스 하먼(안야 테일러 조이 분)은 남성만 존재하던 체스의 세계로 들어가 자신의 꿈을 펼칩니다. 2020년 넷플릭스 전 세계 시청률 1위를 달성했던 《퀸스 갬빗》(2020)입니다. 내용도 우수하지만 '7부'라는 형태가 독특하여 선택했습니다. 혹자는 체스판 시작부터 퀸이 되는 지점까지의 거리가 7칸이라 7부로 제작되었다고 추리합니다. 그럴듯하죠? 어쨌든 저는 구조를 통해 분석하려합니다. 이 책의 목적은 창작을 위한 분석이잖아요. 작가인 우리는 《퀸스 갬빗》의 작가는 왜 7부를 선택했는지 따져 볼 필요가 있습니다.

모두가 알고 있듯이 스토리는 기본적으로 3막 4장 구조를 택해야 안정적으로 플롯을 짤 수 있습니다. 다시 말해 8장으로 시작하고 완결하는 방법이 기존 작품들을 참고 및 분석하기 편하고 거기에 나의 스토리를 즉각 대입시킬 수 있어 (창작이) 편합니다. 그런데 7부입니다. 이 작품 등장 이후 저는 모든 수업에 《퀸스 갬빗》을 꼭 넣습니다. 구조 면에서 배우고 익힐 점이 많거든요.

구성의 비밀부터 보겠습니다. 7부라는 걸 알자마자 저는 이런 생각을 했습니다. '8부로 만들고 나서 하나를 자른 게 아닐까?' 맞다면 제일 앞 1부가 삭제된 7부일까요, 아니면 제일 마지막 8부가 삭제된 7부일까요?

■ 앞부분 1부를 삭제했다.

X	1	2	3	4	5	6	7

■ 뒷부분 8부를 삭제했다.

1	2	3	4	5	6	7	X

한참 봐도 잘 모르겠다고요? 당연합니다. 7부 구성 자체가 워낙에 독특하고, 어디에도 설명이 나와 있지 않아요. 참, 제가 말했던가요? 저는 질문을 통해 짧게라도 스스로 고민해 보는 게 무엇보다 글을 잘 쓰는 데 큰 도움이

된다고 믿는다고요. 그래서 이것저것 질문을 던지는 거니 양해해 주세요. 때론 엉뚱하고 가끔은 여러분의 화를 돋울 수도 있는 질문을 던지는 건 책이라는 통로를 통해 나누는 저와 여러분의 대화입니다. 강의도 가만히 듣는 것보다 적극적으로 질문하고 들으면 얻는 게 더 많잖아요. 그러니 귀찮다고 여기지 말고 나는 어떻게 답할지 고민해 주세요. 이 과정을 통해 많은 걸 얻으리라, 보장합니다. 다시 질문 하겠습니다.

"드라마로 치환한다면 『드라마: 공모전에 당선되는 글쓰기』는 자유로운 서사 전개인가요, 아니면 치밀한 구조의 설계인가요?"

여러분이 동의할지는 모르겠지만 구조주의자인 오기환은 그냥 이 책을 쓰지 않았습니다. 탄탄히 구조를 세웠을 확률이 높겠죠? 정말로 튼튼한 뼈대를 세우고 통통한 살을 준비했습니다. 여기, 7부 구조를 과학적으로 설명할 근거가 있습니다. 그리고 그것을 한눈에 볼 수 있게 이렇게 준비했습니다.

| 집결 | 훈련 | 대회 참가 | 어려움 | 승리 |

위는 스포츠 드라마 구조의 전형입니다. 《퀸스 갬빗》 분석을 위해 필요한 자료이기도 하고요. 체스도 (두뇌) 스포츠이니까 대입 가능합니다. 이제 답

이 보이나요? 눈치 빠른 여러분은 《퀸스 갬빗》의 구조와 스포츠 장르의 공식에서 한 가지 차이를 발견했을 텐데요. 바로 '집결'입니다. 체스는 개인 종목이라 팀원이 모일 필요가 없습니다. 그럼 보통의 8부와 《퀸스 갬빗》의 차이점은 보통 8부 구조 처음에 등장하는 '집결'이 없는(1부가 없는) 7부라고 볼 수 있겠습니다. 그다음부터는 스포츠 장르와 구조가 같습니다.

앞으로도 여러 변형 구조를 보겠지만 드라마마다 그렇게 구성한 타당한 이유가 있습니다. 이를 모르는 것과 아는 것에는 큰 차이가 있겠죠? 구조 외에도 《퀸스 갬빗》은 드라마 창작자라면 반드시 알고 있어야 할 요소들이 촘촘히 새겨진 뛰어난 작품입니다. 구조 다음으로 볼 것은 시작과 끝의 매끄러운 연결입니다.

1부에서 주인공 엘리자베스는 지하에 사는 노인 윌리엄(빌 캠프 분)에게 체스를 두고 싶다고 합니다. 이에 윌리엄은 여자는 체스를 두는 게 아니라며 단박에 무시하죠. 곧바로 7부 끝을 보세요. 대회 우승을 하고 거리를 거닐던 엘리자베스에게 한 노인이 체스를 두자고 제안합니다. 엘리자베스는 미소를 띠며 응하고요. 너무나 멋진 결말이죠?

X	1	2	3	4	5	6	7

지하
체스 제안 거절당함

지상
체스 제안 받음

정리하면 이렇습니다.

- 시작에서는 지하에서 체스를 배우던 소녀가 끝에서는 세계 대회에서 우승하고 지상을 산책한다.
- 시작에서는 노인에게 체스 게임을 두자고 제안하지만, 끝에서는 노인에게 체스 게임을 하자고 제안받는다.

시작과 끝의 대응과 조화를 잘 배치하고 연결할 때 플롯의 삼각형은 더욱 빛을 발합니다. 다음으로 중간 지점인 삼각형의 꼭짓점도 보겠습니다. 《퀸스 갬빗》의 중간 지점은 표면적으로는 기존 세계 챔피언인 보르고프와의 승부이고, 심층적으로는 양어머니의 사망입니다. 제목 그대로 소녀가 여왕이 되는 과정을 그리는 이 작품은 주인공의 게임 상대가 모두 남성으로 이루어져 있습니다. 메인은 여성의 성장 서사니까 적대자는 남성이 맡는 게 적절하겠죠. 이 부분을 심층적으로 살펴보면 여성 중심의 서사가 잘 짜여 있어 드라마를 지탱하고 있는데요.

X	1	2	3	4	5	6	7
		생리 시작 (여성이 됨)		모친 사망		친구 도움	

눈여겨봐야 할 부분은 2부입니다. 윌리엄에게 여자는 체스를 두는 게 아니라는 말을 들었던 엘리자베스는 첫 체스 대회에 참가하면서 생리가 시작되고, 진짜 '여자'가 됩니다. 이 장면이 《퀸스 갬빗》이 여성 중심 서사임을 증명합니다. 어린 소녀에서 당당한 여성이 된 엘리자베스는 여성들의 도움과 연대로 남성의 전유물이었던 체스 대회에 참가합니다. 자신의 협조자였던 양어머니가 사망해 실의에 빠지지만 고아원 시절 옆 침대를 썼던 친구가 새로운 협조자로 등장하면서 결국 우승합니다. 이렇듯 체스 승부라는 표면적인 경쟁 서사 밑에 여성 연대의 서사를 심층적으로 잘 배치해 놓았습니다. 잘 만든 드라마는 재미를 주는 표면 서사 밑에 의미를 주는 심층 서사를 제대로 구축한 드라마라는 것을 확인할 수 있습니다.

③ 8부

8부 분석은 《마이 네임》(2021)을 통해 장르적으로는 언더 커버를, 형식적으로는 1부와 8부의 연결과 2부와 7부의 연결을 설명하려 합니다.

언더 커버는 특히 남성들에게 인기 높은 장르인데요. 대표적으로 영화 《무간도》(2003)와 《신세계》(2013)를 들 수 있습니다. 《무간도》에서는 범죄 조직원이 형사로, 《신세계》에서는 형사가 범죄 조직원으로 자신의 신분을 숨기고 적대 조직에 들어가 임무를 수행합니다. 꼭 형사와 범죄자가 아니더라도 진짜 정체를 숨기고 적대 조직에 들어가 벌어지는 일을 다루면 언더 커버 장르라고 할 수 있습니다. 예를 들어 회사 측에서 노조에 잠입하거나 반대의 스토리도 언더 커버입니다.

장르의 구성 원리부터 볼까요?

| 잠입 | 위장 신분 행동 | 신분 노출 위험 | 신분 선택 | 신분 확정 |

《마이 네임》에서 주인공 윤지우(한소희 분)는 아버지를 죽인 범인을 찾기 위해 범죄 조직원이 됩니다. 그러던 중 경찰에 잠입하여 자신의 조직에게 정보를 빼돌리는 임무를 수행하게 되죠. 이 과정에서 신분 노출의 위협과 정체성의 혼란을 겪다 최종 신분을 정하면서 끝납니다. 다음 시즌을 염두에 둔 듯 마무리가 아주 명쾌하진 않지만 언더 커버 스토리의 전형을 잘 따르고 있습니다.

다음으로 《마이 네임》을 통해 8부 드라마는 어떻게 스토리를 연결해야 하는지를 보겠습니다.

| 1 | 2 | 3 | 4 | 5 | 6 | 7 | 8 |
| 배경 | 잠입 | | 임무 수행 | | | 선택 | 해결 |

신분 노출 위협

8부작 언더 커버는 이 구성을 따릅니다. 흥미로운 작품이니 《마이 네임》을 다시 보면서 구성을 점검해도 좋겠습니다. 눈여겨볼 포인트는 1부와 8부의 연결, 2부와 7부의 연결입니다. 8부 드라마에서 이 두 지점의 연결을 보는 이유가 있습니다. 대부분의 드라마가 8부, 12부, 16부 등 4의 배수 형식이고, 16부는 8부의 두 배 분량이니 8부 구성만 잘 알아도 드라마 구성의 절반은 꿰뚫는다고 할 수 있습니다.

1부: 스토리의 배경을 설명한다.

2부: 주인공이 목적 수행을 위해 신분을 숨기고 적대 조직에 잠입한다.

3-6부: 주인공이 임무를 수행한다.

7부: 최종 신분 선택의 순간이 온다.

8부: 1부의 문제를 해결하고 최종 신분을 결정한다.

여기서 각 부분의 연관성을 점검해 보겠습니다.

1부와 8부: 1부에서 생긴 문제를 8부에서 해결한다.

2부와 7부: 2부에서 신분을 숨기고 적대 조직에 들어가고, 7부에서 최종 신분을 선택한다.

위치적 연관성도 있지만, 내용의 흐름도 이어집니다. 만약 8부 언더 커버 드라마를 12부 혹은 16부로 길이를 늘린다면 내용과 형식이 어떻게 달라질까요? 12부부터 볼까요?

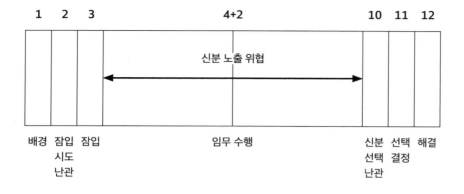

늘어난 길이만큼 공간을 채워 주어야 합니다. 이때 언더 커버 장르를 유지하면서 내용을 채우려면 2부와 11부가 추가되어야겠지요. 2부에서는 잠입이 여의치 않아 다양한 방법을 시도하는 것을 보여 주고요. 또 11부에서 최종 신분을 결정하는 데 따른 고뇌를 만들어 줍니다. 그리고 스토리의 척추에서 위장 신분으로 임무를 수행하는 과정을 담는 에피소드 분량을 2부 정도 추가합니다. 이렇게 수정하면 12부가 완성되죠.

16부도 가능할까요?

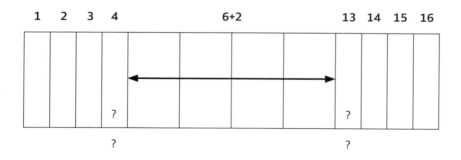

8의 배수가 16입니다. 12부로 바꿀 때와 비교하여 무언가 더 달라야 할 텐데 막연하다고요? 무엇을 더 채우긴 더 채워야 할 것 같은데요. 8부를 12부로 바꿀 때처럼 4부와 13부에 새로운 내용을 넣고, 2막에서도 에피소드를 2화 정도 더 넣으면 어떨까요? 우리는 지금 언더 커버라는 장르를 유지하면서 드라마 분량을 어떻게 늘일지 고민 중입니다. 그런데 분량은 상관없이 장르만 놓고 봤을 때, 8부와 12부와 16부의 세 가지 중 무엇이 가장 적절한 것 같나요?

개인적으로 언더 커버 드라마는 8부가 이상적인 듯합니다. 적대자 때문인데요. '신분 노출 위협'이 이 장르의 최대 적대자입니다. 따라서 처음부터 적대자가 주인공을 따라 조직에 들어오거나 아니면 들어간 조직의 누군가가 처음부터 주인공을 쫓고 있다면 괜찮습니다. 그렇지 않다면 중간 부분을 풍성하게 채우기는 역부족이고요.

내가 우리 조직에 숨은 스파이를 찾는다고 가정해 보죠. 여러분은 어떤 동작으로 그를 잡을 건가요? 가짜 작전을 실행하여 거기 반응하는 자를 잡는다? 어쨌든 이 방법을 통해 스파이(주인공)를 잡는다고 가정하겠습니다. 12부라면 가짜 작전을 실행해서 스파이를 색출하는 과정을 4부부터 9부까지인 플롯의 척추에 넣을 수 있겠죠. 한데 이 과정이 구체적으로 떠오르나요? 주인공이 잠입한 조직에서 주인공의 신분을 의심하고 진짜 정체를 찾는 과정일 텐데요. 여기서 '의심'으로 파생시킬 수 행동은 크지 않습니다. 제가 하고 싶은 이야기는 언더 커버 장르의 특성상 12부 혹은 16부의 긴 스토리를 지탱하기는 힘들다는 겁니다.

각 장르마다 장르의 특성이 잘 발현될 수 있는 최적의 분량이 있습니다. 내가 쓰고자 하는 드라마의 장르가 무엇인지 먼저 파악하고, 여기 맞는 분량으로 쓰세요. 언더 커버는 8부가 이상적입니다.

④ 9부

《오징어 게임》이 전 세계적으로 흥행하면서 9부 구성도 가능하구나, 생각했을 겁니다. 이제는 어떤 드라마가 9부로 완성되었다고 해도 독특하다고는 여길 수 있어도 아주 놀랍지는 않습니다. 이 작품의 2막 내용 및 형식에 관한 세부 사항은 1부 8장 '행동의 척추를 세워 쓴다'(156쪽 참고)에서 봤으니여기서는 9부라는 형식의 특성만 보도록 하죠.

스토리의 기본 형식은 3막 4장 혹은 3막 8장입니다. 따라서 8, 12, 16부가 이야기를 설계하기 가장 편리합니다. 여기에는 어긋나지만 9부 구성은 3막 형식을 취할 수 있어 어떤 면에서는 효율적이라고도 하겠습니다. 처음부터 9부를 염두에 두고 스토리를 구상하는 작가는 없겠지만 8부나 10부를 세팅하고 창작에 나섰다가 변수를 만나면 9부 구성으로 변경할 수도 있다는점만 기억해 주세요.

1		3		5		7		9

제가 왜 9부 구성도 괜찮다고 했는지 이해가 가죠? 비율이 좋습니다. 숫자 9는 3의 배수로 3막 체계가 자연스럽게 구현 가능하기 때문입니다.

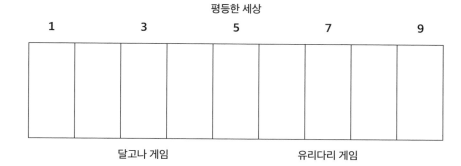

1부에서 게임 참여를 포기하고 현실로 돌아갔던 사람들은 불평등한 현실을 바꿀 방법은 오징어 게임에 참가하여 우승하는 것밖에 없음을 알고 게임 세계로 되돌아옵니다. 3부에서부터 본격적으로 게임이 재개됩니다. 그렇게 7부까지 다양한 게임이 이어지죠. 그리고 8부와 9부에서 마무리! 구성 비율이 이상적입니다.

여기서 7부 구성의 《퀸스 갬빗》에서 던졌던 질문을 다시 하겠습니다.

"9부는 8부의 변형일까요, 아니면 10부의 변형일까요?"

이 질문에는 정답이 없습니다. 각자의 해답은 있겠죠. 저에게 묻는다면 10부 구성에서 후반부 한 회를 줄인 9부라고 답하고 싶습니다. 8부에서 한 회를 늘일 이유가 없어 보이기 때문입니다. 굳이 분량을 추가해 무게를 더할 필요가 없습니다. 길다고 무조건 내용이 풍성해지는 건 아닙니다. 느슨해지기보다는 가벼워지는 쪽을 택하는 게 현명합니다.

다시 말하지만 드라마에는 절대 규칙은 없습니다. 하지만 창작하다 어느 순간 구성 때문에 막막해질 때 (문제를 겪고 있는) 부분이 아니라 전체를 점검할 필요가 있습니다. 8부 구성으로 스릴러를 쓰고 있었는데 분량이 넘쳐 도저히 다 못 담겠다면 9부로 써 보세요. 그래도 모자라면 그때 10부로 쓰고요. 당연히 반대 경우도 가능합니다. 10부로 시작했는데 분량이 모자라면 9부로 쓰면 됩니다. 물론 기본적으로 장르의 규칙에 맞춰 쓰는 노력은 하면서 말이죠.

⑤ 10부

제작사에서 처음부터 10부 구성을 기획하는 일은 거의 없었습니다. 12부를 계획하다 분량이 부족하다는 판단이 들 때나 원작이 있는 IP를 드라마로 각색할 때 10부 분량이 적정하다는 판단이 들면 그때 제작하는 사례가 많았습니다. 그런데 요즘은 10부작이 점점 늘고 있습니다. 그래서 10부작 《소년심판》(2022)으로 10부 드라마 구성의 특징을 논하려고 합니다.

《소년심판》은 소년범을 혐오하는 판사 심은석(김혜수 분)을 중심으로 다양한 소년범 사건을 보여 줍니다. 제가 말하고 싶은 것은 '에피소드 구성'의 본질입니다. 10부작 《소년심판》의 처음, 중간, 끝은 모두 심은석에게 집중됩니다. 그럴 수밖에요. 시청자가 각양각색의 소년범 사연에 재미를 느낀다 해도 개별 에피소드로는 플롯을 짤 수 없기 때문입니다. 저는 《소년심판》 구성의 두 가지 특징을 통해 드라마 구성의 원칙을 보고자 합니다.

이 작품은 표면적으로는 소년범 이야기지만 이는 스토리의 살이지 뼈는 아닙니다. 이 탱탱한 살들을 지탱하는 스토리 뼈를 찾아봐야겠죠. 안정적인 구조가 있어야 그 위에 스토리를 아름답게 쌓을 수 있을 테니까요.

이 작품을 보면 다들 이렇게 말합니다.

"에피소드식 구성이네."

그런데요. 우리가 흔히 말하는 에피소드식 구성이 무엇이죠? 포털에 찾아

보니 이런 내용이 나왔습니다.

에피소드   1. 어떤 이야기나 사건의 줄거리에 끼인 짤막한 토막 이야기.

2. 오늘날의 문학이나 영화에서 원줄기에 별로 관계없는 이야기

가 삽입되어 작품에 변화를 주거나 내용을 풍부히 하기 위하여 이

용되기도 하나 때로는 플롯에 중요한 결과를 초래하도록 삽입하는

수도 있다.

《소년심판》이 '짤막한 토막 이야기', '원줄기에 별로 관계없는 이야기'인

에피소드만으로 10부를 버틸 수는 없겠죠. 다른 방식일 수도 있지 않을까

싶어 비슷한 어감의 옴니버스도 찾아봤습니다.

옴니버스   1. 한 가지 공통된 주제나 소재를 중심으로 독립된 짧은 이야기 여

러 편을 엮어 내는 이야기 형식. 스토리 내 시간의 흐름이 일부 있

을지라도 각 에피소드끼리의 연속성이 없거나 서로 영향을 주지

않고, 캐릭터와 기본 배경만을 공유하는 것을 말한다.

2. 영화나 연극의 한 형식. 하나의 주제를 중심으로 몇 개의 독립된 짧은 이야기를 늘어놓아 한 편의 작품으로 만든다.

지금 여기서 에피소드와 옴니버스의 차이가 무엇인가를 명명백백 밝히자는 건 아닙니다. 다만 이렇게 보니 《소년심판》은 에피소드보다는 옴니버스 구성에 가깝다고 할 수 있지 않을까요? '소년범'이라는 하나의 주제(소재)로 독립된 짧은 이야기 여러 편을 엮은 구성을 보여 주니까요. 그러니 우리는 이 작품을 통해 짧은 이야기 여러 편으로 하나의 공통된 주제를 이야기하는 방법을 터득해 봅시다. 《소년심판》의 내부를 분석해서 연결 방법을 배워 볼까요?

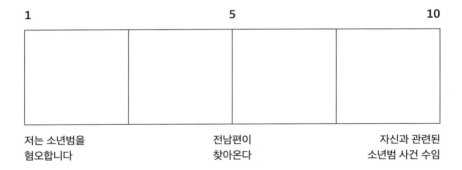

저는 소년범을 혐오합니다		전남편이 찾아온다	자신과 관련된 소년범 사건 수임

《소년심판》의 구조는 이렇습니다. 심은석은 1부에서 자신은 소년범을 혐오한다고 말합니다. 5부에서 이유가 밝혀지는데요. 5부 끝에 은석의 전남편이 등장하는데, 그를 통해 시청자는 은석의 아이가 소년범에게 피해 입었음을 알게 되죠. 은석은 소년범을 심판하는 판사지만 은석의 가장 큰 적대자가 소년범이 되는 셈입니다. 그래서 1부에서 은석이 자신은 소년범을 혐오

한다고 했고요. 그리고 10부에서 자신의 아이를 가해한 소년범 사건을 맡으면서 스토리의 시작과 중간과 끝이 정리됩니다. 이것이 메인플롯이고요. 그다음으로 서브플롯을 보겠습니다. 1부에서 심은석은 후배 판사 차태주(김무열 분)와 함께 (내키지 않지만) 시설 처분이 끝난 소년범 셋과 식사합니다. 곽도석(송덕호 분), 서유리(심달기 분), 우설아(조미녀 분)는 일회성 출연자가 아니라 계속 서브플롯의 위치에 존재함으로써 드라마의 안정감을 높여 줍니다.

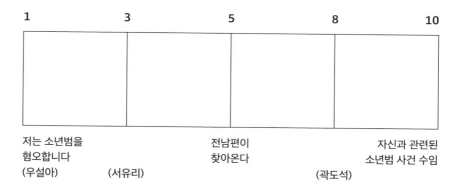

언뜻 여러 소년범 이야기, 즉 에피소드를 자유롭게 늘어놓은 듯하지만 조금만 더 들여다보면 작가가 주인공 심은석이 하려고 하는 하나의 이야기(소년범의 범죄 문제와 촉법소년 연령 문제)를 커다랗게 배치했음을 알 수 있습니다. 이를 안정감 있게 만들고자 1부에 세 아이(우설아, 서유리, 곽도석)를 등장시켰고, 이들을 각기 1, 3, 8부에 배치하여 전체 이야기를 안정적으로 만들었죠. 이 모두가 작가의 사전 설계에 들어 있음을 기억했으면 합니다.

제가 지금껏 여러 기성 작가와 예비 작가를 만나 본 결과 대체로 자유롭고, 상상력이 풍부하고, 감성적이었습니다. 저도 예외라고 할 수 없고요. 우리가 쓴 글을 볼 시청자도 그럴까요? 비슷한 성향도 있겠지만 반대가 더 많지 않을까요? 생각해 보세요. 그 수많은 드라마의 스토리는 자유롭나요? 상상력이 풍부한가요? 감성적인가요? 아닐 겁니다. 툭 터놓고, 에피소드 구성이건 옴니버스 구성이건 시청자가 바라는 건 간단해요. 재미입니다. 그럼 재미란 작가의 자유로운 사고, 풍부한 상상, 넘치는 감성에서 올까요, 아니면 시청자가 이해하고 공감할 수 있게 스토리를 배치하는 이성에서 올까요? 초보 작가들은 에피소드 나열이 재미를 보장한다고 많이 생각하는 것 같습니다. 하지만 여러 이야기(에피소드)가 하나의 주제(소재)로 묶일 때 비로소 재미가 생기지 연결되고 통합되지 않을 때는 이야기 덩어리에 불과할 뿐, 재미를 보장하지 않습니다. 에피소드는 이야기를 풍부하게 하는 조미료입니다. 드라마의 주재료인 메인과 서브 플롯의 기능을 담당할 수는 없습니다. 구성의 필수 요소가 아니니까요. 지금 에피소드식, 옴니버스식의 드라마를 쓰고 있다면 잊지 말고 이들을 하나로 연결하고 잘 묶어 주세요.

⑥ 12부

DRAMA 《작은 아씨들》

《작은 아씨들》(2022)은 제가 정말 좋아하는 드라마입니다. 그렇다고 개인 취향으로 택한 건 절대 아니고요. 제작 형태상 비주류였지만 어느새 주류로 부상 중인 12작 구성을 잘 보여 주기 때문에 가지고 왔습니다.

12부작도 이야기의 구성 형식과 배열 방법은 8부, 10부와 같습니다. 구성도 살펴보겠지만 《작은 아씨들》을 통해 제가 하고 싶은 이야기는 심층 서사입니다. 모든 이야기가 심층 서사를 갖는 건 아닙니다. 일반적으로 겉으로 보이는 이야기는 표면 서사이고, 수준 높은 이야기에만 심층 서사가 존재합니다. (제 생각입니다.) 보이는 이야기(표면 서사), 보아야 하는 이야기(심층 서사)라고 구분할 수 있겠네요. 작가가 자신이 정말로 보여 주고 싶은 메시지(의미)를 아래 숨기고, 그 위를 재미로 덮었다는 말이기도 합니다.

《작은 아씨들》의 정서경 작가도 그랬다고 가정하겠습니다. 이 작품은 내부 구조가 쉽게 보이지 않아 드라마를 구성하는 각각의 요소를 곱씹어 봐야 합니다. 구성의 단서는 중간 지점에 있으니 저는 12부의 가운데인 6부 끝을 열겠습니다. 할머니가 피를 흘리며 쓰러져 있고, 그 앞에는 푸른 난초가 놓여 있네요. 《작은 아씨들》에서 푸른 난초는 어떤 기능을 할까요?

그에 대한 정답은 중간점의 앞과 뒤인 시작점, 중간점, 끝점에 있을 확률이 높습니다. 정답에 대한 보충 설명이 놓여 있는 곳은 서브플롯을 담당하는 3부와 6부입니다.

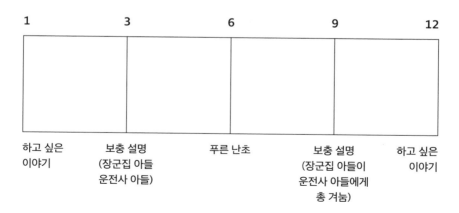

1	3	6	9	12
하고 싶은 이야기	보충 설명 (장군집 아들 운전사 아들)	푸른 난초	보충 설명 (장군집 아들이 운전사 아들에게 총 겨눔)	하고 싶은 이야기

몇 가지 단서가 추가되니 푸른 난초만으로는 알 수 없던 이야기가 어느 정도 보입니다. 지금부터는 주관적인 설명을 하겠습니다. 이야기의 중심에 놓인 푸른 난초부터 보겠습니다. 시작은 베트남전까지 거슬러 올라가는데요. 전쟁에 참전했던 군인이 베트남에서 푸른 난초를 가지고 옵니다. 그리고 이야기의 양쪽 서브플롯 지점에 장군집 아들, 운전사 아들이란 단어가 나옵니다. 제 공식에 대입하면 이야기의 중심은 베트남 전쟁에서 가져온 푸른 난초, 보충 설명은 장군집 아들, 운전사 아들이 됩니다.

저는 《작은 아씨들》의 심층 서사에 한국의 역사가 존재한다고 생각했습니다. 한때 군인이 대한민국을 지배했죠. 그들 대다수가 베트남 전쟁에 참전했거나 이 전쟁을 잘 알고 있습니다. 다음부터는 제 해석입니다. '푸른 난초'를 '군인'으로 바꾸면 어떨까요? '신군부'라고 하면 더 정확할 듯합니다. 이들을 적대자로 두고 작품을 다시 보세요. (다시 한번 주관적인 해석임을 밝힙니다.)

오인주(김고은 분)는 가난한 집의 첫째 딸입니다. 세 자매인 이들은 지금보다 나은 삶, 새로운 삶을 꿈꾸지만 그런 삶을 살기는 요원해 보이네요. 자매의 새로운 삶을 가로막는 적대자는 군인으로 대표할 수 있는 한국의 낡은 역사 혹은 부패입니다. (저는 구체적인 어떤 인물이 떠올랐는데, 그가 누구인지는 여러분의 상상에 맡기겠습니다.) 그리고 보충 설명 지점에서 보이는 장군의 아들은 기존 지배 세력의 아들, 운전사의 아들은 기존 지배 세력을 학습하여 이들을 넘어서려고 하는(자신도 지배 세력이 되기를 희망하는) 서민 집단의 아들로 상상해 봅니다.

드라마 리뷰에 '설명이 부족하고 상징적인 장면이 많다'는 글이 많았는데요. 표면 서사만으로는 이해할 수 없는 부분이 많아서 그렇다고 생각합니다. 상징은 다소 불친절할 수가 있거든요. 《작은 아씨들》을 통해 상징적인 적대자를 선택할 때는 말 그대로 상징적인 의미가 담겨야 한다는 이야기를 하고 싶습니다. 그리고 상징적인 이야기일수록 설명은 구체적이어야 하고요. 그러니 여러분이 많은 상징이 담긴 이야기를 쓰고 싶다면 시청자가 쉽게 따라올 수 있는 치밀한 내적 논리 혹은 빈틈이 없는 구성이 필수라는 점을 기억하세요.

❸ 장편 2: 16부(20부)

오랜 시간 대한민국 드라마의 표준으로 자리한 구성이 16부입니다. 요즘에는 12부가 점점 많아지고 있지만 여전히 '드라마는 16부'라는 인식이 강합니다. 제작 편수도 적지 않고요. 그 중요성과 내적 구조를 거론할 필요가 있어 16부 드라마들의 유의미한 부분을 보겠습니다. 16부를 쓸 수 있으면 따로 공부하지 않아도 20부도 쓸 수 있습니다. 다만 20부작은 길다는 인식이 있어 《연인》(2023)처럼 파트 1과 2로 구분하거나 《무빙》(2023)처럼 16부를 기획했다가 분량을 늘려 20부로 편성합니다. 불가능하다는 건 아니에요.

DRAMA 《갯마을 차차차》

대한민국의 모든 작가가 16부 구조를 슬라임처럼 내 마음대로 성형하고 싶

어 하지 않을까요? '16부'라는 거대한 구조는 우리 손에 잡히지도 않을뿐
더러 크기가 어느 정도인지도 모르고, 여러 갈래의 길에서 길을 잃고 헤매
는 경우도 부지기수입니다. 저는 《갯마을 차차차》로 16부의 기초적인 구성
법을 알아보려고 하는데요. 앞서 이야기했듯이 16부라는 거대한 크기를 유
지하고자 보통은 3개 정도의 장르를 동시에 진행합니다. 대부분 '휴먼+멜
로+액션' 혹은 '휴먼+멜로+스릴러'이지만 예외도 있죠.
《갯마을 차차차》에도 휴먼과 멜로가 여럿 섞여 있다고 생각하는데요. 지금
부터 이 작품의 장르 배열을 알려드릴 테니 16부 드라마의 배치 방법에 관
한 단서를 얻어 보세요.

① 휴먼

1	2			15	16
공진 도착	병원 개원			사랑 완성	공진 정착

거의 모든 드라마의 1부에 설정값이 필요합니다. 주인공들이 사랑하려면
사랑을 만들 장소가 필요한데요. 그래서 작가는 혜진을 '공진' 마을로 보냅
니다. 거기서 사랑의 대상인 홍반장을 만나게 하고요. 이들에게 여러 일을
겪게 함으로써 사랑을 싹틔우고 키우고 완성하고 끝내 정착시키죠. 1부에

서는 두 사람이 만나고, 2부에서는 사랑을 시작합니다. 큰 삼각형은 휴먼이

고 작은 삼각형은 멜로가 되겠죠.

《갯마을 차차차》를 멜로의 시선에서 들여다보면 이렇습니다.

② 멜로

휴먼과 멜로의 도표를 따로 보고 다시 작품을 보면 두 장르의 공존이 뚜렷

하게 보일 겁니다. 뼈를 알아봤으니 다음으로 궁금한 건 스토리의 살입니

다. 집필하다 보면 의외로 각각의 회차가 잘 채워지지 않습니다. 그 빈칸을

하염없이 바라보면서 어떻게 채워야 할까 싶은 불안과 초조가 우리를 극한

으로 내몰죠. 이유는 이렇습니다.

주인공 두 명으로는 16부를 채울 수 없다.

다르게 표현하면 이렇죠.

작은 드라마는 장르 하나, 큰 드라마는 장르 여러 개로 구성한다.

이렇게도 바꿀 수 있습니다.

드라마의 빈칸은 주인공들의 이야기로만 채워지지 않는다.

(여러분이 《갯마을 차차차》를 봤다고 가정하고) 두 주인공을 제외하면 누가 남나요? 그렇습니다. 제목에 '갯마을'이 들어가니 갯마을에 사는 사람들이 있을 테죠. 주인공들과 마을 사람들이 드라마 안에서 무엇을 했는지 생각해 보세요. 거기 답이 있습니다.

① 휴먼
- 할머니 3인방: 김감리, 이맏이, 박숙자
- 부부 관계: 여화정과 장영국
- 부녀 관계: 오춘재와 오주리
- 보이스피싱 사기: 조남숙

② 멜로
- 윤혜진과 홍두식
- 여화정과 유초희
- 장영국(초희 짝사랑)과 유초희(화정 짝사랑)
- 최은철과 표미선

■ 지성현(혜진 짝사랑)과 왕지원

멜로 영역을 보면 많은 커플이 있습니다. 그리고 휴먼 영역에서도 멜로만큼 많은 이야기가 등장하는데요. 이 드라마는 정말 다양한 커플과 많은 등장인물로 풍성한 이야기를 풀어냈습니다. 덕분에 재미있게 시청할 수 있었고요.

하지만 《갯마을 차차차》가 좋은 드라마라고 고개를 끄덕이는 게 우리 목적이 아니잖아요? 여러분은 16부 드라마를 완성해야 하는 작가이니 앞으로 16부라는 큰 건물을 지을 때, 이런 생각을 해야겠습니다.

■ 내가 쓰는 드라마의 메인 장르는 무엇일까?

■ 내가 쓰는 드라마의 메인 캐릭터는 누구일까?

■ 이 모든 장르와 캐릭터를 어떤 기준에서 정리할까?

처음에는 이 세 질문에 답하기가 많이 힘들 겁니다. 하지만 주인공들의 이야기, 장르, 동선 등을 정리하면 그다음은 어렵지 않습니다. 먼저 하나의 기준을 만들고 그것을 기준으로 주인공들 외에 추가로 멜로를 부여할 커플을 정하세요. 추가 사건을 만들 인물들을 정리하여 스토리의 빈 곳을 채우면 되니까요. 그래서 이렇게 묻지 않을 수 없습니다.

"그 많은 사람의 이야기를 어떻게 정리하면 좋을까요?"

어렵지 않습니다. 이것이 불가능했다면 수많은 기존 작품이 존재할 수 없었을 거예요. 《응답하라 1988》, 《청춘시대》(2016), 《슬기로운 의사생활》(2020) 같은 여러 주인공이 나오는 드라마를 좋아한다면 제가 예로 든 작품들의 내부 구조를 분석하면 쉽게 답이 나옵니다.

처음에는 회차별로 분석해 보세요. 가령 이렇게요.

■ 각 화마다 남자 주인공이 어떤 일을 하는가?
■ 각 화마다 여자 주인공이 어떤 일을 하는가?
■ 각 화마다 조연들은 어떻게 등장하고, 기능하고, 사라지는가?
■ 각 화의 1/4, 2/4, 3/4 지점에 주인공은 어떤 어려움과 마주하는가?

여러분이 좋아하는 작품으로 분석해 보세요. 그다음 각 화 끝 장면들을 12부면 12개, 16부면 16개 문장으로 연결해 보세요. 그러면 아래와 같은 것들을 알 수 있습니다

■ 이 작품이 하고 싶은 이야기는 이것이구나!
■ 작가가 하고 싶은 이야기에 맞춰 주인공이 이렇게 움직이는구나!
■ 주인공을 움직이게 하고자 이렇게 적대자를 배치하는구나!

안을 들여다보기 전에는 아무 규칙이 없어 보였던 큰 드라마가, 진지하게 분석해 보면 나름의 정교한 플롯의 원칙에 따라 배치되어 있음을 알 수 있습니다. 바로 그것이 우리가 다루고 있는 '10가지 원칙'이죠. 여러분이 들

여다본 작품의 내부 구조를 나의 스토리에 얹어 보세요. 어떻게 할지 몰랐던 구성이 나도 모르게 원칙에 맞춰 배열되는 기적을 맛볼 것입니다.

이것은 표절인가요? 아닙니다. 드라마의 원칙에 내 스토리를 맞추는 과정입니다. 지금까지는 드라마 구성의 원리와 각 요소 배치의 규칙을 몰라 힘들었던 거고요. 물론 모든 게 완벽하게 딱 맞아떨어질 수는 없습니다. 엄연히 다른 작품이니까요. 다만 이 과정을 몇 번 거치고 나면 내 이야기를 조정할 수 있는 근거가 생깁니다. 그다음 내 이야기에 맞게 조정해야겠죠. 막상 시도하면 구성이 80% 이상 똑같을 겁니다. 왜냐고요? 여러분은 여러분이 쓰는 것과 비슷한 장르, 이야기를 담은 기존 드라마를 선택했을 테니까요.

DRAMA 《갯마을 차차차》

1 2			15 16

공진 병원　　　　　　　　　　　　　　　　　　　　사랑 공진
도착 개원　　　　　　　　　　　　　　　　　　　　완성 정착

《갯마을 차차차》의 구조는 위와 같다고 했습니다. 그럼 두 주인공과 그들이 사는 마을이 주요하게 나오는 작품의 구조는 전부 비슷한 걸까요? 이 키워드로 곧장 떠오르는 작품이 있죠. 네, 《사랑의 불시착》입니다.

DRAMA 《사랑의 불시착》

1	2			15	16

북한   정혁 집   사랑 스위스
도착   동거   완성 재회

《갯마을 차차차》가 《사랑의 불시착》을 표절한 것도, 그 반대도 아닙니다.
원래부터 비슷할 수밖에 없는 구성이에요.

	갯마을 차차차	사랑의 불시착
1부	혜진이 공진에서 홍반장을 만난다.	세리가 북한에서 정혁을 만난다.
2부	혜진이 공진에서 병원을 개원하면서 홍반장과 계속 부딪힌다.	세리가 정혁의 집에서 함께 생활하게 된다.
3-4부	혜진이 공진과 마을 사람들에게 적응한다.	세리가 북한과 마을 사람들에게 적응한다.
15부	혜진이 홍반장과의 사랑을 확인한다.	세리가 정혁과의 사랑을 확인한다.
16부	혜진이 공진에 정착한다.	세리가 스위스에서 정혁과 재회한다.

기본값이 비슷한 드라마들의 내부 구조를 분석하면 비슷한 구성값으로 이루어졌음을 알 수 있습니다. 그것이 설정이 비슷한 스토리의 구조적 특성이니까요. 여러분이 쓰고자 하는 드라마 내용과 비슷한 기존 작품을 몇 개만 분석해 보면 금방 감이 잡힐 겁니다.

하나 더! 《갯마을 차차차》 2화 끝에 혜진의 회상 장면이 나오는데요. 바닷가에 놀러 온 어린 혜진의 가족사진을 찍어 주는 사람이 홍반장의 할아버지입니다. 홍반장은 그때 혜진을 웃게 하고자 춤을 추고요. 두 사람은 어린 시절에 이미 운명적인 만남을 가졌던 겁니다. 《사랑의 불시착》 2화 끝에 세리는 정혁의 집에서 우연히 그의 바젤 음악대학 신청서와 과거 사진을 보면서 어디서 본 적 있는 것 같다고 말합니다. 그 단서는 4부 끝에 나오죠. 세리가 북한으로 넘어오기 전에 둘은 스위스에서 만난 적이 있었습니다. 그때 세리가 정혁과 서단의 사진을 찍어 주죠. 두 작품에 비슷한 장면이 나오는 것은 개인적으로는 우연의 일치라고 생각합니다. 하지만 비슷한 구조의 드라마에서는 이렇게 비슷한 장면이 나올 확률이 많은데요. 그 이유는 장르적 컨벤션 때문입니다.

정리해 볼까요? 기본값이 비슷한 드라마는 비슷한 패턴을 보입니다. 이 사실만 알고 작품을 봐도 이전에는 보이지 않았던 것들이 보일 겁니다. 처음에는 어색하고 힘들지 몰라도 내가 좋아하는 16부 드라마 열 편(줄여도 좋습니다) 정도를 골라 각 화를 장르별로 또 캐릭터별로 분석해 보세요. 흐름의 유사성을 발견할 겁니다.

표를 만들어 볼 수도 있습니다.

① 장르 분석

	1	2	3	4	5	6	7	8	9	10	11	12	13	14	15	16
휴먼																
액션																
멜로																
추가 장르 1																
추가 장르 2																

⋮

② 캐릭터 분석

	1	2	3	4	5	6	7	8	9	10	11	12	13	14	15	16
남주																
여주																
서브 남주																
서브 여주																
기타 캐릭터																

⋮

장르별로 각각의 흐름이 어떻게 배치되어 있는지 살펴보세요. 캐릭터별로 각 화마다 무엇을 하는지 점검하세요. 다섯 편 정도만 하면 '유레카'를 외칠 겁니다. 열 편 이상 분석하면 지금 쓰고 있는 글의 흐름을 알게 될 테고, 1백 편 이상 분석한다면 어떤 장르도 막힘없이 쓸 수 있는 방법을 깨칠 겁니다. 두려워하지 마세요. 아직 16부라는 드라마 구조를 열어 본 적이 없어 무서운 겁니다. 막상 열고 나면 그리 어렵지 않아요. 바로 시작해 보세요.

DRAMA 《이상한 변호사 우영우》

많은 사람이 《이상한 변호가 우영우》는 '전형적인 캐릭터 드라마'라고 할 겁니다. 매력적인 캐릭터와 풍부한 에피소드! 20세기에 드라마 작법을 배웠다면 여러 번 들었을 법하죠. 사실 이 작품이 딱 그런 스타일입니다. 주인공 우영우는 호불호 없이 모두가 좋아할 법한 캐릭터이고, 매화마다 변호사인 그가 활약하는 법정 장면이 풍성한 에피소드를 만들어 주지요. 2022년이 우영우의 해였던 만큼, 과거의 드라마 작법에 대한 향수와 선풍적인 인기에 힘입어 비슷한 작품이 꽤 나올 듯한데요.

저는 다른 부분을 짚어 보려고 합니다. 《소년심판》에서 다루었던 주제이기도 합니다.

매력적인 캐릭터와 풍부한 에피소드도 정밀한 구성 위에 있어야 빛을 발한다.

《소년심판》처럼 전체가 에피소드로 버무려진 듯한 드라마들도 분석해 보면 먼저 정교한 구성이 있고, 그 위에 에피소드들이 올려져 있음을 확인할 수 있었습니다. 에피소드로 구성을 만드는 게 아니라, 플롯으로 구성을 만든 다음 그 위에 에피소드를 얹어야 시청자가 보기에 안정적인 드라마를 쓸 수 있기 때문입니다.

《이상한 변호사 우영우》도 그렇습니다.

1	8	16

취업   친엄마 대면   동복동생 변호

이 작품을 각각의 요소로 살펴보겠습니다.

시작: 1화에서 주인공 영우가 법무법인 한바다에 취업한다. 자폐 스펙트럼을 지닌 영우가 대형 로펌에 취업한 것은 한바다의 대표 변호사 한선영(백지원 분)이 라이벌인 태산의 대표 변호사 태수미(진경 분)를 무너뜨리기 위해 수미의 혼외자인 영우를 자신의 회사에 입사시켰기 때문이다.

중간: 영우가 친모인 수미를 만난다. 영우가 자신의 딸임을 모르는 수미는 영우에게 스카우트를 제안한다. 이에 영우는 자신이 수미의 딸이라는 사실을 밝히고 수미의 제안을 거절한다.

끝(절정): 최상현(영우의 동복동생)이 영우를 찾아온다. 영우는 해킹 범죄를 일으킨 상현의 사건을 맡고 이를 처리하면서 끝난다.

《이상한 변호사 우영우》는 밖에서 볼 때는 전형적인 캐릭터 드라마로 보이지만 내부를 열어서 보니 버림받은 딸과 딸을 버린 엄마의 이야기를 다룬 휴먼 드라마임을 알 수 있습니다. 이렇게 언뜻 캐릭터 드라마로 보이는 작품도 플롯의 규칙을 만든 다음 그 위에 다양한 캐릭터와 에피소드를 놓아야 한다는 점을 기억하세요.

저는 드라마의 중간에 스토리의 무게중심이 위치한다고 여러 차례 주장했습니다. 이야기의 본질이 거기 있다고요. 16부작인 《이상한 변호사 우영우》는 8화가 중간점입니다. 여기에 작품 전체를 대변해 주는 대사와 플롯이 나옵니다.

우영우 지금부터 제가 하려는 이야기는 태수미 변호사님만 들으면 좋을 것 같습니다.

태수미 뭔데 그럴까? 나한테 무슨 할 말 있는 거예요?

우영우 저를 알아보지 못하시겠습니까?

태수미 …?

우영우 저는 우광호 씨의 딸입니다. 저를 알아보지 못하시겠습니까?

태수미 …!!!

우영우 저는 한바다를 떠날 생각이었습니다. 태산에서 저를 받아 준다면 이직하고 싶었어요. 하지만 얼마 전 태수미 변호사님이 누구인지 알게 되었고 태산으로 갈 수는 없을 것 같습니다. 아버지한테 독립해 진짜 어른이 되고 싶어서 한바다를 떠나려고 했던 건데 기껏 아버지를 떠나 어머니의 회사로 갈 수는 없으니까요. 그것도 나를 낳았지만 나를 버렸고 지금도 날 전혀 알아보지 못하는 그런 어머니한테요. 태산으로 오라는 제안을 해 주셔

서 감사하지만 저는 한바다에서 계속 일할 거고, 아버지의 곁에 남을 겁니다. (이때, 영우에게 문자 오고 영우가 메시지를 확인한다.) 소덕동 팽나무가 천연기념물로 지정될 것 같다고 합니다. 재판부가 바뀌든 안 바뀌든 경해도는 행복로의 계획 노선을 반드시 변경해야 하겠네요. 소덕동 주민들에게는 참 잘된 일입니다.

태수미 저기 나를 원망했니?

우영우 소덕동 언덕 위에서 함께 나무를 바라봤을 때 좋았습니다. 한 번은 만나 보고 싶었어요. 만나서 반가웠습니다. (영우가 일어서 인사하고 나간다.)

일반 시청자는 대본을 읽고서 이런 생각을 할 겁니다. '역시 《이상한 변호사 우영우》는 좋은 드라마야. 작가는 어쩜 이렇게 대사를 잘 썼을까? 대사만 읽어도 울컥하네.' 문지원 작가의 글은 울림이 있습니다. 특히 마지막 대사요. "소덕동 언덕 위에서 함께 나무를 바라봤을 때 좋았습니다."

하지만 우리는 시청자가 아니라 작가입니다. 인간이기에 감동도 받지만 냉철한 분석도 필요합니다. 영우의 대사를 논리적인 시선으로도 분석해 봐야 하겠습니다. 이 대사를 메인플롯과 서브플롯으로 나누어서 볼 것을 제안합니다.

먼저 메인플롯을 담당하는 대사는 여기가 아닐까요.

아버지한테 독립해 진짜 어른이 되고 싶어서 한바다를 떠나려고 했던 건데 기껏 아버지를 떠나 어머니의 회사로 갈 수는 없으니까요. 그것도 나를 낳았지만 나를 버렸고 지금도 날 전혀 알아보지 못하는 그런 어머니한테요.

서브플롯을 담당하는 대사는 무엇일까요? 저는 여기라고 생각합니다.

소덕동 팽나무가 천연기념물로 지정될 것 같다고 합니다. 재판부가 바뀌든 안 바뀌든 경해도는 행복로의 계획 노선을 반드시 변경해야 하겠네요. 소덕동 주민들에게는 참 잘된 일입니다.

이 시점에서 딸 우영우와 엄마 태수미는 같은 사건을 수임 중입니다. 그래서 위의 대사가 서브플롯을 담당하는 거죠. 다시 말해 이 작품의 메인플롯은 모녀의 이야기입니다. 서브플롯은 그들이 맡은 사건이고요.
메인플롯 담당 대사와 서브플롯 담당 대사는 마지막에 이렇게 모입니다.

메인+서브: 소덕동 언덕 위에서 함께 나무를 바라봤을 때 좋았습니다.
메인: 한 번은 만나 보고 싶었어요. 만나서 반가웠습니다.

이 사건 때문에 모녀가 한 공간에 같이 있었던 겁니다. 수미가 영우에게 스카우트를 제안할 수도 있었고요. 즉, 모녀는 사건을 통해 연결되었던 것입니다. 《이상한 변호사 우영우》 8화에서 우리는 각자가 수임한 사건의 결말보다는 이를 계기로 드디어 조우하는 모녀를 주시합니다.
16부의 중심인 8부에 작가는 자신이 하고자 하는 이야기의 본질을 드러냅니다. 1화부터 여기까지 달려온 이유죠. 16부만이 아니라 모든 드라마의 공통점입니다. 사건이 메인이 아닙니다. 작가가 하고 싶은 본질인 모녀 이야기를 위해 사건을 배치한 겁니다. 그렇다면 둘의 관계가 정리되어야 하는

16부 결말은 어떻게 처리해야 할까요? 수미의 대사를 보겠습니다.

> **태수미** 저는 제 아들이 라온을 해킹해 고객들의 개인정보를 유출했다는 사실을 인지했습니다. 부끄러웠습니다. 자식을 잘못 키운 것도 모르고 나라와 국민을 위해 일하는 법무부 장관이 되고자 했고 제 자식이 저지른 짓인 줄도 모른 채 제가 속한 법무법인 태산이 라온의 이용자들을 대리해 소송하는 것을 지켜봤습니다. 제 아들은 자신의 죄를 깊이 뉘우치고 있습니다. 앞으로 이루어질 경찰 조사도 성실히 임해 합당한 처벌을 받을 것입니다. 저는 오늘 법무부 장관 후보직을 내려놓습니다. 깊이 반성하고 자숙하며 비록 부족한 아들이지만 그동안 하지 못했던 어머니로서의 역할도 충실히 할 것입니다. 국민 여러분께 진심으로 사과드립니다.

"여기에서 가장 중요한 대사는 무엇일까요?"

메인+서브: 자식을 잘못 키운 것도 모르고 나라와 국민을 위해 일하는 법무부 장관이 되고자 했고 제 자식이 저지른 짓인 줄도 모른 채 제가 속한 법무법인 태산이 라온의 이용자들을 대리해 소송하는 것을 지켜봤습니다.
메인: 깊이 반성하고 자숙하며 비록 부족한 아들이지만 그동안 하지 못했던 어머니로서의 역할도 충실히 할 것입니다.

수미의 대사에도 메인플롯의 기능을 담당하는 대사와 서브플롯의 기능을 담당하는 대사가 있습니다. 더 중요한 것은 이것이《이상한 변호사 우영우》를 정리하고 결론짓는 대사라는 점입니다. 그래서 수미의 딸인 영우가 이 장면을 지켜보죠.

마지막으로 플롯 구성에서 중요한 사람이 한 명 더 있습니다. 누구 같나요? 그를 찾기 위해 스토리의 시작인 1부로 가 보겠습니다. 1부에서 한바다의 대표 변호사인 한선영이 영우의 아버지 우광호를 찾아가 영우를 자신의 회사에 취업시키겠다고 합니다. 영우는 로스쿨을 수석으로 졸업한 재원이지만 선영의 목적은 인재 확보가 아닌 수미를 향한 복수에 있습니다. 목적을 달성하기 위해 수미의 딸을 담보로 가지고 있는 쪽이 유리하다고 판단했고요. 이것이《이상한 변호사 우영우》의 시작입니다. 선영이 시작했으니 선영이 종결시켜야겠죠. 어떻게든 자신의 목적을 이루려고 한 선영은 수미가 법무부 장관이 되는 것을 막았습니다. 16부 중간에서 선영이 상현의 진술 영상을 보고 말합니다.

> **한선영** 근데 나는 이 영상이 너무 좋다. 이 영상엔 힘이 있어. 부적절한 사람이 법무부 장관이 되는 걸 막을 수가 있잖아. 아들이 4천만 국민의 개인 정보를 해킹했는데 그 어머니가 어떻게 법무부 장관이 되겠습니까? 안 그래요?

1부와 16부는 이렇게 이어집니다. 참으로 멋진 구성 아닌가요? 드라마는 누구나 쓸 수 있지만 아무나 쓰면 안 됩니다. 정말로 드라마를 사랑하는 사람들이 써야 합니다. 정교한 설계를 통해 자신의 메시지를 세상에 전해야 하니까요. 사람의 심장을 파고드는 대사를 통해서요. 너무 어렵지만, 여러분은 할 수 있습니다. 그 방법을 찾고자 이 책을 읽고 있잖아요.

《이상한 변호사 우영우》와 비슷한 구조를 가진 드라마에는 또 무엇이 있을까요? 지금 어떤 작품이 떠오르나요? 이 책에 나온 드라마 중에는 《소년심판》과 가장 닮은 듯합니다.

DRAMA 《소년심판》

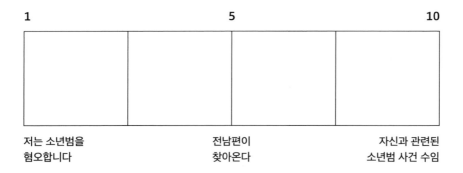

1	5	10
저는 소년범을 혐오합니다	전남편이 찾아온다	자신과 관련된 소년범 사건 수임

《이상한 변호사 우영우》와 《소년심판》의 플롯이 완전히 똑같지는 않습니다. 그런데 내부를 들여다보니 많이 닮아 있습니다. 드라마 내부에 온갖 사건이 나오지만 결국 하고자 하는 이야기는 주인공의 개인사와 연결된 사건이고, 따라서 두 드라마의 시작과 중간, 그리고 끝 지점이 유사합니다.

두 작품의 구성을 반복해서 살펴보세요. 그리고 각 작품의 회당 끝점을 찾아 다음 화와의 연결 방법을 찾길 바랍니다. 유사점을 발견해 보고, 그다음 각 이야기의 절정을 주목하세요.

1막 설정을 보면 우영우는 변호사, 심은석은 판사입니다. '법정 드라마'라는 유사점이 있죠. 그리고 두 작품 모두 주인공과 전혀 관련 없는 듯한 회사 취업과 재판으로 시작합니다. 그다음 2막(중간점)에서 알고 보면 주인공의 혈연과 관련된 이야기를 진행하고자 변호사와 판사로 일하고 있음을 암시합니다. 결말에는 자신과 연관된 사람의 재판을 맡고요. 전부 우연의 일치일까요? 아니면 이야기의 공식일까요? 여러분의 답을 찾아보세요.

지금까지 《갯마을 차차차》와 《이상한 변호사 우영우》를 통해 16부 드라마의 내부 구조를 살펴봤습니다. 16부 쓰기는 작가에게 거대하고 아름다운 구조물을 만드는 것과 같습니다. 3개 이상의 장르로 뼈대를 세우고, 그 안에서 다양한 캐릭터의 풍성한 이야기를 펼치게 되죠. 따라서 단막에서 12부까지의 드라마와는 설계 방법이 조금 다릅니다. 이야기의 크기가 다르니 작법도 당연히 달라야 하고요. 단막에 비해 더 복잡하고 정교한 설계가 있어야 하기에 복합 장르와 다양한 캐릭터 설계가 필요합니다. 여기서는 복합 설계의 필요성만 인지하면 됩니다.

마지막으로 여러분은 지금 내가 쓰는 스토리가 16부라는 형식에 맞나를 고민해야 합니다. 자신의 스토리를 3개 이상의 장르로 풀어 정리해 보세요. 분명하게 세 갈래 이상으로 이야기가 나뉘나요? 네 명 이상의 캐릭터가 등장하고 그들에게 각자의 이야기가 있어 16부를 채울 만한가요? 그렇지 않다면 앞으로 돌아가 적정 길이부터 점검하세요. 이 조건들을 채울 수 없다면 12부 이하가 적합할 겁니다. 억지로 분량을 늘리려 하지 마세요. 분량보다는 내 글에 적절한 형식을 찾아야 합니다. 이것이 최우선입니다.

드라마는 현재 딱딱한 규정, 포맷에서 점점 자유로워지고 있습니다. 여러분이 프로 작가로 활동할 미래는 더 그렇겠죠. '잘' 쓴다면 4부작도, 100부작도 가능한 세상입니다. 저는 현재의 기준과 현재의 초보 작가를 염두에 두고 몇 가지 틀을 제시했습니다. 하지만 이 틀은 곧 깨질 겁니다. 참고 자료이지 절대 법칙은 아니에요. 기존 형태에 얽매여 길을 잃을 것 같다면 새로운 형태를 창조해도 됩니다. 11부, 14부, 17부도 얼마든지 좋습니다. 다만 시청자에게 극적 재미를 전달하기 위해 가장 적절한 형태여야 한다는 사실만 기억하세요.

드라마의 형태를 결정하는 이 과정 또한 작가가 시청자와 소통하고자 하는, 커뮤니케이션의 일부임을 잊지 마세요.

02

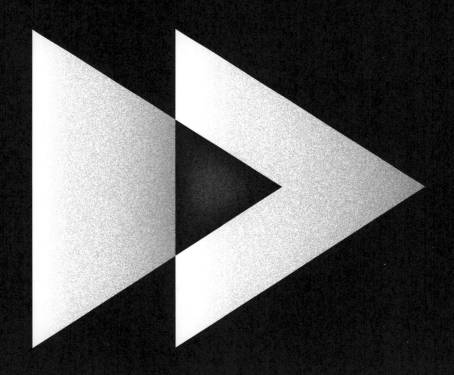

워크북

: 공모전에

당선되는

글쓰기

1부에서 드라마를 끝까지 쓰고, 또 공모전 당선 가능성을 높여 주는 창작의 원칙 10가지를 살펴봤습니다. 열정 가득한 여러분은 지금 창작의 열망으로 활활 끓어오르지 않을까 싶은데요. 이것이 곧바로 드라마 창작으로 폭발하기를 진심으로 바랍니다. 그럼에도 실제 드라마 창작에 들어가면 나도 모르는 사이에 "어, 이게 뭐지?", "내가 배운 게 이런 건 아니지 않나?" 하면서 당황할 수 있습니다.

"세상의 거의 모든 작가가 겪는 당연한 과정입니다. 불안해 하지 마세요."

지금부터는 여러분이 쌓아 온 지식을 창작에 적용하는 과정입니다. 어쩌면 드라마를 써 나가는 과정은 수학 문제를 푸는 것과 비슷합니다. 먼저 수학 공식을 배우고, 그 공식으로 실제 문제를 푸는 거죠. 그래서 준비했습니다. 지금까지 익힌 10가지 원칙을 드라마 창작으로 연결하는 과정입니다. 일종의 연습문제 풀기라고 할까요? 10가지 원칙의 원리를 보다 깊숙이 이해하고, 마침내 완전한 내 것으로 만드는 과정입니다. 수학 연습문제를 많이 푼 사람이 시험 문제를 잘 풀까요, 아니면 공식만 외운 사람이 문제를 잘 풀까요?

드라마 창작도 비슷합니다. 제가 제시하는 연습문제들을 풀어 보세요. 처음에는 더디더라도 여러 번 내 글에 적용해 나가다 보면 조금씩 하나씩, 처음에는 잘 안 보였던 길이 선명하게 눈앞에 펼쳐지는 기적의 순간이 올 겁니다. 이때 여러분이 해야 할 한 가지가 있는데요. 바로 복습입니다. 문제를 풀다가, 드라마를 창작하다가 막히면 거기 해당하는 원칙을 찾아 여러 번 읽어 보세요. 모든 건 아는 만큼 보이니까요. 글이 막히면 아직 그 부분을 선명하게 모른다는 증거입니다. 그러니 거기로 되돌아가 여러 번 읽어 보고, 완전히 이해한 다음 다시 여기로 돌아와 주세요.

"저는 이 자리에서 여러분을 기다리고 있겠습니다."

여기까지 와 주어 정말 감사합니다. 우리 마지막까지 함께 웃어 봐요. 그럼, 시작해 볼까요?

워크북:
공모전에 당선되는 글쓰기

1

연습문제
풀기

저는 오랫동안 여러 기관에서 드라마 이론 수업과 창작 수업을 진행해 왔습니다. 드라마에 대한 애정과 창작에 대한 열정 가득한 수많은 예비 작가들을 만나고 또 소통했습니다. 그리고 매번 수업이 끝날 때마다 제 강의 커리큘럼을 업그레이드하고자 했습니다. 추가하고, 빼고, 수정하고… 등을 반복했습니다. 지루한 드라마가 시청자에게 외면받듯 똑같고 올드한 강의는 수강생의 선택을 받지 못한다는 점을 잘 알고 있었기 때문입니다. 강의 커리큘럼을 발전시키는 과정은 두 가지 방향으로 진행되었습니다.

하나는, 기존 드라마를 가지고 수업하는 것을 지양했습니다. 대신 수업 기간 중에 방영되는 혹은 업데이트되는 신작을 분석하는 것을 지향했습니다. 누차 이야기했듯 여러분은 미래의 시청자가 볼 작품을 쓸 테니 과거의 드라마 창작 방식을 답습하면 안 됩니다.

세상이 정말로 빠르게 변하고 있고, 시청자의 호감도는 그보다 더 빠르게 바뀌고 있습니다. 그래서 새로운 강의가 시작될 때마다 해당 시점의 최신 작품을 보면서 과거와 현재의 공통점과 차이점을 분석하고 논의했습니다. 현재의 트렌드가 이러하니 미래에 쓸 드라마, 몇 달 뒤 공모전에 낼 작품은 이러저러하면 좋겠다고, 해당 시점의 현재와 미래에 대해 이야기를 나눴습니다.

나머지 하나는 지금부터 여러분과 함께할 '연습문제 풀기'입니다. 강의를 시작하던 초기에는 이렇게 생각했습니다. '드라마 이론을 잘 정리해서 알려주면 알아서 잘 쓰시겠지.' 완전한 착각이었습니다. 강의에 대해 늘 좋은 평을 주는 감사한 수강생들 덕에 즐겁게 열심히 강의만 했습니다. 그러던 어느 날, 수강생들의 아이템을 피드백하는데 누군가 이렇게 말하는 겁니다.

수강생　강의를 제대로 이해하는 사람은 30%밖에 안 될 거예요.

오기환　네? 제가 매번 "다들 이해하시죠?"라고 물어보면 전부 고개를 끄덕였는데요?

수강생　그걸 믿으세요? 다들 이해한다는데 나 혼자 이해 못 한다고 편하게 말할 수 있는 사람이 몇이나 되겠어요?

오기환　아…. 고개를 끄덕인 건 맞지만 그게 다 이해한단 의미는 아니었군요.

수강생　사실 저도 처음에는 이해를 못 했어요.

오기환　제가 강의를 제대로 하지 못했네요. 죄송합니다.

수강생　아니요. 그런 게 아니고 드라마 이론을 이해하는 자체가 어려운 것 같습니다. 앞으로는 좀 더 쉽게, 여러 번 반복해서 설명하면 좋겠습니다.

또 (학벌이 절대 이해력의 척도가 될 수 없지만) SKY를 졸업하고 현재 변호사로 일하고 있는 한 수강생도 저에게 강의 이해가 힘들다고 털어놓은 적이 있습니다. 수많은 사람을 만나 저마다의 사연을 듣고 당사자보다 더욱 깊이 사건을 이해해야 하는 일을 업으로 삼은 사람이 드라마 창작 수업을 이해하는 데 어려움을 겪다니요?

두 날카로운 지적으로 저는 제 강의 내용과 전달 방법에 대해 근원부터 돌이켜보고 각성할 수 있었습니다. 이것이 제 강의를 변화시키는 터닝 포인트가 되었습니다. (정말 감사합니다!) 그때부터 저는 수업에 '연습문제 풀이'를 도입했습니다. 수학 공식을 배우고 곧바로 척척 문제를 풀 수 없듯 드라마 이론에 능숙하다고 하여 착착 작품이 나오지는 못합니다. 공식을 완벽하게 체득하기 위해서는 무수히 많은 문제를 풀어 봐야겠죠.

그래서 함께 연습문제를 풀고자 합니다. 지금까지 학습한 드라마 창작의 원칙들을 가지고 다양한 문제를 살펴보면서 내가 제대로 이해했는지, 지금부터 드라마 창작에 진입해도 되는지 점검하는 과정입니다. 여담이지만 연습문제 풀이 과정을 도입하자 제 수업을 듣는 수많은 수강생으로부터 예전보다 강의를 훨씬 더 이해하기 쉽다는 긍정적인 반응이 들려왔습니다. 그래서 지금도 다양한 연습문제 풀이 과정을 꼭 넣습니다.

지금부터 풀어 볼 문제들은 전부 '드라마 이론'과 관련 있습니다. 하지만 수학 문제가 아니기 때문에 (모든 창작에 정답이 없기에) 정답이 조금 흐릿할 수는 있습니다. 그렇다고 이것이 우리가 드라마 연습문제를 푸는 소중한 과정의 가치를 저해할 정도는 아닙니다. 딱딱한 하나의 정답을 얻기 위한 문제 풀이가 아니라, 내 생각이 가미된 해답을 찾는 과정이라고 여기고 부디 즐겨 주세요.

그럼 시작하겠습니다.

▮ 엄마의 과보호로 세상 밖으로 나가지 못했던 아들

엄마의 과보호로 세상 밖으로 나가지 못했던 아들이 결국 세상 밖으로 나간다.

이 스토리, 어떤가요? 재미있게 쓸 수 있을까요? 잘 들여다보세요. 앞으로는 로그라인 한 문장으로 스토리의 시작과 끝을 유추하는 훈련을 하겠습니다. 하나의 문장으로 전체 스토리를 가늠해 보고, 시작과 끝을 상상해 보고, 온전하게 쓸 수 있는 이야기인지 아니면 쓰다 멈추게 될 이야기인지를 판단하는 것입니다.

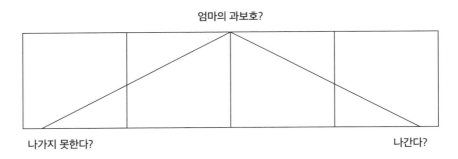

먼저 주인공과 적대자를 나눠 봅니다. 엄마의 과보호가 적대자, 집에만 있던 아들이 세상 밖으로 나가니까 그가 주인공이겠네요. 위아래로 나눠 주인공과 적대자를 배치하면 플롯의 삼각형은 위와 같이 그려집니다. 일단 플롯의 삼각형이 채워졌기에 쓸 수 있는 이야기처럼 보이네요. 다음 단계로 플롯의 삼각형을 채운 단어(문장)를 동작으로 바꿀 수 있는지 살펴봐야겠습니다. 계기적 사건의 기능을 해야 하는 시작 지점의 '나가지 못한다'부터 보겠습니다. 주인공(아들)은 어디에서 나가지 못하죠? 이 상황을 어떻게 촬영할 건가요? 구체적인 장면으로 변환해 봐야 합니다. 현관문 밖으로 나가려는 아들을 엄마가 온몸으로 가로막는 장면이면 될까요? 그런데 아들이 엄마보다 힘이 약해서 못 나가는 걸까요? 화면으로 '나간다'는 어떻게 보여 줄 수 있을까요? 아들은 어디에서 어디로 나가려고 하는 거죠? 스스로를 향해 이와 같은 질문을 끊임없이 던져야 합니다. 어느 정도 질문에 답할 수 있다면 다음 단계로 넘어갑니다.

이제 중간 지점의 적대자인 엄마와 엄마가 하는 과보호를 보겠습니다. '엄마의 과보호'는 개념인가요, 아니면 동작인가요? 동작으로 보여 줄 수 있다면 구체적으로 무슨 동작이 있을까요? 시작 지점은 그럭저럭 그럴듯하다고 생각했는데 중간 지점에서 다시 보니 명확하지 않습니다.

마지막 단계를 살펴보죠. '나가지 못한다'와 연동되는 곳입니다. 처음의 '나가지 못한다'가 명확하지 않기에 자동으로 끝의 '나간다'도 정리될 수 없습니다.

결론적으로 언뜻 보면 쓸 수 있을 듯한데, 깔끔한 시작과 명료한 중간과 명쾌한 끝이 떠오르지 않습니다.

문장으로 보면 그럴듯한데 실제 동작으로 이어지지 않아 쓰기 힘들다.

우리가 항상 겪는 어려움입니다. 지금 이와 같은 어려움을 겪고 있다면, 현재 동작으로 완벽하게 변환되지 않는 스토리를 쓰는 중일 수 있습니다. 불분명한 글을 쓰고 있어서 겪는 어려움은 분명한 글로 해결할 수 있겠죠? 이 스토리를 다음과 같이 바꿔 보겠습니다.

- 아들이 여자친구의 생일을 맞이하여 여자친구와 부산으로 여행을 가기로 한다. 여행 당일에 집을 나서려는데, 엄마가 못 가게 한다. 아들은 엄마의 만류를 무시하고 기차에 타고, 엄마도 몰래 기차에 탄다. 엄마는 아

들 몰래 아들의 여자친구에게 접근해서 대전에서 내리라고 한다. 이 사실을 안 아들은 엄마에게 화를 내고, 무사히 부산에 도착한다. 자신의 말을 듣지 않는 아들에게 화가 난 엄마는 아들의 신용카드를 정지시킨다. 아들은 당황도 하고 엄마에게 화도 나지만 어떻게든 여자친구의 생일을 축하해 주기 위해 노력한다. 일련의 사건 끝에 두 사람은 소소하지만 행복한 생일을 즐긴다. 이 모습을 본 엄마는 더 이상의 훼방을 포기하고 혼자 서울로 가는 기차를 탄다.

확실한 건, 조금은 더 분명해졌다는 점입니다. 도표를 그리면 이렇습니다.

못 가게 한다	엄마도 따라왔다	여친에게 대전에서 내리라고 한다	아들의 카드를 막는다	아들의 행복한 모습을 본다
부산에 가려고 한다	여친 따라 부산행 기차 탑승		부산역 도착	해운대에서 생일파티

'엄마의 과보호로 세상 밖으로 나가지 못했던 아들이 결국 세상 밖으로 나간다'를 '아들이 여자친구의 생일을 기념하여 부산으로 가려는데 엄마가 두 사람을 방해한다'로 바꿨습니다. '나가지 못한다'라는 개념 스토리를 '기차를 타고 부산에 간다'라는 동작 스토리로만 바꿨을 뿐입니다. 그런데도 다르게 느껴지죠? 무엇보다 촬영할 수 있는 이미지가 떠올랐습니다.

로그라인 문장이 떠오르면 곧장 스토리의 시작, 중간, 끝을 생각해 보세요. 그리고 주인공과 적대자를 위아래로 배치하고요. 마지막으로 플롯의 삼각형(앞, 뒤, 중간)이 모두 분명하게 동작으로 치환되는지 점검하세요. 드라마는 개념으로 쓰지 않습니다. 동작으로 써야 합니다. 드라마 공모전에 당선되는 열 가지 원칙 중 첫 번째 원칙이 뭐였죠? '드라마는 영상으로 쓴다.' 우리 작업은 주인공의 동작을 쓰는 영상 스토리텔링임을 잊지 마세요!

� 죽으러 먼 길을 떠나는 주인공

삶을 마감하고자 먼바다로 떠나는 주인공이 우여곡절 끝에 바다에 도착한다.

주인공이 어딘가로 떠나는 이야기. 신선하지는 않아도 많이 쓰입니다. 결론부터 말하자면 좋은 결과를 얻기 힘든 포맷입니다.

이런 스타일의 처음은 대개 이렇습니다.

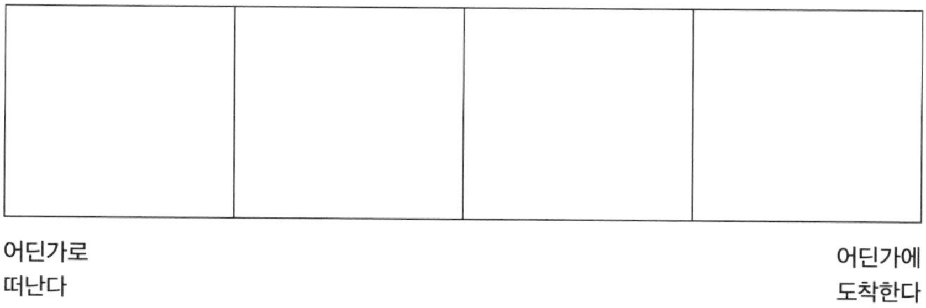

어딘가로
떠난다

어딘가에
도착한다

구성은 단순한데 써 보면 진도가 잘 안 나갑니다. 로그라인에 착각 요소가 들어 있기 때문이죠. 풀어 설명하면 '떠나고, 도착한다'는 마치 그 안에 이야기가 존재하는 듯한 착각을 준다는 겁니다. 저는 '떠나고, 도착한다'는 이야기가 아니라고 생각합니다. 과정을 떠올려 보세요. 행동의 척추에 무엇을 넣을 수 있나요? 중간에 버스를 타나요? 기차를 타나요? 무엇이든 탈것을 타고 도착하면 이야기가 끝납니다. 중간은 '버스 속' 혹은 '기차 안' 외에 없죠. 주인공은 무엇을 하나요? 앉아 있습니다. 그래서 쓰기 힘든 겁니다. 아니 쓸 수가 없습니다. 이것이 제가 착각 요소가 있다고 말한 이유예요. 여기에서 짚을 것은 '떠나고, 도착한다'보다는 '왜 죽으려고 하는지, 죽기 전에 무엇을 정리해야 하는지'입니다. 그것이 이야기일 확률이 높기 때문입니다.

| 삶을
정리하려 한다 | 정리 과정 1
(가족) | 죽어야 하는 이유
(주제 혹은 가치) | 정리 과정 2
(주변) | 도착하고
죽는다 |

시작: 삶을 마감할 결심을 하고 친구를 만나 여느 때처럼 조만간 보자고 하며 헤어진다. 주인공은 친구에게 작은 선물을 건네며 말한다. "그동안 네가 있어 얼마나 많은 도움을 받았는지 몰라. 정말 고마워." 평소와 다른 주인공의 모습에 당황한 친구.

정리 과정 1: 부모님 집을 찾아간 주인공은 부모님과 같이 음식을 만든다. 시간이 늦었으니 자고 가라는 부모님에게 주인공은 "두 분은 저에게 너무나 자랑스러운 어머니와 아버지였어요. 저는 그런 자식이었는지 모르겠네요"라고 한다.

중간점: 고해성사를 하러 간 주인공. "제가 죽을병에 걸렸습니다. 착하고 성실하게 살아왔다고 자부하는데 왜 저에게 이런 시련을 주는 걸까요?" 한참 동안 신의 뜻에 대해 이야기하는 신부와 주인공.

정리 과정 2: 짐을 하나씩 정리하는 주인공. 살던 곳을 비우고, 회사도 정리한다. 그리고 평소 관계가 좋지 않았던 동료에게 말한다. "나를 미워해도 좋아. 다만 나도 어쩔 수 없었어."

끝: 바다에 도착한 주인공은 한참 눈물을 흘리다 세상과 이별을 고한다.

이 스토리는 예시로만 여기세요. '막연한 떠남'은 절대 좋은 글을 주지 않습니다. 구체적이고 합리적인 과정을 설계해야 합니다. 어디에서 시작해서 어디로 가는지, 이유는 무엇인지 세세하게 설계하세요. 무엇이든 구체적인 계획이 있으면 스토리는 달릴 수 있습니다.

❸ 결혼을 강요하는 아버지 때문에 괴로운 딸

결혼을 강요하는 아버지 때문에 괴로운 딸에게 한 남자가 나타난다. 그는 아버지 때문에 죽은 남자의 아들로, 처음부터 복수를 위해 접근했다. 이를 알게 된 딸은 어떤 선택을 해야 할까?

이번에는 한 문장이 아니라 몇 개의 문장으로 설명되는 스토리입니다. 하나의 문장이건 1만 개의 문장이건 스토리에 적용되는 원칙은 같습니다. 시작, 중간, 끝을 왼쪽에서 오른쪽으로, 주인공과 적대자를 위와 아래로 구분해서 배열합니다.

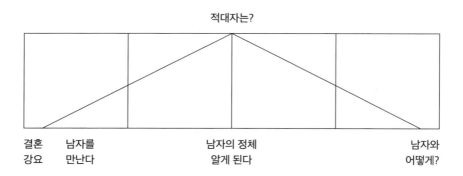

로그라인을 읽으면서 '이건 가능할 것 같다'라는 감이 왔을 텐데요. 명심하세요! 이것이 드라마 창작의 가장 큰 적입니다. 반드시 검증이 필요합니다. 번거롭지만 매번 점검해 보는 습관을 갖길 바랍니다.

그래서 저는 위와 같이 플롯의 삼각형을 그렸습니다. 아버지의 결혼 강요로 괴로워하던 주인공은 운명처럼 한 남자와 만나고 사랑에 빠집니다. 여기까지가 1막이겠죠. 2-1막부터는 딸 앞에 등장한 남자와 관련된 수상한 지점이 나타나고, 중간에 오면 주인공인 딸이 남자의 정체를 알게 될 것입니다. 이제 문제입니다. 중간 지점에는 스토리 전체를 통틀어 가장 강력한 적대자가 나타나 스토리의 중심을 확실하게 잡아 주어야 합니다. 딸이 남자의 정체를 알게 되는 게 가장 큰 적대자 역할인가요? 여러분, 다음의 둘 중 누가 적대자인가요?

- 남자의 아버지를 죽인 내 아버지가 적대자다.

- 내 아버지에게 복수하려는 남자가 적대자다.

지금 누가 적대자인지 헷갈린다면 둘 다 넣어 각각의 스토리를 전개해 보면 됩니다.

- 남자의 아버지를 죽인 내 아버지가 적대자다.

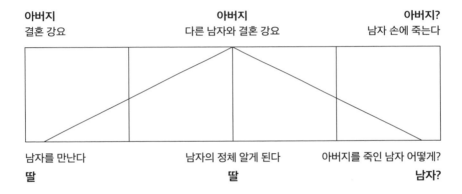

아버지	아버지	아버지?
결혼 강요	다른 남자와 결혼 강요	남자 손에 죽는다

남자를 만난다	남자의 정체 알게 된다	아버지를 죽인 남자 어떻게?
딸	**딸**	**남자?**

아버지를 적대자의 위치에 올려 봤습니다. 그런데 결혼을 강요했던 아버지가 마지막에 남자 손에 죽는데요? 주인공이 아닌 다른 캐릭터의 손에 죽는 인물이 가장 강력한 적대자가 될 수 있을까요? 배트맨과 싸우던 조커가 배트맨의 집사인 알프레드 손에 죽는 것과 무엇이 다른가요? 완성할 수 있는 스토리는 위에 위치한 적대자와 아래 위치한 주인공이 처음부터 끝까지 갈등해야 합니다.

315

■ 내 아버지에게 복수하려는 남자가 적대자다.

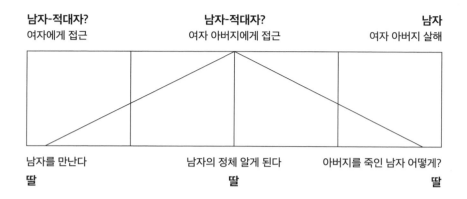

이번에는 적대자의 자리에 남자를 두었습니다. 남자는 복수를 위해 복수 대상의 딸에게 접근하여 결국 복수에 성공합니다. 적대자로 적절하게 행동하고 기능하는 것 같습니다. 그런데 아직 끝이 아닙니다. 이 스토리에서 남자는 처음과 중간에 주인공인 딸에게 적대자로서의 역할을 수행했나요? 결말에 도달하기 전까지는 어떠한 적대적인 역할도 하지 않습니다. 두 사람은 (적어도 표면적으로는) 사랑했으니까요. 그럼 주인공인 딸은 어떤 기능을 하나요? 정말 주인공인가요, 아니면 그냥 원수의 딸인가요?

아버지가 적대자인 경우와 남자가 적대자인 경우 모두 스토리가 흐릿해 보입니다. 간단합니다. 주인공과 적대자가 불분명하기 때문이죠. 주인공인 딸은 아버지와는 '천륜'으로 엮여 있고, 남자와는 '사랑'으로 엮여 있어 취할 수 있는 행동이 제한적입니다. 주인공과 적대자가 불분명한데 스토리가 아름답게 완결될 리가요! 그래서 이렇게 제안해 봅니다. 이번에는 남자를 주인공으로, 딸의 아버지를 적대자로 두는 겁니다.

여자의 아버지

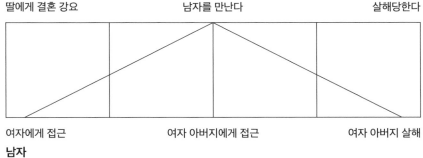

딸에게 결혼 강요   남자를 만난다   살해당한다

여자에게 접근   여자 아버지에게 접근   여자 아버지 살해

남자

확실히 스토리가 명확해 보이지 않나요? 남자의 목적과, 적대자인 여자의 아버지에게 복수한다는 결말도 분명합니다. 그렇다고 이 스토리를 정답이라고 하기에는 여러 어려움이 따릅니다. '로미오와 줄리엣' 계열이라고도 할 수 있는, 원수의 아들 또는 딸과 사랑에 빠지는 이야기인데요. 과거에는 인기 있었지만 어느 순간 잘 보이지 않습니다. 왜일까요? 시청자는 주인공과 적대자가 명확하게 분리되어 있고, 그래서 선한 주인공이 악한 적대자를 통쾌하게 부수는 이야기를 선호하기 때문입니다. 절체절명의 순간에도 망설이는 햄릿형 캐릭터는 더 이상 보고 싶어 하지 않습니다.

시청자를 사로잡고 싶다면 주인공과 적대자의 관계를 명확하게 분리하여 설정하세요. 둘 사이에 관계 설정이 명확하고 깔끔해야 주인공이 적대자를 처단할 수 있기 때문입니다. 감정적으로가 아니라 이성적으로 적대자를 이겨야 할 이유를 부여하세요.

주인공과 적대자는 그에 맞는 기능을 수행해야 한다.

현실 세계에서는 선량한 주인공이 타락하여 적대자가 될 수도 있고, 적대자가 어느 날 회개하여 선량하게 살아갈 수도 있으나 드라마 세계에서는 안됩니다. 주인공이 복수를 위해 오랜 세월 고난을 겪었는데, 적대자에게 연민을 느껴 복수를 망설인다면 시청자가 재미를 느낄 수 있을까요? 복수극인데요. 이런 이유로 주인공과 적대자의 관계 설정이 명확해야 합니다.

결론적으로 '결혼을 강요하는 아버지 때문에 괴로운 딸' 스토리는 주인공과 아버지, 주인공과 남자의 관계가 명확하지 않고, 다시 말해 주인공과 적대자를 분명하게 분리하기 힘들어 구조적으로 스토리를 튼튼하게 설계하기가 매우 어렵습니다. 로그라인을 읽을 때는 가능성 있어 보였던 스토리가 검증을 거치면 발전 가능성이 없는 것으로 판명 나는 경우가 많습니다.

이 과정에서는 네 번째 원칙인 '드라마는 주인공 중심으로 쓴다'와 다섯 번째 원칙인 '적대자 중심의 글쓰기도 고려하여 쓴다', 그리고 여섯 번째 원칙인 '플롯의 삼각형을 설계하여 쓴다'를 참고하세요.

4 어느 날, 눈뜨고 나니 과거로 간 남자

월요일 아침, 눈을 떠 보니 중세 유럽 시대다.

개인 혹은 집단이 알 수 없는 이유로 시간여행을 하는, 이른바 '타임슬립' 이야기가 많습니다. 그런데 이상한 일이죠. 공모전 당선작 중에는 거의 없거든요. 이런 스타일의 스토리가 많이 접수되지 않아서 그런 것 같다고요?

심사위원 입장에서 말하자면, 매우 많습니다. 여러 사람이 쓰는데 어째서 좋은 결과물을 내지 못할까요? 수강생에게 받은 아이템 중에 이와 비슷한 이야기가 많았습니다. '유명한 파티시에가 신라로 간다', '공인중개사가 고려로 타임슬립한다', '할머니가 자신의 20대 시절로 돌아간다' 등등.

오기환 그러니까 주인공이 깨어나 보니 과거라는 거죠?

수강생 네.

오기환 이제 스토리를 이야기해 주세요.

수강생 과거로 갔다니까요?

오기환 그러니까요. 과거로 갔어요. 그리고 그다음 스토리를 말해 주세요.

수강생 그게 스토리인데…요…?

오기환 ?!

왜 이런 대화가 오가는 걸까요? 그 이유는 아래 표에 담겨 있습니다.

주인공	눈뜨니 과거	?	?	?

'과거로 간다'는 1막에 해당합니다. 상황도 눈에 잘 그려집니다. 그다음은요? 타임슬립물의 함정이 이것입니다. '과거로 간다'는 스토리가 아니라 장

치인데, 다들 스토리로 생각합니다. 당연히 글이 나아가지 않고요. 타임슬립물도 핵심은 1막이 아니라 이야기의 척추여야 합니다. 주인공이 과거로 가는 데는 마땅한 이유가 있어야 하는데도 무작정 주인공을 과거로 보내는 작가가 많습니다. 공모전 당선작 중 타임슬립물이 거의 없는 것도 같은 이유입니다. 《내 남편과 결혼해줘》(2024)를 떠올려 보세요. 너무나도 분명한 이유가 있죠. 이처럼 주인공이 과거에서 꼭 해야 할 미션을 먼저 설정하고 쓰세요.

타임슬립물의 변형도 있습니다. 가령 이런 스토리죠.

어린 시절 부모를 잃고 할아버지와 사는 망나니 재벌 3세가 있습니다. 할아버지는 손자를 훈육하려 하다가도 딱한 마음에 어쩌지 못한 채 시간만 흘렀습니다. 그날도 평소처럼 잔뜩 술에 취해 잠든 손자. 갑자기 누가 그의 뺨을 강하게 때립니다. "얼른 일어나지 못해!" 화를 내기도 전에 찬물도 한 바가지 날아옵니다. 정신이 번쩍 들어 일어난 손자는 외치죠. "어떤 놈이야? 너, 내가 누군지나 알아?" 그러거나 말거나 이번엔 주먹이 날아옵니다. "돌쇠지, 누구긴 누구야. 빨리 일 안 해?" 손자가 주변을 둘러보니 이게 웬일? 조선 어느 양반집 마구간 앞입니다. 자신은 거지나 다름없는 차림새고요. 그렇게 현대의 재벌 3세에서 조선의 노비로 다시 태어납니다.

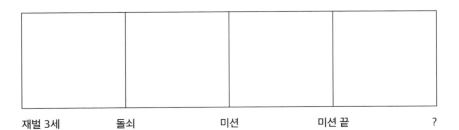

재벌 3세   돌쇠   미션   미션 끝   ?

도표로 구조화해 볼 때도 재벌 3세에서 돌쇠로 다시 태어난 1막은 쉽게 쓸 수 있습니다. 행동의 척추도 2달 정도 걸리는 미션 하나만 설정하면 어렵지 않고요. 3막은요? 제가 전하고 싶은 게 이것입니다. 타임슬립물은 주인공을 과거로 보내 미션을 수행하게 만들어야 합니다. 여기서 가장 중요하게 점검할 것이 작가가 '이러저러한' 이유로 과거로 보낸 주인공의 '이러저러한' 이유가 무엇인가입니다. 그게 없다면 쓰지 않는 게 나을 수 있습니다. 돌쇠가 된 재벌 3세 이야기로 돌아가겠습니다.

돌쇠로 지내던 재벌 3세는 여러 미션을 수행하는 사이 완전히 다른 인간으로 태어납니다. 주인에게 신뢰도 얻고요. 그리고… 어느 날, 자신이 사는 시대가 조선이 아니라 현대임을 깨닫습니다. 깜짝 놀라는 손자! 알고 보니 손자의 미래를 걱정하던 할아버지가 마을 하나를 사서 가짜 조선으로 바꾸고 연기자들을 심어 손자를 돌쇠로 만든 거죠. 즉 과거로 간 게 아니라 과거처럼 꾸며진 현재에 살았던 것입니다. 이 모든 걸 안 손자는 그간의 잘못을 뉘우치고 앞으로는 성실하게 살아갈 것을 할아버지에게 약속합니다. 해피엔딩!

재벌 3세	돌쇠	성실해지는 과정	성실해짐	할아버지 계획

이런 식의 명확한 목표가 있다면 좋은 타임슬립물이 될 겁니다.

5 시어머니와 몸이 바뀐 며느리

어느 날, 시어머니와 며느리의 몸이 뒤바뀐다.

이런 일이 벌어지면 어떨 것 같나요? 신선한가요, 아니면 왠지 문제가 있어 보이나요? 알쏭달쏭하다고요? 활자로 잘 정리가 안 될 때는 어떻게 해야 하죠? 맞습니다. 도형화를 해봐야겠죠.

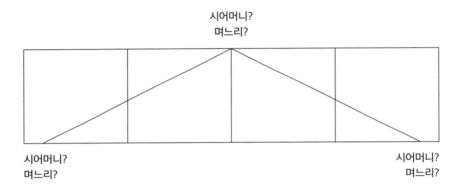

플롯의 삼각형을 그려 봤는데요. 이상합니다. 왜, 무슨 이유로 이렇게 그려 지는 건가요? 텍스트로는 그럴듯해 보였는데, 작업해 보니 시작부터 난관 에 부딪히고 맙니다. 여러분은 이유를 발견했나요? 지금까지 수없이 반복 한 대로 시작, 중간, 끝을 좌우로 펼치고 주인공과 적대자를 위아래로 나누 어야 하는데⋯. 주인공과 적대자를 나눌 수가 없어 이런 문제가 발생합니 다. 그러고 보니 우리, 아직 주인공을 정하지 않았잖아요. 이 지점에서 확실 히 깨달아야 합니다.

322

주인공과 적대자를 정하지 않으면 스토리를 시작할 수 없다.

괜찮습니다! 방금 플롯의 삼각형을 그린 것이니 이제라도 주인공을 정하면 됩니다. 주인공은 한 명이어야 하니 다음 두 경우 중 하나겠네요.

- 주인공은 시어머니, 적대자는 며느리.
- 주인공은 며느리, 적대자는 시어머니.

선택했나요? 참, 두 사람의 몸이 뒤바뀐다는 것도 설정입니다. 이렇게 써야 정확하겠죠.

- 주인공은 시어머니, 적대자는 며느리(주인공은 며느리의 몸을 한 시어머니, 적대 자는 시어머니의 몸을 한 며느리).
- 주인공은 며느리, 적대자는 시어머니(주인공은 시어머니의 몸을 한 며느리, 적대 자는 며느리의 몸을 한 시어머니).

이렇게 해도 뭐가 더 나은 조합인지 판단이 안 선다고요? 이유가 무엇일까요? 주인공과 적대자가 정해지지 않으면 스토리를 시작할 수 없다고 했습니다. 그래서 지금 주인공을 정하려는 거고요. 사실, 누구를 주인공으로 세울지 명확한 판단이 안 서는 이유가 분명 있습니다. 스토리의 척추, 행동의 척추가 어떻게 될지 모르기 때문이죠.

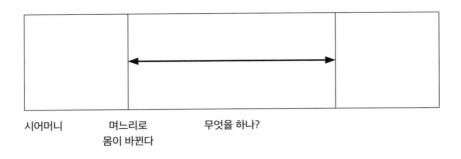

시어머니   며느리로   무엇을 하나?
            몸이 바뀐다

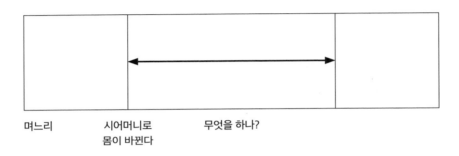

며느리   시어머니로   무엇을 하나?
            몸이 바뀐다

아마도 작가는 대체로 앙숙 관계인 시어머니와 며느리의 몸이 바뀌면 재미있는 일이 생기지 않을까 생각했을 겁니다. 그런데 주인공을 누구로 세워야 할지 판단이 잘 서지 않습니다. 당연하죠. 서로의 몸이 바뀌고 나서 무슨 일이 벌어질지까지는 고민하지 않았으니까요.

막연하게 신선하다고 생각한 아이템이 실제 창작 과정에 들어가면 조금도 재미있지 않은 경우가 꽤 많습니다. 이와 같은 오류들을 해결하기 위해 지금 연습문제를 풀고 있고요. 여러분의 머릿속에 스멀스멀 이런 질문이 올라오고 있을 겁니다

"이런 아이템은 절대 쓰지 말아야 하나요?"

324

창작의 세계에는 절대적인 정답이 없습니다. 모든 건 작가가 정합니다. 다만 결과도 작가가 책임져야 합니다. 당장은 주인공이 누구인지, 주인공이 상대방과 몸이 바뀐 후 무엇을 할지 결정해야 합니다. 그래서 다음의 스토리 라인을 예시로 제시합니다.

■ 며느리는 남편 앞으로 수많은 보험을 들었다. 얼마의 시간을 기다렸다가 드디어 남편 살해 계획을 실행하려고 한다. 우연히 이 사실을 안 시어머니는 며느리를 저지하고, 두 사람이 다투는 과정에서 몸이 뒤바뀐다. 시어머니의 몸이 되어서도 남편을 죽이려는 며느리, 며느리의 몸으로 아들을 죽이려는 며느리를 막는 시어머니.

이것으로 아래와 같이 재구성해 보겠습니다.

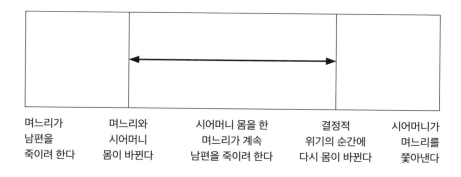

| 며느리가 남편을 죽이려 한다 | 며느리와 시어머니 몸이 바뀐다 | 시어머니 몸을 한 며느리가 계속 남편을 죽이려 한다 | 결정적 위기의 순간에 다시 몸이 바뀐다 | 시어머니가 며느리를 쫓아낸다 |

주인공과 적대자를 정하고, 중간 과정을 넣을 수만 있다면 스토리는 끝까지 쓸 수 있습니다.

1막에서 보험금 때문에 남편을 살해하려는 적대자의 목표와 동작을 명확하게 정리했습니다. 2막에서도 시어머니의 몸이 되었지만 계속해서 자신의 목표를 이루려고 하는 며느리의 일관된 행동이 이어짐으로써 드라마의 긴장감을 유지할 수 있었고요. 이렇게 보니 주인공은 시어머니(몸은 며느리)로 택하는 편이 나을 듯하네요. 며느리(몸은 시어머니)를 주인공으로 삼는다면 그에 맞춰 전체 스토리 도표를 수정해야 합니다.

세 번째 연습문제에 이어 주인공과 적대자에 관한 문제였습니다. 심화 편이라고나 할까요? 하나 더 기억해 두자면 1막에서 결정된 주인공과 적대자가 2막에서도 변함없이 갈등 관계를 유지해야 합니다. 저는 1부에서 공모전에 당선되는 열 가지 원칙을 논했습니다. 그리고 그에 관한 워크북 개념으로 여러 연습문제를 풀고 있고요. 제가 한 가지 더 질문하고 싶은데, 괜찮을까요?

"이 스토리가 공모전에 당선될까요? 조금 더 개발하면 편성도 가능할까요?"

갑자기 왜 이런 질문을 던지는지 의아할 수도 있습니다. 우리는 지금 드라마를 완성하는 방법을 알아보고 있습니다. 그간의 학습으로 여러분은 어느 정도 글을 완성할 수 있는 능력을 얻었습니다. 자신감 있게, 능력을 마음껏 펼치기 위해 이 지점에서 제안을 하나 합니다.

"우리, 목표를 조금 더 높게 잡아 볼까요?"

우리의 1차 목표는 드라마 완성입니다. 2차 목표는요? 우리가 가야 할 길의 종착점은 '완성되는 글쓰기'가 아닙니다. 완성은 기본값이고 최종값은 공모전 당선입니다. 그다음에는 프로 작가가 되어 편성되는 드라마를 쓰는 것일 테고요. 그래서 충분히 잘하고 있는 여러분에게 조금 더 힘을 내 보길 독려하는 겁니다.

완성도 하고 당선도 됩시다!

6 신라·당나라 연합군과 백제·왜 연합군의 싸움

663년, 나당 연합군의 공격에 맞서던 백제. 백제의 열세에 동맹국인 왜(일본)가 지원 병력을 파견한다. 마침내 백강에서 나라의 운명이 달린 전투가 벌어진다.

이 전쟁은 『일본서기(日本書記)』에도 기록되어 있습니다. 역사 시간에 배운 적이 있죠? 여러분, 실제 전투를 다룬 이 아이템을 드라마로 쓸 수 있을까요? 헷갈리면 앞에서 정리한 내용을 복습하면 됩니다.

- 주인공과 적대자가 분명해야 한다.
- 끝이 명확한지 점검한다.

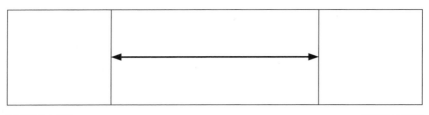

주인공은 누구?   백제가 패한다

스토리의 도형에 적용해 창작 가능성을 확인해 보겠습니다.

먼저 주인공 부분을 보겠습니다.

신라, 당나라, 백제, 일본 가운데 주인공은 어느 나라일까요? 일단 당나라와

일본은 아닐 듯합니다. 남은 건 신라와 백제인데 둘 중 주인공의 필수 조건

인 '하나의 단일한 행동'을 한 나라가 있나요? 역사를 기반으로 쓰니 역사

적 사실과 어긋날 수는 없습니다. 신라는 당나라의 도움 없이는 온전히 자

신의 힘으로 백제를 공격할 수 없습니다. 그리고 백제는 왜의 도움 없이는

신라와 맞서 싸울 수 없습니다. 다시 묻겠습니다. 둘 중 주인공은 어느 나라

인가요? 네, 없는 것 같습니다. 신라와 백제 모두 자신의 온전한 힘으로, 자

신이 짠 계획으로 무엇을 했다고 말할 수 없으니까요.

다음으로 결말 부분을 보겠습니다.

백제·왜 연합군은 신라·당나라 연합군에게 패합니다. 역사적 사실이니 바

꿀 수 없습니다. 그런데 상업적이고 대중적인 스토리는 보통 주인공이 마지

막에 승리합니다. 그렇다면 신라가 주인공에 적합하겠네요. 신라를 주인공

으로 정하고 드라마를 생각해 보겠습니다. 이제 무엇을 쓸 수 있을까요? 신

라는 주도적으로 행동한 부분이 많지 않습니다. 결론적으로 신라는 주인공

에 맞지 않습니다.

대한민국은 유구한 역사를 지녔습니다. 이 땅에서 긴 시간 수많은 사건이 벌어졌지만 드라마로 창작 가능한 사건은 따로 정해져 있습니다. 단도직입적으로 드라마로 전환 가능한 사건과 전환 불가능한 사건이 나누어져 있습니다. 여기서 우리는 역사적인 사건 가운데 드라마로 변환 가능한 이야기의 형태를 정리해 볼 필요가 있습니다. 드라마로 제작 가능한 역사적 사실은 다음의 요소를 지녀야 합니다.

- 역사적 사실 안에서 주인공을 정할 수 있어야 한다.
- 주인공이 주도적으로 한 행동이 있어야 한다.
- 주인공이 승리하면 더 좋다(주인공의 승리는 필수가 아니다).

가장 적절한 예가 이순신 장군입니다. 주인공이 온갖 역경을 딛고, 강력한 적대자에 맞서, 자신의 힘으로 승리하는 이야기. 왜 이순신 장군 이야기가 그토록 인기가 많고 여러 번 제작되었는지 수긍이 가죠?

◨ 사이코메트리 능력을 지닌 형사의 연쇄살인범 추적

어떤 사물에 손을 대기만 하면 그에 얽힌 이미지 혹은 과거의 일을 알아낼 수 있는 '사이코메트리(psychometry)' 능력을 지닌 형사. 그가 연쇄살인 사건의 범인을 쫓는다. 주인공은 자신의 사이코메트리 능력으로 사건을 해결할 수 있을까?

주인공에게 초능력이 있다면 어떨까요? 요즘 시청자가 좋아하는 판타지적인 요소도 있고, 그래서 일상과도 동떨어진 극적 구성도 가능할 듯합니다. 연쇄 살인과 주인공의 초능력으로 기본 스토리를 구성하면 다음과 같을 겁니다.

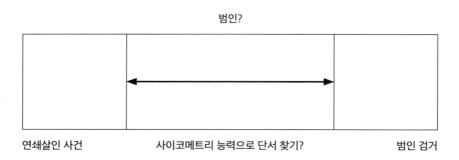

매력이 있어 보이나요? 완성할 수 있을까요? 쓰는 과정에서 커다란 어려움을 겪을 듯한가요? 앞에서 풀어 본 스토리에 비하여 '사이코메트리 능력을 가진 형사'라는 확실한 주인공이 있고, 그가 자신의 능력으로 적대자인 '범인을 잡는다'는 명확한 결말이 있으니 창작 가능성(완결 가능성)이 높아 보입니다.

어느덧 종반을 향해 달려가는 이 책의 진행 과정을 줄곧 함께해 온 여러분은 제가 편하게 쓸 수 있는 아이템을 연습문제에 넣지 않았을 거란 확신이 있으리라 생각하는데요. 무엇이 문제일까요? 어떤 어려움이 존재할까요?

언제나처럼 주인공부터 보겠습니다. 주인공은 형사입니다. 주인공의 반대편에 존재할 적대자는 범인일 확률이 높습니다. 한데 주인공이 쫓는 연쇄살인 사건의 범인은 누구인가요? 그는 어디에 사나요? 범죄 방식은 어떻고,

어떤 전과가 있나요? 성별과 나이는요? 범죄를 벌이는 중이라는 점을 제외하고, 우리가 그에 대해 무엇을 알죠? 범인을 쫓고 있으니 아는 게 없을 수도 있습니다. 우리에게는 사이코메트리 능력을 가진 형사라는 확실한 주인공이 존재하지만 그에 반해 무시무시한 연쇄살인을 행하는 적대자는 흐릿합니다. 따라서 이 아이디어로 글을 쓴다면 반드시 문제에 부딪히게 됩니다. 드라마는 주인공과 적대자라는 두 날개가 명확해야 날 수 있음을 다시금 강조합니다.

그다음으로 행동의 척추를 보겠습니다. '사이코메트리 능력으로 연쇄살인 사건의 단서를 찾는다'입니다. 이 문장에는 어떤 문제점이 존재할까요? 이 아이템으로 2시간짜리 영화를 만든다면 범인 검거 과정이 약 1시간을 책임져야 합니다. 드라마로 바꾸면 8부작이면 4부, 즉 280여 분을 버텨야 하고요. 12부는 420분, 16부는 560분의 긴 시간이 됩니다. 행동의 척추를 책임지는 문장을 다시 볼까요?

사이코메트리 능력으로 연쇄살인 사건의 단서를 찾는다.

이 한 문장으로 우리가 쓸 수 있는 분량이 어느 정도나 될까요? '찾는다'에 주목해 주세요. 여기서 파생 가능한 동작에는 무엇이 있습니까? 주인공인 형사는 적어도 280분이 넘는 시간 동안 범인을 찾기 위해 어떤 동작을 해야 하죠? 그 과정에서 지속할 동작의 단서는 '사이코메트리 능력으로'입니다. 사이코메트리 능력으로 파생되는 형사의 동작은 무엇입니까? 사이코메트리가 어떤 동작을 취하는지는 처음 설정에 나와 있습니다.

사이코메트리 어떤 사물에 손을 대기만 하면 그에 얽힌 이미지 혹은 과거의 일을 알아낼 수 있는 능력.

그렇습니다. 사이코메트리 능력으로 파생시킬 수 있는 동작은 '어떤 사물에 손을 대다'입니다. 그럼 생각해 봐요.

주인공 형사가 어떤 사물에 손을 댑니다. 그로 인해 어떤 이미지를 봅니다.

형사가 어느 장소에서 어떤 사물에 손을 대고, 그로 인해 알게 되는 이미지를 떠올리는 데는 얼마의 시간이 필요할까요? 아무리 길어도 3분 정도 아닐까요? 1화에 70여 분 정도인 드라마 한 회 분량에서 매회 주인공이 할 수 있는 주된 행동을 최저 3회에서 최대 5회 정도라고 가정해 봅시다.

계기적 사건, 1막, 2-1막, 2-2막, 절정.

이렇게 매회 중요한 다섯 곳에서 사이코메트리 능력을 발현시켰을 때, 너그러이 생각해도 15분 정도입니다. 나머지 55분 동안 주인공은 무엇을 해야 하나요? 지금쯤은 모두가 깨달았을 겁니다. 이 스토리에 주인공이 마땅히 해야 할 하나의 단일한 행동이 없을 수도 있겠다고요. 물론 형사인 주인공은 범인을 추격하고, 자동차 총격전을 벌이고, 결정적으로 범인을 잡으려는 순간에 여러 이유로 그를 놓치고, 다시 쫓겠죠. 우리(작가)는 필사의 노력으로 드라마 분량을 채울 겁니다. 그렇다고 해도 사이코메트리 능력만으로

332

는 긴 시간을 지속시키지 못합니다. 그래서 초능력을 가진 주인공을 다루는 이야기는 만들기가 어렵습니다.

그런데 《무빙》은 좋은 결과를 얻었잖아요?

- 손을 댄다.
- 하늘을 난다.

각각의 문장에 담긴 행동의 총량을 생각해 보세요. 둘은 동작의 지속 시간이 같지 않습니다. 동작의 크기가 달라 결과도 다른 겁니다. 다만 '손을 댄다'가 20초 정도 지속되는 동작이라면 '하늘을 난다'도 20초만 지속이 될 겁니다. 여러분은 고개를 갸우뚱하겠죠. 주목할 것은 동작의 지속성입니다. '손을 댄다'는 추가 동작이 발생하지 않는 행위입니다. 반면에 '하늘을 난다'는 하늘을 날아 범죄자를 쫓아간다, 하늘을 날아 범인 앞에 나타난다, 하늘을 날아 헬리콥터를 막는다, 하늘을 나는 사람들끼리 총격전을 벌인다 등 20초가 아니라 20분 이상 지속이 가능한 동작을 만들 수 있습니다. 드라마를 지속 가능케 하는 동사는 추가 동작이 가능하고 지속 가능한 부가 동작이 있는 동사입니다. 따라서 초능력을 가진 주인공을 설정한다면 그것이 일정 시간 지속이 가능하고, 추가 동작으로 연결이 가능한 동작을 발생시킬 만해야 하겠습니다.

이번 문제는 특별한 능력을 지닌 주인공을 설정할 때, 행동의 척추를 지탱할 만한 능력이 필요하다는 점을 말하고자 출제했습니다. 여덟 번째 원칙인 '행동의 척추를 세워 쓴다'를 기억하세요.

8 코인 투자로 인생 역전을 이룬 흙수저

고졸 출신 대기업 사원인 주인공은 열악한 환경에서 태어났지만 누구보다 열심히 살아왔다. 회사에 짝사랑하는 상대가 있지만 조건 차이가 커 마음을 접으려 한다. 그러던 중 우연히 코인 투자를 시작하고 천문학적인 수익을 얻는다.

'수저'로 계급을 나누고, 쉽사리 나의 계급을 바꿀 수 없는 시대에 모두가 꿈꾸는 이야기를 드라마로 만들면 어떨까요? 연습문제 풀이의 막바지에 당도한 여러분은 곧장 이런 생각을 하겠죠. '이번에는 또 어떤 문제점이 숨어 있을까?' 역시 눈썰미가 좋습니다. 이 아이템의 문제는 무엇일까요? 언제나처럼 활자만으로는 창작의 가능성을 알기 힘듭니다. 분석도 하고 도형으로 펼쳐 봐야 비로소 온몸으로 터득하게 되죠. 바로 펼치겠습니다.

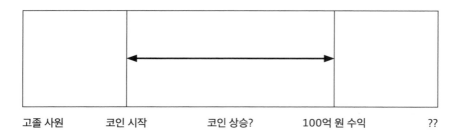

| 고졸 사원 | 코인 시작 | 코인 상승? | 100억 원 수익 | ?? |

1막에서 주인공의 회사, 가족, 짝사랑 상대 같은 주인공을 둘러싼 환경이 보일 겁니다. 어느 정도 인물과 배경 설명이 끝나는 1막 막바지에 코인 투자의 계기가 생길 테고, 2막에서 텍스트로 설명한 '코인 가격이 계속 올라가

334

는 상황'이 펼쳐지겠죠. 어떤가요? 이 스토리를 완성할 자신이 생기나요? 시청자가 주인공에게 자신을 깊숙이 몰입시킬 수 있고, 그래서 100억 원이라는 천문학적인 수익을 얻었을 때는 커다란 쾌감을 느낄 듯합니다. 확실한 클라이맥스를 보여 줄 수 있겠어요. 그런데 말입니다. 저는 이 스토리를 마칠 자신이 없네요.

제가 이 스토리를 마무리하지 못하겠다고 하는 이유는 '코인 가격이 계속 올라가는 상황'에 있습니다. 어떻게 표현해야 할까요? 어떤 장면을 촬영해야 하나요? 모니터에 코인 가격 상승 그래프를 띄울 수 있겠네요. 네, 그렇게 찍으면 촬영은 가능합니다. 하지만 몇 초 동안 촬영할 수 있을까요? 꺾은선 그래프로 몇 차례의 변곡점을 보여 준다 해도 1분 이상은 무리입니다. 주인공이 환호하는 모습, 가격 변동에 따라 변하는 감정 기복을 넣어 얼마간 시간을 늘일 수는 있지만 이 전부를 사용해도 영상 길이는 채 10분을 넘기지 못할 겁니다. 시청자가 지루해할 테니까요. 스토리의 척추에 확실하고 큰 '동작'이 있는지를 점검하는 것은 이토록 중요합니다.

내가 쓰고 있는 스토리의 척추는 몇 분 정도 촬영할 수 있나요? 2막 전체를 지배할 만한 동작인가요? 2막 전체 시간을 채울 만한 동작인가요? 10분 정도만 지속 가능한 동작이라면 추가 동작을 더 고민해야 하고, 아무리 고민해도 답이 나오지 않는다면 더 큰 동작으로 바꿔야 합니다. 여러 번 강조했듯이 개념 동작과 실제 구현이 가능한 동작은 반드시 나눠 생각해야 합니다.

- 1억 원을 투자한 코인이 100억 원이 되었다.
- 100원짜리 붕어빵 1억 개를 팔아 100억 원을 벌었다.

두 문장의 차이를 생각해 보세요. 동작이 보이나요? 첫 번째 문장은 잘 보이지 않습니다. 두 번째 문장은 붕어빵 1억 개를 만드는 확실한 동작이 보입니다. 그 차이를 알아야 합니다.

그런데 제 강의를 들은 거의 모든 수강생이 둘의 차이를 인지하기가 너무나 힘들다고 했습니다. 우리는 왜 문장에서 동작을 제대로 인지하지 못하는 걸까요? 그건 작가의 재능 문제가 아니라 우리 삶 자체가 그렇기 때문입니다. 작가도 결국 큰 행동이 없는 평범한 일상을 살아가니까요. 앞으로는 의식적으로 매일 특이한 행동을 상상해 보세요. 독립군이 되어 나라를 지키고, 연쇄살인마와 싸우고, 메시와 맞붙으세요. 엉뚱하지만 작가란 영감의 존재가 아닌가요. 어느 순간 '이거다' 하는 게 나타날 겁니다.

연습문제를 풀어 보는 목적은 하나입니다. 여러분의 드라마 아이템이 현실적으로 완성될 가능성, 제작될 가능성을 알아보는 것이죠. 여러 문제를 보고 나니 지금 내가 가진 아이템을 수정해야겠다는 판단이 드나요, 아니면 이대로 밀고 나가 완성해야겠다는 확신이 드나요?

지금 여러분이 쓰는 글에 제가 낸 연습문제와 같은 문제가 있나요? 없었다면 다행입니다. 문제가 있었다고요? 그것도 다행입니다. 왜냐고요? 『드라마: 공모전에 당선되는 글쓰기』를 읽기 전에는 내 글에 어떤 문제가 있었는지 몰랐을 테니까요. 지금은 어느 부분이 말썽이고 어떻게 손봐야 할지 알게 되었습니다. 정말로 다행 아닌가요? 문제를 인지했다는 것은 어렴풋하게라도 해결 방법을 알고 있다는 것과 같은 말입니다. 그러니 찬찬히 문제를 해결해 보길 바랍니다.

드라마 작업에 관한 여러 가지 이론을 학습하고, 이를 점검하는 온갖 문제를 풀고 여기까지 왔습니다. 여러분은 이제 작가입니다! 글에 관한 거의 모든 것을 알고 있습니다. 이제 작가의 길을 걸으세요. 크게 심호흡하고, 바로 출발하세요! 용감하게 달려가세요. 저도 함께 달리겠습니다.

2

'공모전 당선의 10가지 원칙' 창작에 적용하기

드라마 공모전 당선의 10가지 원칙과 그와 관련된 연습문제까지 풀었습니다. 우리는 더 이상 아마추어가 아닙니다. 여러분이 손에 쥔 10개의 지혜 주머니는 고비마다 큰 힘이 되어 줄 겁니다.

이제 드라마 창작을 시작해 볼까요?

❶ 단막 드라마

대한민국의 거의 모든 공모전이 단막을 뽑습니다. 단막 드라마 창작 능력을 통해 프로 장편 작가가 될 기초적인 작문과 구성 능력을 확인하기 위해서입니다. 대부분의 교육 기관이 여기 맞춰 커리큘럼을 짜고, 작가 지망생도 가장 먼저 단막 작법을 공부하게 되죠. 이 과정을 통해 나의 장단점을 파악할 수 있고요. 교육의 효율성이 가장 높은 분야라고 하겠습니다. 분량은 짧지만 드라마 구성의 모든 요소가 들어 있는 단막을 잘 쓴다면, 8부-10부-12부-16부 등의 장편도 잘 쓸 수 있습니다. 드라마 창작의 본질은 분량이 아니라 창작의 원리를 이해하는 데 있으니까요.

단막 드라마는 35페이지를 기준으로 씁니다.

1	9	18	27	36

이처럼 3막을 기준으로 구성됩니다. 비율을 맞추기 위해 숫자를 36으로 설정하는 점 양해 바랍니다. 36페이지 단막을 쓸 때 우리가 처음으로 생각하고 실행해야 할 단계는 무엇일까요? 그렇습니다. 내가 쓰고자 하는 이야기가 끝까지 쓸 수 있는 이야기인지, 창작 가능성부터 따져야겠습니다.

① 이야기의 끝 정하기

작가, 예비 작가인 여러분은 거의 매일 스토리를 구상할 겁니다. 그에 비해 결과물은 시원치 않다고 느껴질 텐데요. 답은 '열리는 글과 열리지 않는 글의 차이'에 있다고 했습니다. 당연히 작가는 글의 구성 전체가 온전하게 열릴 수 있는 글을 써야 합니다. 따라서 본격적인 글쓰기에 앞서 내가 생각한 아이템이 끝까지 쓸 수 있는 아이템인지 확인해야 하겠고요. 어떻게 알 수 있냐고요?

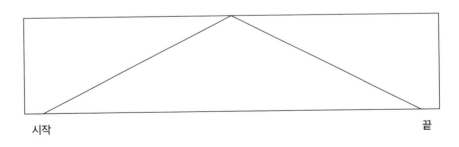

시작   끝

제 생각은 이렇습니다. 지금 여러분이 생각하고 쓰려는 아이템에 끝 장면이 있으면 그 이야기는 완성할 수 있는 이야기입니다. 바로 창작을 시작해도 됩니다. 하지만 끝 장면이 명확하지 않다면 그 아이템은 글 쓰는 내내 여러 분을 괴롭힐 겁니다.

- 가난한 아이가 끝내 성공한다.
- 주인공이 달려가 지구를 구한다.

첫 문장을 끝까지 쓸 수 있을까요? 저는 힘들 듯합니다. '성공하다'는 촬영할 수 없는 문장이니까요. 구체적으로 어떻게, 어떤 장면으로 성공하는지를 정확하게 정하고 나서 써야 합니다. 두 번째는요? 역시 제대로 쓰기 힘듭니다. '지구를 구하다'는 촬영은 가능하겠지만 매우 까다로울 것 같네요. 어느 시간, 장소에서 어떤 방법으로 지구를 구합니까? 지구를 구하는 데 어떤 어려움이 있나요?

글 쓰는 사람에겐 일종의 관습 같은 고정관념이 있습니다.

열심히 쓰다 보면 글은 끝이 난다.

그런 글도 있겠죠. 다만 세상 모든 일이 열심히 한다고 항상 좋은 결과를 얻는 건 아니잖아요. 여러분이 써 왔던 글처럼요. 몇 편은 완성했을지 몰라도 대부분은 멈추고 말았습니다. 이유를 고민해 본 적 있나요? 재주 부족, 재능 부족이 아닙니다.

세상에는 온전하게 끝낼 수 있는 이야기가 몇 개 없습니다.

그러니 부지런히 끝이 있는 이야기를 찾으세요. 관련 설명은 앞에서 충분히 했으니 다음으로 넘어가겠습니다.

② 이야기 설계하기

이야기의 끝을 영상으로 어떻게 촬영할지가 정해지면 본격적으로 스토리를 창작합니다. 이때 대부분이 과거의 방식으로 신 1부터 차례대로 쓰는, 20세기 스타일로 작업을 시작합니다. 저는 다른 방법을 제안합니다. 제가 권하는 단막 설계도는 다음과 같습니다.

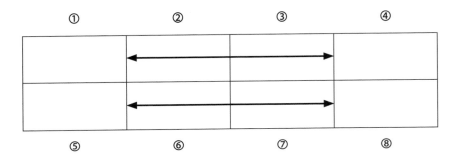

우리가 함께 알아본 내용을 합쳐 봤습니다. ①②③④는 적대자 라인이고, ⑤⑥⑦⑧은 주인공 라인입니다. 지금까지 여러분은 몇 번을 가장 먼저 설계하고 시작했나요? 제가 예상하는 답은 ⑤입니다. 작가 대다수가 주인공 캐릭터부터 잡고 시작하니까요. 따라서 글이 제대로 써지지 않았던 이유는 ①②③④⑥⑦⑧이 없어서일 겁니다. 시작과 함께 끝 장면을 정했다면 ⑧까지는 있을 수 있겠네요. 그렇다 해도 ①②③④⑥⑦을 채워야 합니다.

이 지점에서 여러분은 왜 2막의 척추 화살표가 2개인지 의아할 겁니다. 드라마를 완성하려면 2막을 지속하는 단일한 행동이 있어야 합니다. 지금까지는 주인공의 척추만 생각했습니다. 그러나 본격적이고 실질적으로 드라마 창작을 앞둔 지금, 하나를 더 고려해야 합니다.

적대자의 척추도 필요하다.

(거의 모든) 스토리는 주인공과 적대자가 동일한 절정을 향해 달려가기에 주인공의 2막도 필요하지만 적대자의 2막도 필요합니다. 수준 높은 글, 공모전에 당선되는 글을 쓰고 싶다면 더욱. 그리고 여러분의 절반 이상이 주인공의 2막은 설정했는데 적대자의 2막은 빠뜨렸을 겁니다. 그래서 그토록 2막 진입이 힘들었고요.

《박성실 씨의 사(死)차 산업혁명》 1막에서 주인공은 회사에 새로운 시스템이 도입됨을 통보받고, 그로 인해 자신이 해고될 수 있음을 알게 됩니다. 적

대자가 고지하죠. 2막에서 적대자는 시스템과 인간의 능력을 비교하고, 주인공은 시스템과의 경쟁에서 살아남으려 발버둥 칩니다. 두 라인이 충돌한 결과가 3막에 나오죠. 회사는 주인공에게 해고를 통보합니다. 즉, 적대자 라인이 견고해야 2막이 단단해지고, 3막이 깔끔하게 정리됩니다.

지금 우리는 드라마 창작의 설계를 살펴보고 있습니다. 《박성실 씨의 사(死)차 산업혁명》처럼 위아래에 주인공과 적대자가 제대로 설계되어야 좋은 스토리가 됩니다. ①부터 ⑧까지 어떻게 채워야 하는지, 주인공과 적대자를 어떻게 효율적으로 설계해야 하는지 조금은 감이 잡히죠? 지금까지 제가 드리는 여덟 개의 번호를 채우고 나서 글을 쓰지 않았다면 이제부터는 글쓰기에 앞서 여덟 개의 번호를 어떻게 채울지 고민해 보고 본격적인 시작에 나서기를 제안합니다.

아래 표를 살펴보겠습니다.

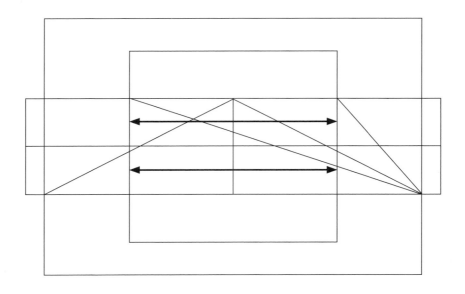

왼쪽의 도형, 도표, 혹은 언뜻 미로 같기도 한 무엇이 보이죠? 이것이 여러분의 글을 튼튼하게 해 주고, 풀리지 않는 글을 풀어 줄 지도입니다. 정말이요! 오래 천천히 들여다보세요. 각각이 무엇을 의미하는지 감이 잡히나요? 그렇다면 공모전 당선의 10가지 원칙을 완벽하게 내 것으로 만든 겁니다. 무언가 미진하다면 책 1부를 다시 정독해 주세요.

제가 이야기한 드라마 이론을 모두 대입하면 왼쪽과 같은 도표가 됩니다. 그리고 여기에는 6개 요소가 들어 있습니다.

① 플롯의 삼각형

↓

② 서브플롯의 역삼각형

↓

③ 주인공 중심의 글쓰기 & 적대자 중심의 글쓰기

↓

④ 플롯의 척추

↓

⑤ 계기적 사건과 절정의 연결

↓

⑥ 서브플롯의 연결

본격 창작에 들어가기 전에 하나씩 마지막 정리를 해볼까요?

① 플롯의 삼각형

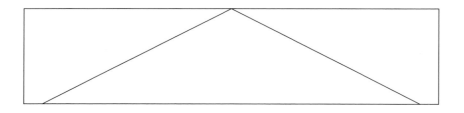

- 이야기의 끝이 있어야 끝까지 쓸 수 있다.

- 시작과 함께 동시에 끝이 떠올라야 한다.

- 끝이 정해지면 중간 지점으로 가서 이야기에 어울리는 가장 강력한 적대자를 정한다.

② 서브플롯의 역삼각형

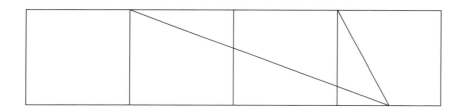

- 내가 하려는 이야기가 정리되면 이를 가장 효과적으로 전달할 수 있는 보충 내용을 구성한다.

- 서브플롯이 생각나지 않는 건 내가 하고자 하는 이야기가 불분명해서다.

■ 서브플롯 만들기가 어렵다면 처음으로 돌아가 내가 하고자 하는 이야기 가 무엇인지, 주인공과 적대자가 분명한지 등을 점검한다.

③ 주인공 중심의 글쓰기 & 적대자 중심의 글쓰기

━━━━━━ **적대자 중심의 글쓰기** ━━━━━━━▶

━━━━━━ **주인공 중심의 글쓰기** ━━━━━━━▶

■ 주인공의 목표를 정한다.

■ 동시에 적대자의 목표도 정한다.

■ 내가 쓰는 이야기의 장르는 무엇이며, 해당 장르에 맞는 글쓰기가 무엇인 지(주인공 중심의 글쓰기 혹은 적대자 중심의 글쓰기) 점검한다.

④ 플롯의 척추

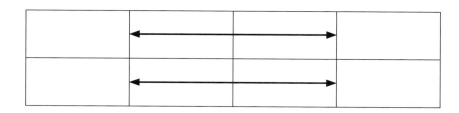

- 2막을 채울 주인공의 큰 동작을 정한다.

- 동시에 2막을 채울 만한 적대자의 큰 동작도 정한다.

- 그 둘의 충돌이 가장 적절한 조합인지 점검한다.

⑤ 계기적 사건과 절정의 연결

- 이야기의 시작과 끝이 조화롭게 연결되는지 점검한다.

- 적대자의 입장에 서서 가장 적절하게 이야기를 시작하고 끝내고 있는지 점검한다.

- 주인공의 시작과 끝, 적대자의 시작과 끝이 명확하게 연결된다면 좋은 스토리일 확률이 높다.

- 설정(계기적 사건)에서 총을 쏜다면 절정에서는 폭탄이 터져야 한다. 형태와 맥락의 유사성이 있어야 한다.

⑥ 서브플롯의 연결

- 서브플롯은 보충 설명이다.
- 메인플롯이 대학 입학이라면 서브플롯은 내신 올리기, 수능이다. 메인플롯이 회사 입사라면 서브플롯은 스펙 쌓기, 면접이다.
- 메인플롯을 가장 잘 설명할 수 있는 서브플롯 두 가지를 골라 좌우에 배치한다.
- 적대자 서브플롯의 기능은 주인공 서브플롯 두 가지를 방해하는 것이다.

여러분의 드라마가 좋은 결과를 얻으려면 이와 같은 다양한 요소가 정교하게 배치되어야 합니다. 처음부터 모든 항목을 채울 수는 없겠죠. 그렇다면 지금까지 내 글에 내가 하고자 하는 이야기가 없었고, 그래서 정리가 안 되었고, 결국 실패했음을 (가슴 아프지만) 인정해야 합니다. 내적 논리가 없는 글은 버려야 합니다. 앞으로는 내 글에 내가 하고자 하는 이야기를 명확하게 담고, 그것을 시청자가 이해할 수 있게 배치합니다.

여덟 개의 번호를 단순하게 채우는 방법은 '드라마 쓰기'입니다. 여덟 개의 공간을 서로 정교하게 연결하여 드라마를 쓰는 방법은 '공모전에 당선되는 드라마 쓰기'입니다. 이 노력을 하는 사람이 작가입니다.

"여러분은 무엇을 선택할 건가요?"

③ 플롯 설계하기

주인공과 적대자를 정하고, 전체 이야기를 설계하여 여덟 개의 번호 안에 대략적으로나마 배분했다면 이제부터 각각의 세부 요소를 정리합니다.

1 3	9	18	27	33 36

이 숫자들이 어떤 의미를 갖고 있는지 답할 수 있나요? 괜찮습니다. 그럴 수 있습니다. 그렇고 말고요. 3초 이상의 정적이 흐른다고 해서 여러분에게 문제가 있다는 뜻은 아닙니다. 대신 1부 10장 중 단막 드라마의 구조(232쪽 참고)를 다시 읽어 보세요. 간략하게 정리하면 이렇습니다.

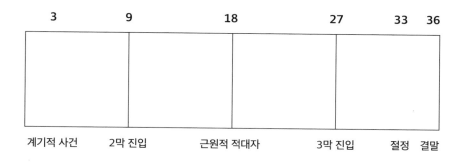

3페이지(계기적 사건)**:** 계기적 사건은 3-6페이지에 존재합니다. 스토리의 시작점

이죠. 그것이 일시적인 에피소드인지, 스토리를 지속할 만한 사건인지 확인하

세요. 상황이 아니라 사건을 써야 합니다. 밑변의 주인공 라인만 점검하지 말고

윗변의 적대자 라인도 반드시 점검해야 합니다. 계기적 사건은 적대자가 일으키

니까요.

9페이지(2막 진입)**:** 8페이지 정도에서 계기적 사건을 마무리하고 9페이지부터

는 2막에 진입합니다. 여기서 2막에 올라타지 못하면 스토리의 끝에 도착하지

못할 확률이 높습니다. 2막 진입이 어렵다면 2막 전체를 지탱할 만한 (큰) 행동

이 없어서이니 빨리 만들어 주세요.

18페이지(미드 포인트=근원적 적대자)**:** 18페이지는 분량으로 따지면 단막의 중간이

지만 스토리의 본질로 따지면 주인공의 가장 근원적인 고난이 존재하는 지점입

니다. 여러 적대자를 대입하면서 스토리에 어울리는 가장 강력한 적대자를 배치

하세요. 그는 단순히 존재만 하지 않고, 적극적으로 행동해야 합니다.

9-27페이지(행동의 척추): 9페이지부터 27페이지까지의 2막을 책임지는 하나의 단일 행동이 필요합니다. 단, 주인공의 척추는 물론 적대자의 척추도 있어야 합니다. 다시 말해 주인공이 어떤 단일 행동을 한다면 적대자는 그것을 방해하는 단일 행동을 해야 합니다.

27페이지(3막 진입): 행동의 척추를 책임지는 단일 행동을 마무리하고 3막으로 나갑니다. 3막 진입의 단서는 9페이지에 나와야 합니다. 즉, 9페이지와 27페이지가 연결되어야겠죠. 가령 9페이지에서 누가 아프면 27페이지에는 장례식장이 나오는, 연동이 필요합니다. 9페이지와 27페이지가 서브플롯을 책임지기 때문입니다.

33페이지(절정): 33페이지 전후로 1-2막을 거쳐 쌓아 온 스토리의 절정이 폭발합니다. 절정의 단서는 3페이지의 계기적 사건에 있습니다. 계기적 사건은 절정에서 폭발하기 위해 존재합니다. 작가는 3페이지를 쓸 때 벌써 33페이지를 알고 있어야 합니다.

36페이지(결말): 스토리가 끝난 다음 아무런 의문이 남지 않는 깔끔한 결말이어야 합니다. 결말을 내기 전에 1막의 1, 2페이지를 보면서 35, 36페이지와 연결할 수 있는 상황, 대사, 주인공의 동작이 있는지 확인하세요. 시작과 끝의 아름다운 연동은 모든 글쓰기의 기본값입니다.

④ 페이지 설계하기

36페이지 단막에서 주요하게 작용할 (페이지) 숫자들과 위치를 알았습니다. 각 페이지의 기능을 이해하게 되었으니 실제 스토리를 써야겠죠. 관련하여 구체적인 방법을 하나 제시하고자 합니다. 여러분 앞에는 노트북이 있을 겁니다. 한글이나 워드 프로그램을 여세요. 그리고 구상 중인 스토리의 제목 (가제)으로 일단 파일을 하나 만들어 보세요. 그리고 이렇게 하는 겁니다.

총 36페이지를 넘버링하고, 각각의 페이지에 다음의 문장을 먼저 써 주세요. 그리고 그 위에 드라마를 쓰는 겁니다. 스토리의 기본 원칙들을 인지하면서 창작을 하는 새로운 방법을 권합니다. 강요는 아니나 괜찮다 싶으면 각 페이지에 다음과 같은 질문들을 써 놓고 작업을 시작해 보세요.

1페이지: 지금 쓰는 스토리의 첫 문장은 36페이지의 마지막 문장과 어떤 연관이 있나요? (스토리의 끝을 먼저 생각하세요.) 첫 문장은 동작을 담고 있나요? 그리고 36페이지 마지막 문장은 동작으로 끝나나요?

3-6페이지: 사건이 일어나야 합니다. 혹시 지금 상황을 쓰고 있진 않나요? 7분만 지속되는 상황이 아니라 70분 이상 지속 가능한 사건을 써야 합니다.

9페이지: 2막에 진입합니다. 9페이지에서 시작되어 27페이지까지 지속되는 행동이 준비되어 있나요? 2막 진입이 힘들다면 3페이지의 계기적 사건이 범인입니다. 사건이 아니라 상황일 확률이 높습니다. 3페이지가 사건이 맞는데도 9

페이지에서 2막으로 못 넘어간다면 27페이지를 점검하세요. 27페이지의 작은 버전이 9페이지입니다. 두 지점을 오가면서 연관성이 있는지 확인하고, 없다면 만들어 주어야 합니다.

18페이지: 이곳에 있는 적대자가 이 스토리의 가장 강력한 적대자가 맞나요? 18페이지는 미드 포인트인 동시에 가장 근원적인 적대자가 나와야 하는 지점입니다. 또 3페이지, 33페이지와 연동되는 지점입니다. 세 지점을 오가며 논리적인 연결이 잘 되었는지 확인하세요.

27페이지: 행동의 척추를 마무리합니다. 다시 9페이지로 가서 2막을 지탱하는 행동이 9페이지에서 제대로 시작되었는지 확인하고, 27페이지에서 제대로 마무리되는 게 맞는지도 확인하세요. 가장 중요한 것은 9페이지와 27페이지는 메인플롯을 보충 설명하는 곳이라는 사실입니다. 절대 잊으면 안 됩니다.

33페이지: 스토리가 폭발하고 마무리되어야 합니다. 곧장 3페이지로 되돌아가 3페이지와 33페이지의 조합이 이 스토리를 위한 최고의 방법인지 점검하세요. 약하다고 생각되면 더 강력하게 시작하고 더 통쾌하게 마무리할 수 있는 방법을 찾아야 합니다. 절정은 이 스토리의 가장 강력한 행동이 폭발하는 지점임을 명심하세요.

36페이지: 마지막 문장을 쓰기 전에 반드시 1페이지로 돌아가 첫 문장을 살펴보세요. 1페이지의 시작 문장(대사와 지문)과 36페이지의 마무리 문장(대사와 지문)

은 어떤 연관성이 있나요? (무리한 부탁일 수도 있겠지만 이왕이면 시청자가 원하는) 해피 엔딩으로 마무리하세요.

이런 식으로 각 페이지에 사전 질문을 적어 놓은 다음 창작하면 어떨까요? 제가 드린 체크리스트를 여러분의 스타일로 수정하는 건 좋습니다. 하지만 줄이거나 삭제하진 마세요. 질문의 꼼꼼함이 글의 완성도를 높여 줄 테니까요. 그리고 생각해 보세요. 이런 간단한 질문에도 대답 못 하는 글이 어떻게 좋은 결과를 얻을 수 있을까요? 이 과정은 미래에 공모전 심사위원들이 여러분에게 하게 될 질문들을 현재에 먼저 뽑아서 하는, 공모전 사전 인터뷰 과정입니다. 그러니 충실하고 진지하게 답해 주세요.

⑤ 지금부터, '쓰기'

위의 사항들에 대한 준비가 끝났다면 여러분의 공모전 당선 확률은 90퍼센트 이상입니다. 아직 정확하게 무엇을 하는지, 어떻게 준비해야 하는지 모르겠다고 당황하지 마세요. 지금 필요한 건 경험입니다. 몇 번 하다 보면 익숙해집니다. 가능한 것부터 하나씩 해 나가면 됩니다. 모든 시작은 가치가 있습니다. 그러니 지금부터 드라마 쓰기를 시작하세요! 쓰다가 확인하고, 수정하고, 다시 쓰면 됩니다. 내 글의 문제점을 인식하고, 이를 해결할 해법을 찾고, 해법대로 수정하면서 전진하면 됩니다.

이 과정에서 필요한 건 두 가지입니다. '지치지 않은 마음'과 '반드시 끝내겠다는 의지'.

② 2부 드라마

2부 드라마를 요구하는 공모전이 하나둘 생기고 있습니다. 단막만으로는 작가의 연작 집필 가능성을 보장할 수 없으니 2부 드라마를 통해 1부와 2부를 연결해서 쓰는 능력을 보고 싶어서가 아닐까 추정합니다. 2부 드라마의 내적 규칙이 무엇인지를 묻는 질문도 폭발적으로 늘었습니다. 단막과 장편 사이에 있는, 2부 드라마를 어떻게 쉽고 효과적으로 설명할 수 있을까 고민하다 최적의 대답을 발견했습니다. 이 답을 하고 나서부터 모두의 얼굴이 밝아졌습니다.

2부 드라마는 결국 영화 시나리오입니다.

그렇습니다. 2부작은 분량상 70페이지잖아요? 이 분량은… 그렇습니다. 영화 시나리오 분량이죠. (할리우드 방식으로는 120페이지, 대한민국에서는 보통 70-80페이지입니다.) '영화 시나리오 한 편을 써야지' 생각하며 임하면 되겠습니다. 시나리오와 2부 드라마에는 당연히 차이가 존재합니다. 시나리오에는 35페이지에 근원적 어려움이 오지만 곧바로 스토리가 이어져야 하고, 2부 드라마 대본은 1부 끝에 근원적 어려움이 나타나면 상황적으로 잠시 끊고 그다음 2부로 넘어가야 합니다. 정리하면 시나리오는 바로 연결되고, 2부 드라마 대본은 중간 지점에서 한 번 쉬고 다시 이어 나갑니다.

영화 《기생충》(2019)의 중간 지점은 고용주 가족이 집을 비운 사이 사실은 가족 관계인 아버지 운전기사, 어머니 가정부, 아들 과외 선생님, 딸 미술 선생님이 즐거운 시간을 보내는데 누군가 초인종을 누르는 장면입니다. 놀란 가족들이 인터폰으로 다가가니 전 가정부인 문광(이정은 분)이 문을 열어 달라고 요청하죠. 2부 드라마 대본 버전으로 변형하면 이렇지 않을까요?

1부 끝: 초인종 소리에 놀라 다 같이 문 쪽을 바라보는 가족의 얼굴.
2부 시작: 초인종 소리에 놀라 다 같이 문 쪽을 바라보는 가족의 얼굴. 가족 모두 인터폰 쪽으로 다가간다. 들여다보니 문광이다.

1부 끝에 나온 놀란 가족의 얼굴이 2부 시작과 함께 다시 잡힙니다. 영화 버전처럼 가족이 모니터로 다가가면서 이후의 스토리가 전개되겠죠. 이것이 중간 지점의 연결입니다. 시나리오 전체 분량을 보면서 차이를 알아보죠.

① 시나리오 형식

| 아들이 들어간다 | 다른 고용인 쫓아낸다 | 문광 돌아온다 | 두 가족 지하실 충돌 | 아버지 내려앉는다 |

② 2부작 드라마 대본 형식

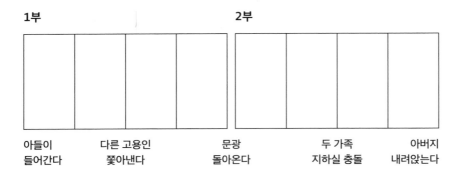

1부

아들이 들어간다   다른 고용인 쫓아낸다   문광 돌아온다

2부

두 가족 지하실 충돌   아버지 내려앉는다

똑같은 분량인데 중간에서 한 번 나눠 줍니다. 2부작을 준비 중이라면 당장 좋아하는 영화 시나리오를 찾아볼 필요가 있겠습니다. 그리고 이렇게 해보세요.

- 내가 좋아하는 시나리오를 찾아 구성을 살펴본다.
- 그 시나리오의 중간 지점을 확인한다. (시나리오의 중간 지점은 대부분 적대자 혹은 적대적인 상황일 겁니다. 시나리오 작법의 기본 원칙이죠.)
- 중간 지점, 즉 근원적인 적대자가 있는 곳에서 1부를 끝내고, 2부를 어떻게 시작할지 고민한다.

간단하게 설명했습니다. 여기까지 읽고 적어도 2부 드라마는 영화 시나리오 한 편 분량이구나 정도는 이해했을 거예요. 아직 불명확한 부분도 있을 텐데요. 어딘지 알겠나요?

"드라마 1부와 2부를 각각 어떻게 쓰는지 알고 있나요?"

우리가 하려는 작업은 창작이지 분석이 아니잖아요. 창작은 사전에 1, 2부를 설계하고 난 다음에 합니다. 혹시 지금 '두 편의 단막 드라마를 각각 쓰고 나중에 붙이면 되지 않나?' 생각하고 있나요? 2부 드라마는 2개의 단막을 이어 붙이는 게 아니라 단막의 2배 정도 크기의 이야기를 찾아 그 내용을 각 1부의 그릇에 나눠 담는 것입니다.

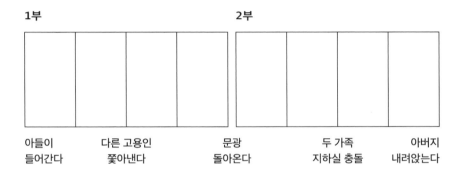

영화 시나리오 한 편일 때는 그리 비어 보이지 않았는데 2부 드라마로 가정하니 군데군데 빈 곳이 보이죠? 여기가 서브플롯들이 기능하는 지점들입니다. 이곳들을 채우는 게 2부 드라마 창작 과정에서 수행해야 하는 플롯 구성 작업입니다. 《기생충》의 서브플롯들을 가져와 채워 보겠습니다. 영화를 한 번 더 보고 전반부와 후반부로 나눠 분석해 보면 참 좋을 듯합니다. 강요는 아니지만, 분석의 질이 달라질 겁니다.

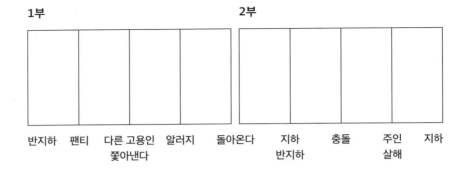

1부 메인 스토리: 반지하 기택 가족이 지하 문광 부부를 쫓아내고 지상 동익 가족의 고용인이 된다.

2부 메인 스토리: 반지하 기택이 자신을 멸시하는 동익을 살해하고 지하로 내려간다.

2부 드라마를 창작할 때는 1부와 2부의 목적을 정확하게 알아야 합니다.

단막 드라마: 하나의 이야기=작가가 하고자 하는 이야기.

2부 드라마: 하나의 이야기+하나의 이야기=작가가 하고자 하는 이야기.

빈부 격차를 이야기하고 싶으면 단막과 2부를 각각 이렇게 구성해 볼 수 있습니다.

단막 드라마: 재벌 2세와 그 회사 임시 고용직 주인공이 신입사원 면접에서 만나 사랑하는 이야기.

360

2부 드라마: 1부 - 임시 고용직인 주인공이 경영 수업 때문에 신분을 속이고 취업한 재벌 2세를 만나서 친해진다. **2부** - 정규직 사원 면접에 들어간 주인공이 면접관으로 앉아 있는 재벌 2세를 발견한다. 두 사람의 사랑은 어떻게 될까?

(아이템의 참신함은 열외로 하고) 단막 드라마는 한 편 분량의 스토리로 이야기할 만한 것이어야 하고, 2부 드라마는 두 편 분량에 알맞은 이야기를 해야 합니다. 단막에 적합한 이야기를 길이만 늘어뜨려, 즉 에피소드만 추가하여 2부로 만든다고 2부 드라마가 되는 게 아닙니다. 각각의 크기에 맞는 이야기는 따로 있습니다.

2부 드라마를 창작할 때는 반드시 전체 2부에 대한 큰 그림이 필요하고, 여기 맞춰 각 단막(각 회차)을 설계해야 합니다. 내 이야기에 맞는 드라마 길이가 무엇인지는 계속 살펴봐야 할 텐데요. 『드라마: 공모전에 당선되는 글쓰기』를 여러 번 반복해서 읽고 (시간이 걸리지만) 기존 드라마 작품을 다양하게 보면서 분석하면 확실히 도움이 됩니다.

여기서 잠깐! 드라마의 길이에 대한 질문이 남아 있을 겁니다. 어떤 게 단막 드라마 분량이고, 어떤 게 2부, 8부, 12부 분량일까요? 정답은 없습니다만 다음과 같은 제안을 합니다. 단막의 길이를 3주라고 생각하세요. 3주 안에 끝나는 이야기는 단막, 한 달 반에 걸쳐 일어나는 이야기는 2부, 6개월은 8부, 9개월은 12부. '반드시'라고는 할 수 없으나 생각을 정리하는 데 편리한 기준이 될 것임은 분명합니다.

❸ 12부 드라마

기초 작법을 마스터하고, 공모전에도 당선되면 편성을 고민해야 합니다. OTT 부문은 4부 이상이면 어떤 형식도 괜찮으나 기존 채널은 가장 짧은 게 12부입니다. 그래서 12부 드라마 창작을 보겠습니다. 지금까지처럼 도형을 펼치고 그 위에 이론을 얹지 않고, 예시 아이템으로 직접 12부를 써 보려합니다.

대통령 경호실에서 일하는 남자와 대통령 비서실에서 일하는 여자가 사랑에 빠진다.

이 아이템을 어떻게 12부 드라마로 설계할까요? 12부 이상의 멜로 드라마 구성을 할 때, 대부분이 멜로 장르로 전체 플롯을 기본 설정하고 시작합니다.

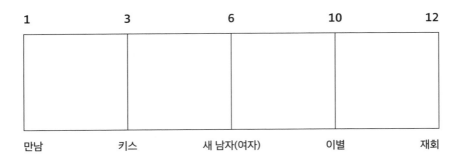

멜로 장르의 공식에 맞춰 남자 주인공과 여자 주인공을 대입합니다. 두 사람이 처음 만나고 키스하는 데까지는 바로 떠오를 거예요. 대통령 경호실과 대통령 비서실에서 근무하는 주인공들의 주변 인물들과 공간도요. '이렇게 술술 떠오르다니?' 하고 처음엔 가슴이 두근거리죠. 하지만 채 일주일이 지나기 전에 뭔가 잘못됐음을 느낄 겁니다. 제가 생각하는 이유를 말하기 전에 드라마 이론 두 가지를 먼저 보겠습니다.

① 플롯의 삼각형

플롯의 삼각형을 시작하는 방법은 끝 장면을 정하는 것입니다. 지겹다고요? 그래도 어쩔 수 없습니다. 창작의 시작 지점이 곧 문제점의 시작 지점입니다. 끝이 정해지지 않았는데 무작정 시작하는 습관, 그것이 진짜 문제입니다. 위의 아이템도 중간 지점의 적대자 설정부터 후반부인 10부에서 두 사람이 헤어지는 장면, 12부에서 재회하는 부분은 떠오르지 않죠. 결말이 없는 채로 시작하면 당연히 어려움을 만납니다. 반드시 드라마의 끝을 정하고 쓰세요. 두 주인공이 '어떤 이유로 만나고, 헤어지고, 다시 만나는가?'가 멜로 드라마 3막의 핵심입니다. 장르의 공식을 참고해서 끝을 정합시다. 명심하세요! 끝내지 못하는 이야기는 이야기가 아닙니다.

② 이야기의 척추

메인플롯이 정해지면 그다음으로 이야기의 척추를 봐야 합니다. 다들 아는데 모두 정확하게 알지는 못하는 영역이죠. 12부에서는 두 주인공이 친밀해진 다음인 4-9부가 2막입니다. 어떻게 채울까요? 여러분은 "두 사람이 같은 공간에서 일하니까 에피소드는 많을 것 같은데요?"라고 답하지 않을까 합니다. 이것도 반복되는 질문과 대답입니다. 에피소드만으로는 진행되지 않기 때문에, 지속 가능한 단일한 행동이 필요하다고 여러 번 강조했습니다. 에피소드로 완성된 작품이 있나요? 처음으로 돌아가 스토리의 기본 요소인 '인물', '사건', '배경'을 보면 무엇이 빠져 있는지 바로 알 수 있습니다.

인물: 대통령 경호실에서 일하는 남자, 대통령 비서실에서 일하는 여자.
사건: 두 사람의 만남?
배경: 대통령 관저와 주변.

인물과 배경은 있는데 사건이 불분명합니다. 작가는 사건으로 글을 써야 하는데 무의식중에 에피소드 중심의 글쓰기를 반복하는 실수를 자주 합니다.

드라마는 독특한 캐릭터와 그로 인해 발생하는 에피소드로 쓴다.

드라마 쓰기란 위와 같다고 배웠나요? 따져 봐요. 4부부터 9부까지 각 60분 분량이라면, 2막의 길이는 총 360분입니다. 이 긴 시간을 에피소드만으로 채운다고요?

에피소드 어떤 이야기나 사건의 줄거리에 끼인 짤막한 토막 이야기.
사건 사회적으로 문제를 일으키거나 주목받을 만한 뜻밖의 일.

토막 이야기를 뜻하는 '에피소드'와 뜻밖의 일을 뜻하는 '사건' 가운데 무엇으로 스토리를 구축해야 하는지만 판단하세요. 그런데 모든 작법서에는 '계기적 사건'이라는 용어가 나오죠.

계기 어떤 일이 일어나거나 변화하도록 만드는 결정적인 원인이나 기회.

계기적 사건은 내가 생각하는 스토리를 1막에서 발생시키고, 2막에서 진행시키고, 3막에서 마무리할 수 있을 만한 '뜻밖의 일'을 지칭합니다. 이렇게 중요한 기능을 하는 계기적 사건은 여러분의 생각보다 훨씬 크고 근원적이어야 합니다. 짤막한 토막 이야기로는 사건을 발생시키고, 진행시키고, 마무리할 수 없습니다.

경호실, 비서실 남녀의 이야기로 돌아와 따져 볼까요? 두 사람의 만남은 에피소드인가요, 사건인가요? 두 사람의 만남이 에피소드라면 60분짜리 12회분, 총 720분이라는 긴 시간을 채울 수 있을까요? 처음 아이템을 들었을 때는 분명 재미있을 것 같았는데 창작하려니까 왜 이리 힘든지 의아하다고요? 이런 의문도 들지 않나요? "그렇다면 지금까지 본 멜로 드라마는 어떻게 존재할 수 있었지?"

여러분이 본 멜로 드라마는 복합 장르로 구성되어 있습니다.

여러분에게 묻겠습니다. 멜로는 정서 중심의 플롯인가요, 아니면 행동 중심의 플롯인가요? 멜로에는 행동이 없다는 의미가 아닙니다. 다만 행동이 약

365

할 수 있습니다. 그래서 스토리의 흐름이 눈에 잘 잡히지 않을 수도 있죠. 하지만 방법이 있습니다. 이때 작가가 굵직한 행동이 담긴 이야기를 덧댄다면 단단하고 선명한 플롯을 구축할 수 있습니다. 멜로 아이템에서 행동 중심의 플롯 영역을 강화할 수 있게 이야기의 바탕에 살짝 액션을 깔고자 합니다.

장르 추가 시 고려할 점이 있습니다. 드라마 길이에 따라 몇 개의 플롯이 적절하냐입니다. 개인적으로 12부까지는 2가지 이상의 장르로 구성을 해야 할 듯하고요. 16부 이상은 3개 이상을 추천합니다. (16부 구성은 뒤에서 다시 보겠습니다.) 이 아이템은 12부니 멜로와 액션, 2개 장르로 재설계하겠습니다.

1막

총격전으로 시작한다. 대통령 시찰 현장에서 누군가 대통령에게 총격을 시도했다. 대통령 경호실에서 일하는 남자는 겨우 대통령을 보호한다. 한바탕 난리가 나고 청사로 돌아온 경호실과 비서실은 책임 소재를 두고 격렬하게 다툰다.

"누가 이렇게 동선을 짠 거야?"

"처음부터 책임질 수 없는 환경이랬잖아?"

서로를 노려보는 경호실과 비서실 팀장. 남자 주인공과 여자 주인공도 적대 관계로 처음 만난다. 하지만 다음 달에 있는 미국 순방 때문에 두 팀이 함께해야 할 일이 점점 많아진다.

"나는 경호실 애들이랑 말 섞기 싫어!"

"비서실을 어떻게 계속 봐? 미쳤어?"

선배들의 기 싸움에 졸지에 담당자가 된 남자와 여자는 처음에는 티격태격했지만 조금씩 친해지고 감정도 싹튼다. 마침내 순방이 시작되고 호감이 생긴다.

2막

순방 준비로 잔뜩 예민해진 두 사람은 일단 일에 매진한다. 순방 일정 중 한 외국 기업을 방문하는데, 거기에는 남자의 대학 동기이자 오래전부터 그를 좋아해 온 A가 있다.

"이렇게 만날 줄 알았어, 우리는 운명인가 봐."

신경 쓰지 않으려고 해도 계속 신경이 쓰이는 여자. 하루 일정을 마치고 순방 팀이 회의하는데 미국 주재 한국 대사관 외교관 B가 간식을 사서 나타난다.

"배고프지? 네가 좋아하는 빵을 좀 샀어."

B는 어린 시절부터 여자와 잘 아는 사이로, 가족들끼리도 막역하다. 신경 쓰지 않으려고 해도 계속 신경이 쓰이는 남자. 다음 날, 남자와 여자와 A와 B가 하루 일정을 함께하는데 어디선가 무력시위가 벌어진다. 이 과정에서 남자는 부상을 입은 것도 모자라, 사실은 비서실의 실수로 벌어진 사건이지만 여자를 보호하기 위해 자신이 모든 책임을 지고 사표를 낸다.

3막

남자를 그리워하는 여자. 이제 남자는 민간 경호업체에서 일한다. 그러던 중 대통령의 ○기업 시찰 때 다시 만나지만 스쳐 지나갈 뿐이다. 얼마 후에 또 한 번의 기회가 찾아온다. 경호실 인력 부족으로 남자가 지원 경호원으로 온다. 하지만 남자와 여자는 서로에 대한 마음을 감추고 외면한다. 이때 대통령을 노린 총격이 발생하고, 남자가 몸을 날려 범인을 잡는다.

"모두가 무사하면 되었습니다."

시간이 흘러, 다시 미국에 간 여자. 여자도 비서실을 떠나 다른 일로 출장 온 것이다. 업무를 마치고 과거 무력시위가 벌어졌던 현장에 간 여자는 남자를 떠올린다.

"이곳은 위험 지역입니다. 예전에 큰 사고가 났던 곳인데요."

낯익은 목소리에 돌아보니 남자가 미소 지은 채 서 있다. 서로에게 달려가는 두 사람.

스토리의 질이 어떻건 멜로로만 생각했을 때 안 풀리던 스토리가 액션 요소를 넣으니 재미있어졌음은 분명하지 않나요?

멜로 요소만 있을 때는 전진하지 않던 스토리가 액션 요소가 첨가되니 별다른 장애물 없이 달려갑니다. 이유가 무엇일까요? 상황적이고 행동이 약한 멜로 중심의 플롯에 터지고, 폭발하고, 행동이 강한 액션 중심의 플롯을 보강했기 때문입니다. 멜로 라인만 생각할 때는 안 보였던 해외 순방 준비 및 실행 과정이 2막을 채워 주니 막혀 있던 스토리가 달리기 시작했고요. 이렇듯 스토리는 플롯의 삼각형을 만들고, 그사이를 채우는 이야기의 척추가 장착되어야만 비로소 속도감 있게 달릴 수 있습니다.

12부 드라마 창작에서 다음의 두 가지 결론을 내릴 수 있습니다.

큰 삼각형(액션)과 작은 삼각형(멜로)이 각각 어떤 기능을 하는지 알아야 한다.

이야기의 척추로는 멜로보다 액션이 타당하다.

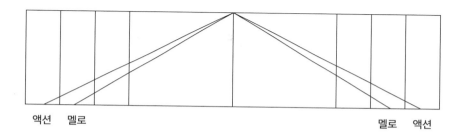

액션　　멜로　　　　　　　　　　　　　　　　　　　　　　멜로　　액션

이야기의 척추 부분을 멜로보다 액션으로 채우라는 데 의아함을 가질 수도 있을 텐데요.

12부 드라마 구성에서 이야기를 여닫는 것은 액션입니다. 그 안에서 멜로가 실행되고요. 이야기 전체를 액션이 지탱하고, 멜로는 그 안에서 실행된다고 바꿔 말할 수 있습니다. 그럼 2막을 왜 액션으로 채워야 하는지 이해가 가죠. 12부를 멜로 장르로만 설계했을 때 스토리가 전진하지 않았던 것을 기억하나요? 액션을 추가하니 그때부터 스토리가 전진했습니다. 그럼 당연히 큰 삼각형인 액션으로 2막을 설계해야 드라마 구성이 보다 타당해집니다. 액션이 좀 더 단일한 하나의 행동을 만들기에 적절한 장르니까요. 따라서 멜로와 스릴러의 복합 장르로 스토리를 구성한다면 2막을 스릴러로 채워야 합니다. 멜로와 휴먼으로 구성한다면 휴먼으로 채우고요. 멜로는 절대 안 된다는 뜻은 아니나 (멜로는 동작을 만들어 주기가 까다로워) 효율성은 분명 떨어집니다.

이 원칙은 16부, 20부 등 12부보다 긴 드라마를 설계할 때도 통용됩니다. 복합 장르를 구성할 때는 반드시 사전에 2막을 어떤 장르로 채울지 정하세요.

❹ 16부 드라마

앞에서 드라마에 꼭 필요한 구성 요소들을 하나씩 살펴봤으니 16부 드라마는 창작 순서를 차례로 복기하면서 진행하려 합니다. 아이템의 특성상 창작 순서는 달라질 수 있으나 전체 드라마 창작 과정을 점검한다는 점에서는 유용하게 쓰일 겁니다.

STEP 1: 아이템이 떠오르면 1부, 8부, 16부의 끝 장면을 생각한다.

1			8				16

처음은 무조건 플롯의 삼각형 점검입니다. 처음, 중간, 끝이 안 떠오르면 길게 쓰기 부적합하거나 길게 쓸 수 없는 스토리일 수 있습니다. 단막의 처음-중간-끝과 16부의 1부-8부-16부는 그 위치가 다릅니다. 드라마 방송 시간(1화 70분)으로 볼까요?

	처음	중간	끝
단막	1분	35분	70분
16부	1분	560분	1,120분

작은 이야기와 큰 이야기로 생각해도 되고, 장르 1개인 70분 이야기와 장르 3개 이상인 1,120분 이야기로 생각해도 좋습니다. 굵직하게 전체의 처음-중간-끝이 떠오르면 회당 구성을 하고, 떠오르지 않으면 12부나 8부 등으로 드라마 전체 파이를 줄여서 볼 필요도 있습니다. 1부-8부-16부 그림이 선명하게 떠오를 때까지 생각하세요.

그다음 복합 장르 설계도 합니다. 16부 드라마를 쓰려고 하니 3개 이상의 장르가 필요합니다. 처음에는 3개 장르를 같은 출발점에 두고 설계하다 무엇이 전달력이 가장 좋은지 살펴보고 이를 중심으로 메인 장르를 결정하세요. 메인 장르가 확정되면 이 장르로 1부-8부-16부를 그리는 게 좋습니다. 남은 2개 장르는 2부-8부-15부를 연결하는 작은 삼각형으로 설계하세요. 창작이 끝날 때까지 여러 장르를 후보에 두고 다양한 조합을 시뮬레이션해 보세요.

STEP 2: 2막을 채운다.

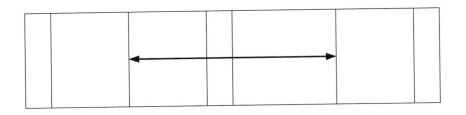

이제 2막을 어떻게 채울지 고민합니다. 16부에서는 장르별로 스토리의 척추를 생각해야 하는데요. 멜로, 휴먼, 액션이라면 세 장르의 2막이 무엇인지도 따져야 합니다. **STEP 1**에서 메인 장르로 결정한 장르가 2막의 메인 장르가 될 확률이 높습니다. 따라서 2막에 3개의 척추를 설치하면서 장르들끼리의 위치와 기능을 회차별로 조정해야 합니다. 《사랑의 불시착》 8부에서 세리의 납치로 메인 스토리가 휴먼으로 고정되고, 정혁을 중심으로 하는 액션이 서브 장르의 자리인 7부에 존재했음을 떠올려 보세요. 각각의 장르를 각각의 위치에 배치해 보고 연결이 제일 자연스러운 조합을 찾으면 됩니다.

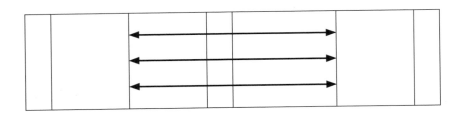

메인 척추가 결정되면 나머지 두 장르도 메인 척추의 곁에 다양하게 놓아
봅니다. 그중 최고로 합리적인 조합을 선택하세요. 즉, 3막을 채우는 세 장
르의 척추 중 가장 효율적인 척추를 메인으로 정하고, 나머지 둘을 메인 척
추의 위치를 피해 혹은 같은 자리에 놓아 보는 겁니다. 어느 순간 내가 하고
자 하는 이야기에 맞는 최적의 조합이 보일 겁니다.

STEP 3: 복합 장르 구성을 계속 생각한다.

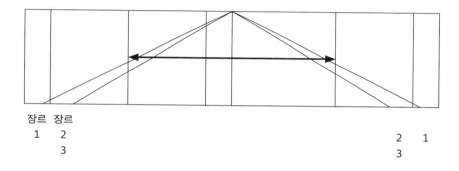

장르　장르
　1　　2
　　　3

２　１
３

다시 처음으로 돌아와 전체 장르의 조합을 최종 점검합니다. 저는 플롯의
삼각형 3개로 복합 장르를 설명했습니다. 또 2막 척추에도 3개의 장르별
2막이 있어야 한다고 했습니다. 16부는 크고 거대한 드라마이기에 반복해
서 점검합니다. 경솔하게 시작하면 글이 금방 멈출 겁니다. 시작부터 완결까
지 잊지 말고 점검하세요. 《갯마을 차차차》는 혜진의 병원 개원과 마을 사람
들 이야기라는 2개의 휴먼 드라마가 동시에 진행됩니다. 다시 말해 서로 다
른 3개의 장르가 아니라 같은 장르가 2개 존재하는데 그 흐름이 나쁘지 않
습니다. 여기에 혜진과 홍반장의 멜로가 더해져 (총 3개의 장르가 존재함으로써)

복합 장르 플롯을 유지하죠. 여러분의 16부는 어떻게 엮여 있나요? 3개의 장르는 어떤 위치에서 어떻게 기능하나요? 그 지점을 잘 확인해 보세요.

STEP 4: 장르별 회차 구성을 한다.

	1	2	3	4	5	6	7	8	9	10	11	12	13	14	15	16
휴먼																
멜로																
액션																

각각의 장르별로 회별 구성을 합니다. 떠오르는 이미지들을 포스트잇으로 붙이거나 도표로 만들어 그 안에 생각나는 장면을 모두 넣어 보세요. 각각의 장르 공식에 맞게 배치되어 있는지 끊임없이 살펴봐야 합니다. 중구난방 설계는 20세기에 끝났습니다. 장르의 공식에 정확하게 맞출 수 있다면 그다음으로 이야기의 중심인 8부를 해결해야 하는데요. 8부(혹은 8부 근처)에 3개 장르의 적대자들이 모여 있고, 각각이 주인공에게 적대적인 상황을 발생시켜야 합니다. 장르별로 세 적대자가 8부 끝에 동시에 나타난다면 드라마의 중심이 잘 잡힌 겁니다.

《사랑의 불시착》의 휴먼, 멜로, 액션의 적대자 지점을 생각해 보세요. 8부에서 멜로의 적대자인 (정혁의 약혼녀) 서단, 휴먼의 적대자인 (세리의 남한 귀환과 승계를 방해하는) 오빠들, 그리고 액션의 적대자인 (정혁을 제거하고 싶어 하는) 철강이 한 지점에서 만납니다. 이처럼 각 장르의 세 지점이 이야기의 중심

374

을 정확하게 잡아 주어야 각 장르가 시너지를 발휘하며 훨훨 더 멀리 날 수
있습니다.

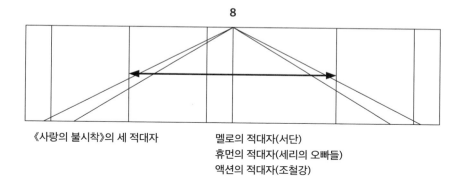

《사랑의 불시착》의 세 적대자   멜로의 적대자(서단)
휴먼의 적대자(세리의 오빠들)
액션의 적대자(조철강)

STEP 5: 캐릭터별 회차 구성을 한다.

	1	2	3	4	5	6	7	8	9	10	11	12	13	14	15	16
남주																
여주																
서브 남주																
서브 여주																

캐릭터별로 표를 만들어 세부 행동이나 상황을 모아 봅니다. 신 혹은 동작
혹은 의상 등 아무리 사소한 것도 해당 캐릭터와 관련 있으면 정리합니다.
이후 과정에서나 스토리를 수정해야 할 때 큰 도움이 될 것입니다. 지문이
나 대사 작업에서는 더 말할 나위가 없고요.

STEP 6: 모든 표의 요소들을 모아 회차 구성을 한다.

지금까지 만든 표들의 회차별 데이터를 모아 정리합니다. 가능한 한 모든 요소를 수집합니다. 가령 1부에서는 다음과 같은 것들을 모읍니다.

- 이야기를 여는 장르의 특성은?
- 그로 인한 1화의 시작과 끝은?
- 남자 주인공은 무엇을 하는지?
- 여자 주인공은 무엇을 하는지?

이외에도 무수히 많은 요소가 있을 텐데, 최대한 많이 수집합니다. 다 모였으면 이들로 1부를 구성합니다. 회별 구성은 단막 드라마 창작법을 참고하세요.

STEP 7: 각각의 회차 구성을 점검한다.

STEP 6을 취합하여 펼쳐 놓고는 여러 번 점검해 봅니다. 전체 흐름을 중심으로 살펴보면서 막히는 지점은 없는지 확인합니다. 아래와 같은 사항을 중심으로 보세요.

- 장르별로 시작과 중간과 끝이 있는가?
- 각 장르는 상호 효율적인 기능을 하는가?

- 다른 장르로 바꿀 필요는 없는가?

- 드라마의 전체 길이를 줄이거나 늘일 필요는 없는가?

- 2막은 든든하고 튼튼한가?

- 남자 주인공은 매력적인가?

- 여자 주인공은 매력적인가?

- 조연들은 주인공을 보완하는가?

- (과거와 현재가 아닌) 2년 후의 시청자가 좋아할 만한가?

- (내가 아닌) 시청자가 좋아할 만한 스토리인가?

STEP 8: 냉정한 피드백을 받는다.

실제적인 극본 창작에 앞서 반드시 타인의 의견을 들었으면 합니다. 작가 혼자 볼 작품을 쓰려는 게 아니잖아요. 시청자가 좋아해야 합니다. 그런데 대한민국 사람들은 누군가 의견을 물으면 냉정하게 답하지 않습니다. 상대를 배려해 무조건 '괜찮다'고 하는 경향이 있죠. 그들의 의견을 곧이곧대로 듣지 마세요. '좋다'만 진짜로 '좋다'입니다. '괜찮다'는 '안 괜찮다'이고요. 정말로 좋은 작품을 쓰고 싶으면 '정말 좋다'가 나올 때까지 모든 의견을 겸허하게 수용하고 수정해야 합니다. 이를 위해서는 어떠한 의견도 받아들일 자세가 되어 있어야 하고요. 그래야 여러분의 글에 대한 진솔한 이야기를 들을 수 있습니다. 모니터링 과정에서 닫힌 자세를 유지하고, 타인의 의견에 변명만 늘어놓는다면 그 글은 앞으로 달리지 못함은 물론이고, 어느 순간 세상에서 사라질 것입니다.

STEP 9: 수정한다.

수정합니다! '정말 좋다'라는 반응이 나올 때까지 고칩니다. 단어, 캐릭터, 사건은 물론이고 전체를 다시 써야 할 수도 있습니다. 작가에겐 끔찍하지만 전면 수정이 가장 효율적인 방법입니다. 모든 것을 뒤흔들어서라도 좋은 결과만 얻을 수 있다면 전부 수정하겠다는 자세를 가지세요. 그리고 여러분의 마음가짐을 세상에 알려야 사람들이 진짜 의견을 이야기해 줄 겁니다. 타인의 의견을 존중하고 그들의 의견에 맞춰 즐거이 수정할 수 있는 사람. 우리는 그들을 '프로 작가'라고 부릅니다.

STEP 10: 창작한다.

STEP 8과 **STEP 9**를 지나 이제 창작할 차례입니다. 이토록 만반의 준비를 한 여러분의 드라마가 완성이 안 될 리가요! 공모전에서 떨어질 수가 없습니다.

프로 작가의 세계에 온 것을 환영합니다.

**워크북:
공모전에 당선되는 글쓰기**

3

**공모전
제출 전
점검
사항**

공모전 제출 전, 최종 점검 사항을 알아보겠습니다. 공모전은 객관의 세계입니다. 예술은 주관의 세계이지만 공모전 단계를 통과하면서 객관화됩니다. 공모전은 다수의 심사위원이 객관적인 기준으로 작품을 심사합니다. 그들이 시청자의 마음을 대변해서 여러분의 글을 평가하죠. 지금 알려드리는 정보는 시청자의 마음을 얻기 위한 팁이라고 여기세요.

여러분도 잘 알고 있듯 (공모전에 제출하는) 글은 작가 자신의 주관적 메시지가 담겨 있습니다. 이에 반해 심사는 객관적인 시각으로 진행됩니다. 어쩔 수 없이 주관과 객관이 부딪히고, 적어도 공모전 심사는 객관의 세계가 매번 승리합니다. 이로 인해 수많은 예비 작가가 상처를 입고, 일부는 작가의 꿈을 포기하기도 합니다. 저도 여러 공모전의 심사위원으로 자리했고, 수많은 강의를 진행하며 마음 아픈 경우를 많이 경험했습니다. 그래서 매우 조심스럽게 말을 건넵니다.

지금부터 제가 하는 말과 여러분의 글 사이에 아무 충돌이 없다면 여러분의 글은 공모전 심사 기준을 충족시키는 글일 겁니다. 하지만 충돌이 있다면, 적어도 '공모전 당선'이라는 객관적인 목적을 위해 다시 한번 주관을 점검하기를 권합니다.

◼ 세 문장으로 스토리 설명하기

내가 쓰고 있는 이야기를 세 문장으로 설명해 보세요. 내가 아닌, 내 아이템을 알고 있는 동료가 아닌, 이 이야기를 처음 듣는 사람들에게요. 의외로 쉽지 않습니다. 아마도 여러분이 글을 시작할 때 세 문장으로 시작하지 않았기 때문입니다. 제가 왜 세 문장으로 자신의 글을 설명하라고 했는지 알겠죠?

'세 문장'은 곧 스토리의 '3막'일 확률이 높습니다.

첫 번째 문장은 스토리의 3막 중 1막, 두 번째 문장은 스토리의 3막 중 2막, 그리고 세 번째 문장은 스토리의 3막 중 3막으로 이 문장 안에 절정이 있을 확률이 높습니다. 아직 본격적인 글쓰기를 시작하지 않았다면 먼저 내 아이템을 세 문장으로 정리해 보세요. 초고가 완성된 상태라면 전체 3막을 세 문장으로 정리할 수 있는지 확인하고요. 잘 정리되었다면, 제가 말한 요소가 세 문장 안에 있을 겁니다.

"세 문장으로 스토리 설명이 안 되면 어떤 상황 혹은 상태인 걸까요?"

스토리의 시작이 적절하지 않고, 전개가 부자연스러우며, 이야기의 끝이 명확하지 않을 확률이 높습니다.

애초에 왜 세 문장으로 스토리의 전부를 정리해야 하는지 의구심이 들 수 있습니다. 한 드라마 공모전에 1천 편의 작품이 응모되었습니다. 총 스무 명의 예심 심사위원이 두 달의 예심을 거쳐 드디어 본심에 나갈 50편을 선정했습니다. 본심을 위해 열 명의 심사위원이 모였고요. 본심 심사위원들은 스토리가 간결하게 설명되는 작품과 그렇지 않은 작품 중 무엇을 선정할까요? 여러분이 본심 심사위원이라면요? 세 문장으로 정리되는 글은 눈에 잘 보이는 스토리일 확률이 높고, 이런 스토리는 불특정 다수인 시청자의 눈에 들 가능성이 큽니다. 심사위원이 놓칠 리가 없죠. 이런 이유로 여러분의 스토리를 세 문장으로 정리하기를 권합니다.

처음으로 돌아가 글의 본질에 대해 다시 생각했으면 합니다. 여러분은 창작의 시작점에서 여러 공모전 당선작을 분석하고, 어떤 이야기를 쓰면 좋을지 경우의 수를 계산하고, 지금의 스토리를 쓰기 시작했나요? 아니면 '이런 이야기를 써 보면 어떨까?' 하는 단순한 생각에서 출발했나요? 뭔가 석연치 않은 느낌이 든다면 잠시 멈춰 자신의 글을 찬찬히 읽어 보세요. 곧바로 답이 떠오를 겁니다. 여러분의 드라마는 명확합니까? 불명확합니까? 반드시 명확해야 합니다. 현재 우리는 공모전 당선을 목표로 달려가고 있음을 잊지 마세요.

어떤 사람이 어떤 일을 겪는다.

여러분이 썼거나, 지금 쓰고 있거나, 앞으로 쓸 이야기는 위와 비슷한 문장으로 시작하거나 혹은 설명되는 이야기일 겁니다. 작법을 배우지 않아도 본능적으로 이렇게 쓰더라고요. 그런데 공모전에 당선되고 싶다면 다음의 질문을 스스로에게 던져야 합니다.

"심사위원들이 왜 어떤 사람이, (어떤 때) 어떤 일을 겪었는지 이해해야 하나요?"

다음 문장을 봐 주세요.

- 문동은은 고등학교 시절 박연진에게 학폭을 당했다.
- 문동은은 박연진에게 복수하기 위해 오랜 시간 준비했다.
- 문동은은 끝내 학폭 가해지인 박연진과 그 무리를 응징한다.

《더 글로리》를 설명하는 세 문장입니다. 16부도 이 세 문장으로 충분히 설명할 수 있습니다. 한데 공모전에 내는 35페이지 단막을 세 문장으로 설명할 수 없다고요? 그런 글이 심사위원으로 대표되는 타인의 관심을 받을 수 있을까요?

한 남자가 한 여자에게 고백하려 합니다.

- 나는 너를 처음 어느 시간, 어느 장소에서 봤다.
- 그 후로 지금까지 나는 한순간도 너를 사랑하지 않은 적이 없다.
- 그래서 지금, 나는 너에게 내 마음을 전하려고 한다.

사랑을 표현할 때도 보통 이 정도 설계는 해야 합니다. 여러분이 이미 했거나 들어 봤을 경험이기도 하죠. 이 순간에도 작가인 우리는 설계를 합니다. 먼저 내가 너를 처음 본 '시작', 그다음 처음부터 지금까지 계속되는 너를 향한 나의 '사랑', 마지막으로 이제부터 나의 마음을 너에게 '고백'하려고 한다. 이러한 사랑의 시작-중간-끝을 설정합니다. 그리고 이 과정에 따라 "2년 전 ○○에서 너를 처음 본 순간부터 지금까지 너를 계속 좋아해 왔어.

그때부터 한순간도 너를 사랑하지 않은 적이 없어. 내 사랑은 앞으로도 변함이 없을 거야. 그래서 내가 지금 너에게 고백하려 해. 나를 받아 줄 수 있겠니?"라고 말할 테죠. 이런 디테일 없이 "널 좋아해. 내 사랑을 받을 거야, 말 거야?"라고 무례하게 말하지는 않을 겁니다. 사랑도 객관적이어야 합니다. 누가 봐도 객관적이고 합리적인 사랑을 해야 합니다. 일단 나부터 설득할 수 있어야 합니다.

공모전도 그렇습니다. 여러분이 여러분의 글을 상대에게 보이고, 그들이 여러분의 이야기를 가슴으로 받아들여야 당선됩니다. 공모전은 여러분의 마음을 심사위원들에게 보이는 과정입니다.

- 제가 쓴 스토리는 제가 보고 싶어서가 아니라, 여러분이 보고 싶어 할 만한 이야기를 제가 예측해서 쓴 것입니다.
- 이 이야기에는 의지가 강한 주인공과 그를 파멸시키려는 강력한 적대자가 존재합니다.
- 저는 이 이야기를 통해 다음과 같은 메시지를 전하려고 합니다. 저는 제 메시지를 여러분이 좋아하리라 생각합니다.

여러분의 이야기가 위의 세 문장으로 설명 가능한지 확인해 보세요. 다음은 이 챕터의 마지막 질문입니다.

"여러분은 이 글을 쓰기 전에 공모전 심사위원들의 마음을 어느 정도 예상하고 쓰기 시작했나요?"

❷ 판타지 쓰기

에밀리는 자신이 사는(회사가 있는) 미국 시카고가 아니라 프랑스 파리에 가서 사랑에 빠집니다. 에밀리가 착용한 옷과 신발, 가방 등은 에밀리가 받는 월급만으로는 살 수 없는 명품들입니다. 하지만 시청자는 여기에 개연성을 따지지 않습니다. 시청자는 알고 있습니다. 자신들이 보려는 건 현실이 아니라는 사실을요. 그렇다면 작가인 우리는 따분한 현실보다는 따뜻한 판타지를 쓰는 편이 낫겠죠? 여기에 대해 여러분은 "어떻게 하면 일상을 벗어나는 판타지를 쓸 수 있나요?"라고 물을 것 같은데요. 그러게요. 어떻게 하면 일상을 벗어난 판타지의 세계로 갈 수 있을까요? 판타지는 어떻게, 어떤 모습으로 다가오는 걸까요?

일상을 제거하면 판타지가 된다.

한 고등학생이 월요일에 등교한다. 등교하자마자 매점으로 가 빵을 먹는다.

위의 문장은 일상인가요, 아니면 판타지인가요?

한 고등학생이 월요일에 등교한다. 학교 운동장에 들어서는데 갑자기 UFO가 운동장으로 떨어진다.

이 문장은 현실인가요, 아니면 판타지인가요? 지금 쓰고 있는 문장에서 일상을 제거하면 판타지가 됩니다. 여러분은 이 문장을 읽자마자 반문하겠죠. "그러니까 일상을 도대체 어떻게 빼는 거냐고요?"

- 옆집에 누가 이사 왔다. 그가 이사 선물로 떡을 나눠 주었다. 그는 교수라고 한다.
- 옆집에 누가 이사 왔다. 한 달째 암막 커튼만 쳐 있고 아무 움직임도 없다. 알고 보니 그는 뱀파이어라고 한다.

위는 일상, 아래는 일상을 벗어나 보이죠? 즉, 일상을 제거했다고요. 우리에게 일어나지 않을 법한 일이니까요. 일상을 제거해 볼 것을 권유하는 이유는 일어나지 않을 법한 일을 써 보라는 제안입니다. 어렵지 않습니다. 하나둘 내 문장에서 일상의 상황을 지워 보세요.

- 결혼 10년이 된 부부. 그들은 결혼 생활의 끝에 다다랐음을 알고 있다. 이 관계를 어떻게 정리해야 할까?

일상에서 얼마든지 일어날 일인 듯합니다. 여기서 몇 가지를 바꿈으로써 일상에서 도무지 벌어지지 않을 일로 만들어 보겠습니다.

- 모든 부부는 10년만 같이 살 수 있다. 지금은 9년 6개월째로, 6개월이 남았다. 6개월 후에도 두 사람이 같이 살고 싶으면 어떻게 해야 할까?

이 스토리는 일상과 닿아 있지만 일상이라고는 말할 수 없습니다. 사람들에게 둘 중 어느 부부의 이야기를 듣고 싶냐고 물어보면 뭐라고 답할까요?

새로운 글을 기다립니다. 새로운 목소리를 찾습니다. 새로운 아이디어를 들려주세요.

공모전, 컴피티션, 서바이벌 등 세상의 모든 경쟁 시스템의 홍보 문구에는 언제나 위의 문장이 들어 있습니다. 그러니 그들에게 일상을 보여 주지 말고, 일상을 벗어난 이야기를 펼쳐 주세요.

지명을 삭제하면 판타지 지수가 올라간다.

'만양', '옹산', '공진', '산포', '세명'. 이 단어들이 익숙한가요? 아직 감을 잡지 못했다면 다음 단어들로 넘어가겠습니다. 《괴물》의 '만양', 《동백꽃 필 무렵》의 '옹산', 《갯마을 차차차》의 '공진', 《나의 해방일지》의 '산포', 《더 글로리》의 '세명'. 그런데 이 지명들이 실제로 존재하나요? 아닙니다. 작가가 만든 가상의 지명들입니다.

분당과 일산에서 벌어져도 큰 문제가 없을 텐데, 작가는 왜 굳이 가상의 지명을 만든 건지 궁금하지 않나요? 제 생각에는 자신의 주인공을 일상에서 벗어난 곳으로 보내려는 작가의 시도 같습니다. 스토리에 판타지적 요소를 넣기 위해 고민한 결과가 아닐까 해요. 특히 《나의 해방일지》의 산포는 그 효과를 톡톡히 발휘했고요. '일산'이나 '분당' 같은 실제 지명을 썼다면 주인공의 특별함이 반감되었을 겁니다. 구씨가 그렇습니다. 산포 같은 가상의 공간을 만들고 방 안에 즐비한 술병과 함께 구씨를 넣어야 캐릭터가 살아납니다. 실제 지명 속에서 행동한다면 "분당에 저런 집이 어디 있어", "동탄에 저런 사람이 있어?" 같은 평을 받았을 거예요. 구씨를 산포로 보냈기에 시청자가 마음 편히 '그럴 수도 있겠다' 하고 공감하는 것입니다.

사실 《동백꽃 필 무렵》의 동백이와 《갯마을 차차차》의 홍반장은 같은 동네 사람입니다. 무슨 말이냐고요? 두 작품 모두 상당 분량을 포항에서 촬영했거든요. 물론 극 중에서 동백이는 '옹산', 홍반장은 '공진'에 삽니다. 현실에 근거해 둘 다 포항 ○○마을에 산다고 하는 것보다는 동백이는 옹산, 홍반장은 공진에 살게 하는 쪽이 훨씬 매력적입니다. 드라마적, 판타지적으로요. 스토리에 판타지를 부여하고 싶다면, 판타지라는 단어 자체에 거부감이 없다면 주인공이 사는 공간을 현실과 다른 가상의 공간으로 바꿔 주세요. 그래야 시청자가 그곳에서 사랑하고, 범인을 잡고, 성장할 수 있습니다. 일상과의 접점을 없애는 과정! 어쩌면 그것이 시청자가 원하는 판타지를 만드는 방법입니다.

❸ 나의 한계를 극복하기

작가는 자의식이 강합니다. 나쁘게 말하면 '똥고집'입니다. 내 글이 선택받지 못해도 문제를 해결해 보기는커녕 점점 더 내 스타일대로만 쓰려고 합니다. 항상 채찍보다는 당근을 내미는 저이지만 여기서는 물러서지 않고 냉정하게 말하겠습니다. 내 이야기를 내 마음대로 쓰는 건, 스타 작가가 된 이후에 하세요. 그런데 스타 작가가 되어도 그러지 못할 겁니다.

"내가 좋아하는 글만 쓰는 작가가 스타 작가가 될 수 있을까요?"

어쩌면 이 책을 읽는 동안 '나는 그렇게 못 해', '이 책은 나랑 스타일이 너무 달라'라고 수없이 말했을 여러분에게 마지막으로 타인의 의견을 경청하고 받아들이기를 권합니다. 프로 작가가 되면 지금까지와는 비교도 할 수 없는 날카롭고 아프고 상처가 되는 이야기를 들을 것입니다. 작가료를 준다는 건 작가의 글에 참견하겠다는 뜻입니다. 이것을 극복할 수 없다면 작가의 꿈은 혼자만 간직하는 게 좋을 수 있습니다. 당장 20년 이상 프로 작가로 활동하고 있는 저도 여러분으로부터 이 책에 대한 혹독한 평을 듣고 있잖아요.

- 나는 나를 사랑하는가, 아니면 시청자를 사랑하는가?
- 나는 내가 보고 싶은 드라마를 쓰는가, 아니면 시청자가 사랑하는 드라마를 쓰는가?
- 내가 나를 사랑하는가, 아니면 그들이 나를 사랑하는가?

하루에 세 번, 스스로에게 질문을 던져 보세요. 어느 순간에 그동안 '나는 쓸 수 없다'고 여겨 왔던 글을 쓸 수 있게 될 겁니다. 저를 믿고 자신에게 계속 질문해 보세요.

나가기
전에

나의 자동차, 나의 여행

지금까지 '드라마 창작'에 관한 모든 내용을 공부했습니다. 세상에 존재하는 스토리 이론을 전부 숙지했습니다. 고생하셨습니다. 이제 필요한 건 자신감입니다. 이 책을 두 번, 세 번, 그 이상 반복해서 읽었다고요? 더더욱 자신감을 가져도 좋습니다.

우리가 쓰는 드라마를 자동차에 비유할 수 있을까요? 가능할 듯합니다.

- 자동차처럼 스토리도 주인공이라는 바퀴와 적대자라는 바퀴가 있어야 전진할 수 있다.
- 인터체인지에 진입해서 고속도로를 달리는 자동차처럼 스토리도 2-1막이라는 경유지에 진입해서 2-2막이라는 도착지까지 무조건 달려야 한다.
- 자동차 여행처럼 스토리 여행도 떠나기 전에 반드시 목적지를 설정해야 한다.

이제 슬슬 우리의 여정을 마무리해야 하는 시점에서 여러분에게 몇 가지 제안을 합니다.

여러분, 이제 여러분의 여행을 떠나세요!

『드라마: 공모전에 당선되는 글쓰기』를 다 읽고 책을 덮는 순간, 여러분은 곧장 출발해야 합니다! 작품을 써야 합니다! 이 책은 어쩔 수 없이 저의 여행입니다. 오기환이 경험한 '드라마 창작 여행'의 후기입니다. 다른 사람의 후기는 내 것이 될 수 없습니다. 책 곳곳에서 제가 끊임없이 여러분에게 질문을 던지고 여러분의 정답을 찾아보라고 한 것은 결국 여러분이 '나의 여행'을 떠나야 하기 때문이었습니다. 어떻게 해야 나의 여행을 떠날 수 있냐고요? 방법은 쉽습니다. 『드라마: 공모전에 당선되는 글쓰기』를 여러 번 읽으세요.

작은 산이라도 몇 번 그 산을 올라가 본 적이 있다면 알 겁니다. 첫 산행에서 보지 못한 바위가 두 번째 산행 때 보이고, 세 번째 산행 때는 그 바위에 붙어 있는 이끼마저 보인다는 것을요. 무엇이든 아는 만큼 보이는 법이죠.

감히 자부합니다. 드라마에 관련된 세상의 모든 이론은 『드라마: 공모전에 당선되는 글쓰기』에 있습니다! 제 모든 작가로서의 경험과 노하우를 담았습니다. 저만이 아닙니다. 선후배 작가들의 검증과 여러분의 롤-모델인 스타 작가들의 노하우까지 수록했습니다. 그러니 부디 이 책을 여러 번 읽으면서 바위의 굳건함도 발견하고, 이끼의 보드라움도 느껴 보세요.

새로운 차로, 새로운 여행을 떠나세요!

드라마 여행은 일반 여행과 다른, 특이점이 있습니다. 내가 여행할 차를 내 손으로 직접 만들어야만 합니다. 그런데 다른 차와 비슷하면 '올드'하다고 합니다. 경로도 마찬가지입니다. 누군가의 경로와 비슷하면 '식상'하다고 합니다. 내가 만든 새로운 차를 타고, 다른 이들은 가지 않은 경로로 떠나야 합니다. 이 과정에서 혹시 나의 드라마 여행이 새롭고 독특한 게 맞는지 끊임없이 살펴야 하고요.

과정에서 어려움도 있지만 그만큼 재미도 있을 거예요. 그러니 새로운 여행을 하세요.

떠나 보지 않을래요

새로운 차도 만들었고, 새로운 여행 경로도 개발했습니다. 이제 출발하면 될까요? 마지막으로 하나 더 해야 할 일이 있습니다. 이 여행이 혼자 떠나는 여행인지, 같이 떠나는 여행인지 점검해야 합니다. 드라마 세계에는 혼자만의 여행이 존재하지 않습니다. 내가 만든 자동차, 내가 개발한 경로가 나와 이 여행을 함께할 시청자가 좋아할 만한지 사전에 점검해야 합니다. 그래야 여행을 시작할 수 있고, 마칠 수 있습니다.

어떻게 시작해야 하냐고요? 간단합니다. 주변에 물어보면 됩니다.

이 스토리, 이 여행을 함께할래요?

그들이 고개를 끄덕이면 출발하세요. 고개를 가로젓는다면 끄덕일 때까지 수정하세요. 어떻게 수정하냐고요? 동행자가 원하는 모습으로요. 이 여행은 나보다 동행자가 더 기대하는 여행이어야 합니다. 어느 순간, 그들이 먼저 말할 거예요.

작가님! 이 여행 너무 기대됩니다.

그날은 반드시 옵니다. 여러분이 온전히 마음을 열고 그들이 바라는 여행을
완성할 테니까요. 약속합니다. 이 여행은 완벽할 겁니다. 그들이 동의했으
니까요!

동행하고 있습니까

하루하루가 정말로 힘이 듭니다. 모두가 사는 게 지치고 힘들다고 말합니
다. 학생은 학생대로, 직장인은 직장인대로, 또 여성과 남성, 청년과 노인
모두가요. 우리의 시청자는 고단한 하루를 보내고 와서는 여러분이 쓴 드라
마를 봅니다. 잠시나마 '행복'해지기 위해서요.

하지만 드라마 보기와 달리 쓰기는 행복의 정반대에 있죠. 행복은커녕 괴로
움만 나날이 커집니다. 그런데 말이죠. 드라마 쓰기의 과정도 행복이 되어
야만 합니다. 서두에서 제가 한 말을 기억하나요? 작가는 '웃으며 다시 시
작하는 사람'이라고 했습니다. 잠시(혹은 그보다 길게) 외롭고 괴로울 수는 있
겠지만(당연합니다!) 드라마 쓰는 게 즐거워지는 순간이 반드시 옵니다. 그때
느낄 거예요.

내가 진짜 작가가 되었구나!

이때 여러분은 나 혼자 좋아하는 드라마가 아닌 모두가 좋아하는 드라마를 쓰고 있을 겁니다. 그게 드라마입니다. 오래전 동네 사람들이 전부 모여 같이 봤던 드라마, 만원 지하철에서 핸드폰으로 정신없이 몰두하는 드라마. 다 좋습니다. 시청자는 언제나 새로운 이야기를 기다리고 있습니다. 언젠가 여러분은 밝게 웃으며 이렇게 말할 거예요.

제가 여러분이 좋아하는 드라마를 썼습니다. 그동안 기다려 주셔서 고맙습니다.

드라마
: 공모전에 당선되는 글쓰기

초판 1쇄 발행 2024년 4월 10일
초판 2쇄 발행 2024년 5월 10일

지은이 오기환

펴낸이 안병현 김상훈
본부장 이승은   총괄 박동옥   편집장 박윤희
책임편집 이경주   디자인 서윤하
마케팅 신대섭 배태욱 김수연 김하은   제작 조화연

펴낸곳 주식회사 교보문고
등록 제406-2008-000090호(2008년 12월 5일)
주소 경기도 파주시 문발로 249
전화 대표전화 1544-1900 주문 02)3156-3665 팩스 0502)987-5725

ISBN 979-11-7061-120-2 (03680)
책값은 표지에 있습니다.